浙江中医临床名家

总主编 方剑乔

宣桂琪

宣晓波 主编

科学出版社

北京

内 容 简 介

本书是"浙江中医临床名家"丛书之一,介绍了浙江名医宣桂琪。宣桂琪教授是浙江省名中医,第五批全国老中医药专家学术经验继承工作指导老师,"宣氏儿科"第三代代表性传承人,全国首批中医药学术流派传承工作室——"宣氏儿科流派传承工作室"负责人。本书共分六章:中医萌芽、名师指引、声名鹊起、高超医术、学术成就、桃李天下。重点介绍了宣桂琪教授的生平、从医之路、学术思想、学术成就及临床经验,全书涉及宣氏儿科流派的历史及诊疗特色,宣桂琪教授在治疗儿科常见病、疑难病及神经系统等优势病种方面的临证经验,结合医论医话等展现了中医中药在儿科各系统疾病治疗的特色和优势。

本书可供中医临床、科研工作者及在校学生阅读使用,也可供中医爱好者参考。

图书在版编目(CIP)数据

浙江中医临床名家.宣桂琪 / 方剑乔总主编;宣晓波主编.—北京:科学出版社,2019.6

 ISBN 978-7-03-061479-7

Ⅰ.①浙⋯ Ⅱ.①方⋯ ②宣⋯ Ⅲ.①宣桂琪-生平事迹 ②中医儿科学-中医临床-经验-中国-现代 Ⅳ.①K826.2 ②R272

中国版本图书馆CIP数据核字(2019)第114244号

责任编辑:刘 亚 王立红/责任校对:王晓茜
责任印制:徐晓晨/封面设计:黄华斌

科 学 出 版 社 出版
北京东黄城根北街16号
邮政编码:100717
http://www.sciencep.com

北京捷迅佳彩印刷有限公司 印刷
科学出版社发行 各地新华书店经销

*

2019年6月第 一 版 开本:720×1000 B5
2019年6月第一次印刷 印张:14 3/4 插页:2
字数:243 000
定价:68.00元
(如有印装质量问题,我社负责调换)

宣桂琪

工作室部分成员合影

全国中医临床特色技术传承骨干人才培训第一期中医学术流派
临床特色技术研修班授课留念

浙江省中医院国际交流中心"一带一路"名中医查房合影留念

宣桂琪在看病

宣桂琪与留学生合影

浙江中医临床名家

丛书编委会

主　编　方剑乔

副主编　郭　清　　李俊伟　　张光霁　　赵　峰
　　　　陈　华　　梁　宜　　温成平　　徐光星

编　委　（按姓氏笔画排序）

丁月平	马红珍	马睿杰	王　艳
王彬彬	王新华	王新昌	牛永宁
方剑乔	朱飞叶	朱永琴	庄海峰
刘振东	许　丽	寿迪文	杜红根
李　岚	李俊伟	杨　珺	杨珺超
连暐暐	余　勤	谷建钟	沃立科
宋文蔚	宋欣伟	张　婷	张光霁
张丽萍	张俊杰	陈　华	陈　芳
陈　晔	武利强	范军芬	林咸明
周云逸	周国庆	郑小伟	赵　峰
宣晓波	姚晓天	夏永良	徐　珊
徐光星	高文仓	郭　清	唐旭霞
曹　毅	曹灵勇	梁　宜	葛蓓芬
智屹惠	童培建	温成平	谢冠群
虞彬艳	裴　君	魏佳平	

浙江中医临床名家·宣桂琪

编 委 会

总　序

　　中华医药，博大精深，源远流长。灵兰秘典，阴阳应象，穷万物造化之妙；《金匮》真言，药石施用，极疴疾辨治之方。诚夷夏百姓之瑰宝，中华文明之荣光。

　　浙派中医，守正出新，名家纷扬。丹溪景岳，《格致》《类经》，释阴阳虚实之论；桐山葛岭，《采药》《肘后》，载吴越岐黄之央。固钟灵毓秀之胜地，至道徽音之华章。

　　浙中医大，创业惟艰，持志以亢。忆保俶山下，庠序进修，克艰启幔；贴沙河干，省立学府，历难扬帆；钱塘江畔，名更大学，梦圆字响。望滨文南北，富春秋冬，三区鼎足，一校华光；惟天惟时，其命维新，一德以持，六艺互襄；部省共建，重校启航，黾勉奋发，踵武增华。

　　甲子校庆，名医辈出，几代芳华。值此浙江中医药大学建校六十周年之际，特辑撰"浙江中医临床名家"丛书，以五十二位浙江中医药大学及直属附属医院名医为体，以中医萌芽、名师指引、声名鹊起、高超医术、学术成就、桃李天下为纲，叙名家成长成才之历程，探名家学术经验之幽微，期有益于同仁之鉴法、德艺之精进。

方剑乔

时己亥初夏

目　　录

第一章

中 医 萌 芽

第一节　宣氏儿科代相传

1942年腊月宣桂琪出生于杭州城内一个中医儿科世家。祖父宣振元先生（1875～1947年），浙江杭州人，祖籍诸暨，近代杭州儿科名医，创立了"宣氏儿科"。

振元先生自幼家境贫寒，但聪慧好学，幼年时家里省吃俭用凑了学费送他读了私塾。先生勤奋上进，学习了5年，熟读四书五经，知晓孔孟之道，成了个有文化的人。先生祖上以剃头为生，随后他为帮助家计随父学技。当时杭州城里不少理发师傅都会自学一点推拿、按摩、针刺、拔火罐的技术，先生平时若遇见个头疼脑热、风湿腿痛或中暑、晕厥者也会施个针、拔个火罐及推拿按摩一下，有时确实也能起到一些作用。特别是街坊邻居的小孩高热不退，先生便以针刺十宣、印堂、曲池等穴，加推拿按摩印堂、太阳、颊车等穴位，退热还真的挺有效果的。更有些高热惊风的患儿经过上述针刺、按摩后立即热退惊止，效果非常显著。由于平日里施治的患儿很多都有良效，振元先生对医学产生了浓厚的兴趣。他一边夜以继日学习背诵《黄帝内经》《伤寒杂病论》《神农本草经》等中医经典，遇有不解之处就请教街坊邻居中诸多医师，自此开始了人生的医学生涯。先生祖居河坊街上华光巷口，毗邻皇城根下的清河坊，自古是杭州的商业文化中心。经过几百年的历史沉淀，当时的清河坊、河坊街、粮道山、城隍山这片区域中药店至少有十余家，诸如胡庆余堂、回春堂、太和堂、保和堂等至今都十分有名，可以说是杭州城里中医药历史文化氛围最为浓郁之处，内、外、妇、儿、骨伤诸科齐全，其中不乏名医辈出。这样的环境也为振元先生学习中医创造了一个很好的条件。他平时一得空就穿梭于医师与药店之间，默默地看他们看病，遇到有效之处方便默默记于心中，细细地体会当中奥妙，但凡遇有不懂之处便诚恳请教，大部分医师都很喜欢他的聪明上进，也乐于回答他的提问。就这样通过苦读与求教，振元先生在15～20岁的这5年内已经熟记中医经典，掌握了不少疾病的治疗方法。

21岁是振元先生学医生涯中的一个转折点，他遇到了越医曹南堂。曹南堂先生生卒年龄不详，光绪初期来杭，在粮道山下行医，以儿科为长，兼治内、外、妇诸科。在长期交往中，曹师见振元先生聪明好学，虚心好善，又有较好的医学基础，决定收振元先生为徒，习医3年，医术大增。

振元先生25岁开始在上华光巷口家中正式行医，专攻儿科，以善治惊风闻名杭城，专以针刺、推拿和按摩治疗急惊风，取得良好疗效。随后在此基础上，结合绍派伤寒的特点，融伤寒、杂病于一身，配以中药内服，药效大增，救人无数，逐渐形成"宣氏儿科"。在20世纪20年代，当时浙江总督之子患急惊风，高热昏迷抽搐3日不止，濒临死亡，四处求医无效，最后至振元先生处求治，先生予针刺、推拿、内服、外用而愈。随后总督为表谢意送上"宣氏儿科惊风专家"匾额一块，挂于门庭作为招牌。至此宣氏儿科名声大噪，全城居民皆知看惊风重症可至上华光巷找宣氏儿科振元先生治疗，先生亦被称"惊郎中"，门庭若市，求医者络绎不绝。

明清以来，伤寒、温病学说之争一直存在，其实由于所处年代不同，认识重点也有区别，再加上中国地域宽广，北方严寒干燥，得病多伤于寒，南方温暖潮湿，得病易温挟湿。绍派伤寒就是从临床实际出发，认为温病伤寒虽有明显的不同，只不过是对疾病的认识重点不同而已，两者如果能有机结合则更为完善。从临床来说，见热易寒，见寒易热，有其证用其药，没有必要把伤寒与温病对立。伤寒中阳明病也可用于温病，温病内入由阳及阴，也可见三阴之证。因而绍派伤寒融伤寒、热病于一体，提倡寒温一统。"六经钤百病，三焦骇疫证"，治病结合浙地地域特点，经方、时方并重，用药讲究轻、灵、验，善治急症、重症，正是这种辨证论治的治疗思路，深深地影响了振元先生及宣氏儿科后代人的发展与创新。

振元先生从一个贫苦孩童经过十余年艰苦奋斗成为儿科名医，除了天资聪慧之外，平生为学，上探《黄帝内经》《伤寒论》《金匮要略》，下及金元四家及温病学说，博采众长，铭记于心，再通过临床实践，归纳总结，促成宣氏儿科自成一派。同时他善于采集民间单方、验方，从十余岁开始，只要听说某地有一单方可治某病,他就会日夜兼程,赶赴远方。他行迹遍及杭嘉湖地区,东至乔司、海盐,南至萧山、绍兴,西至富阳、新登,北至康桥、塘栖、桐乡,从而收集了不少有效的单方。比如用癞蛤蟆加朱砂外敷中脘一法治疗急惊风重症就是从绍兴钱清一带寻访所得,用此法已救治无数重症患儿。20世纪二三十年代交通不便,只得靠步行或舟船,从觅一方之艰辛可见先生对提高医术,济世于人之心切。俗语说"草药一味,气死名医",民间有不少单方、验方,方法简单,疗效神奇,振元先生收集后加以试用,并观察其适应证、疗效及不良反应,一一加以考证,将疗效确切、不良反应少的单方,充实于自己的临床,从而又提高了疗效。振元先生虽来源于民间,但思想十分开放,从他遗留下来的古籍中发现,从1911年开始就订阅上海中西医学报,每期学报都记录"已阅"二字,学习现代西医知识。当时在江浙沪中医界中学习西医还刚刚开始,振元先生就能吸收新事物、新知识和新方法,从而大大提高了疾病诊断能力,使得对重危病人的救治更加科学完善。

振元先生不但医术精湛,而且道德高尚,为人善良,乐于助人。社会底层劳苦大众的子女得病后无钱医治,常会来找振元先生治疗,他常给予免费诊病,无钱配药者,嘱其去河坊街上太和堂药店免费配药,日后逢节由先生结算。由于重病较多,虽现场救治无数,但也有无回天之力而亡者。旧社会身无分文的穷人连丧葬能力都没有,振元先生为此常会捐款余杭慈善总会,遇到无钱埋葬者,常求助余杭慈善总会帮助埋葬。在街坊中先生具有较高声望,下午经常会去井亭桥畔的"雀儿茶室"帮助贫苦妇孺写状纸或以针刺推拿义务行医。这种善行深深影响了宣氏后人,他们常以积德行善为己任。

振元先生常教育后人要"老老实实做人,认认真真做事",这也成为宣氏后人的座右铭,深深影响几代人的医术与为人。振元先生的精湛医术传于两个儿子:宣志春、宣志泉,在他们踏上习医之路前,先生都告诫道:"行医者,必先学会做人",这句话一直作为"宣氏儿科"几代人为人处世的信条。

1947年农历六月,振元公外出"雀儿茶室"吃茶时,因跌倒中风,后回家调养半月,不治而故,享年72岁,葬于灵隐法云弄。

宣桂琪的父亲宣志泉先生(1910~1977年)是宣氏儿科第二代传人,幼承庭训,继承了振元公衣钵,勤勉好学,尽得精传。志泉先生长期从事中医理论、临床及教育研究,在中医基础理论、各家学说、经络、伤寒热病诸领域颇多见解,对儿科疑难病的治疗亦颇具心得,其一生奠定并发展了"宣氏儿科"。中华人民共和国成立前后志泉先生系杭州中医学会常务理事，杭城十大名医之一。中华人民共和国成立后他又积极投身于杭州公共医疗卫生工作。在繁忙的门诊工作之外，他还组织基层中医工作人员学习国家政策、西医知识及开展卫生防疫工作。1956年他响应国家号召，支持中医事业，受浙江省卫生厅之邀毅然关闭自己繁忙的私人诊所，放弃丰厚的收入，成为浙江省中医院首批受邀中医师之一。1963年被浙江省卫生厅评定为全省第一批名老中医，是浙江省近代最著名的中医儿科专家之一。

志泉先生6岁始入私塾，10岁读国学，博学通达，仁爱好施，由于督学甚严，要求他熟诵经史百家、唐宋词章。业师的品格风范和教育启迪，让年幼的宣志泉初窥国学之门径，并虚心好学，手不释卷，循序渐进，几年后就熟读经史百家。在父振元公的教导下学习中医，经常侍诊左右，喜读《黄帝内经》《难经》，熟背《药性赋》《汤头歌诀》，渐次粗通医理。午夜一灯，晓窗千字，习以为常，从而为一生习医生涯打下了坚实的基础。稍长赴沪习商，年近20时因母病故，回杭守孝3年，受父亲影响弃商研医，从此改变了他的人生轨迹。此时闭门谢客，上至医学经典，下至诸家名作，不论内、妇、儿、外，无书不读，对有心得之处靡不深研，并随父临诊，尽得所传。故中医经典、金元四家、温热学派、儿科诸家均得其旨。其中尤其推崇《医宗金鉴·幼科心法要诀》《临证指南医案》《温热经纬》《时病论》等书。先生经验丰富，立法严谨，用药轻灵，既善辨证论治，又常因人因时而异，略动一二，疗效顿著。先生善治小儿时病杂症，如麻疹、疳积、惊风、咳喘、泄泻、癫痫等症，疗效显著。治疗急慢惊风既继承了振元公的针刺推拿，又加强了中医辨治，内服丸散、汤药，大大提高了惊风的救治率，进而丰富和发展了宣氏儿科的学术内涵。如果说振元公是宣氏儿科的创始人，那么志泉先生就是宣氏儿科的奠基人。先生在临床教学中从不保守，诲人不倦，在临床诊疗中常使后学者有种指点迷津、茅塞顿开之感，20余年来培养了中医学院学生不计其数。先生一生诊务繁忙，无暇著书立说，但留下数万字的医案讲稿，十分珍贵，为后人继承、整理、发掘宣氏儿科留下了宝贵的资料。

先生医术精湛在医界是公认的。"悬壶五十年，为杭州儿科名医。宣氏儿科虽为家传，但能综合各家之长，擅治惊风时病，尤其对重危病人、疑难杂症，特别是烈性传染病引起的惊厥昏迷，如乙脑、流脑、结核性脑膜炎、各种败血症等有丰富经验，每每能起沉疴于顷刻"，杭州中医药学会网站

"历代中医名家"中就是这样描述志泉先生的。他一生学无止境,潜心钻研医术,博采众长,不断吸取新知,推崇中西医结合,西为中用,精益求精,造诣深邃,擅长中医药治疗重危病人及疑难杂症,声名远扬,一生救治重危患儿无数,各地前来就诊者络绎不绝。先生看病诊治还有一大特点,就是药剂用量很少,却常常能药到病除,且深得西医同行钦佩。这是因为先生立法严谨,用药轻灵,而且他艺高人胆大,用药又恰到好处。其中许多经典的重症、疑难杂症案例在民间留下深刻印象和良好的口碑。

先生生前在杭州名望极高,可谓儿科大家,也是浙江省中医界泰斗级的人物。他的医术不但得到广大家长的推崇,同时也得到中西医学界同仁的一致认可。当年浙江省儿童保健医院、中国人民解放军第一一七医院、市属各医院争相邀请先生会诊危重患儿。几乎每天都会有患危急重症的小朋友被先生从死亡线上救回来,其中也有很多是被西医放弃治疗的患儿。他丰富的临床经验,药到病除的高超技艺得到很多西医同仁的敬佩,颇得浙江省儿童保健医院励院长的赞许。

"一花独放不是春,万紫千红春满园",先生在世时非常关注人才的培养,特别是对中青年医生带教倾注了大量心血。他常教导后辈"读书当厚古而不薄今,要融汇诸说,务明真谛。治病应师法而不拘方,宜变化在我,唯求临床实效"。直到60多岁时,他还每月在家中开展"读书会"活动,带领青年医生温习典籍,畅谈读书心得,释疑解难,既活跃了学习气氛,又在无形中提高了青年医生的学术水平。

先生不但医术精湛,医德更为人称道。他常说:"医乃仁术""仁者爱人",医生要"先仁后术""先会爱人"才有可能成为一名好医师。丰厚扎实的理论学养、博学多识的儒学功底、活人无数的方药实践、能弈善文的艺文才情、厚德大义的济世仁心,是对一代鸿儒大医宣志泉的真实写照。

第二节 耳濡目染叹神效

宣桂琪出生在中医世家,祖父辈均喜看国学经史,熟读医典古籍,钻研各家著作,博学通达,悟性灵透,仁心妙术,名震一方。在祖父与父亲的熏陶下,宣老从小接触祖国医学,耳濡目染之中感受着钻研中医的不易与巧用中医的奇妙。在当时家庭环境的影响下,中医这颗深奥的种子不知何时已扎根于宣老心中,历经岁月的沉淀与洗礼,势必会破土而出,向阳而生,迎风绽放。

一、孩提时拿"镜"看书

宣老回忆起自己的祖父，脸上洋溢出孩子般明媚的笑意，挠挠后脑勺，说道："我对祖父坐诊行医没有多少印象，幼小不知事，也不认识牌匾上的字，所以我对厅堂墙壁上挂着的牌匾也没什么感觉，但我记得祖父书桌上的放大镜与床头的甜饼干。"说到这儿，宣老情不自禁地笑出声儿，接着说，"祖父晚年闲暇之时，喜欢拿他的放大镜读书看报，我那时三岁，正是喜欢模仿跟学的年纪，趁祖父休息之时，踩个小板凳，踮着脚拿书桌上的放大镜，学着祖父的模样，翻看报纸、医书，正着看、倒着看都有。祖父看我照葫芦画瓢儿的可爱劲儿，会摸摸我的脑袋，帮我把倒着的书正过来，然后说：'你个伢儿呀，还看不懂哩'，说着把我从板凳上挪下来，拿出饼干盒里头的甜饼干给我。"

宣老的孩提时光，不知道祖父书桌上的医书所云何物，不明白何为祖国医学，也不清楚自己的父亲忙里忙外，别人抱着小孩进出家中厅堂是干什么，但在那个环境、氛围及诸多场景的熏陶之下，宣老年幼稚嫩的心灵上似乎已经埋下了一颗沉甸甸的医学种子，等待着生根发芽。

二、韶龀时试"药"养兔

宣老六七岁时，尚未和幼时的祖父、父亲一样读看经典，还处在欢乐的童年时光，回想起那段日子，最有意思的事情是跟着哥哥养兔子。"我父亲是一个极其认真、刻苦、严谨之人，自从学医后，将自身所有的心血都扑在医学研究上，注重中医的同时也不忘学习西医。父亲传承家学，擅治惊风，用药离不开一物——全蝎，但全蝎有小毒，父亲谨慎之人，剂量要求十分严格，便让我哥哥养了十来只家兔，将相当于临床10倍剂量的全蝎研磨成粉，混入兔饲料中，观察兔子进食、二便、行为情况。我记得用全蝎粉饲养了差不多二十天，兔子表现如常。我那时还小，不怎么懂事理，只是跟在哥哥后头'看热闹'，一点也不明白父亲为什么让哥哥这么做，现在回想起来，觉得父亲实在是一个具有科研精神的严谨中医人啊！"宣老一脸敬佩，语气里流露出对父亲的崇敬之情。

父亲兢兢业业、严谨扎实的处事作风深深影响着宣老，正所谓"人在少年，神情未定，所与款狎，熏渍陶染，言笑举动，无心于学，潜移默化，自然似之。"受父亲的熏陶，宣老在此后的工作、生活上始终秉持一颗审慎严谨、一丝不苟的好学之心。

三、年少时闻"鼓"励志

宣老的父亲一直忙于坐诊行医，无暇顾家，教导孩子、照顾家庭往往是忙里抽闲，直叹分身乏术。但身为孩子最好的老师和榜样，父亲伟岸、忙碌的身影，无声之中，潜移默化，成就了宣老年少懂事、坚毅隐忍、认真细致的品格。"我自认为自己不如别人那样天资聪颖，但我十分努力，我愿意花时间在学习上，看书是我很喜欢的事情，从上小学开始，我在学习方面从未让父母操心过，做人也是一样，父亲的人品于生活学习之中无时无刻不影响着我。父亲为人正直善良，行医心细术精，对经济困难的病人，父亲常常减免门诊费，还和药店联系，让患儿家属记账买药，药钱由父亲统一结算。半夜三更，有病人来家里敲门求医，父亲不辞辛劳，哪怕数九隆冬，父亲也会起身给患儿看病。有一次，一个六七岁的孩子，接连高烧了好几天，四处就诊效果不佳，孩子爸爸心急如焚，抱来父亲这里看的时候已经奄奄一息了，父亲思考片刻后，告诉孩子爸爸'来的有些迟了，孩子情况不大好，只能搏一搏、试一试了，需癞蛤蟆一只，可惜现在是冬天，此物难寻，若能找到，用碎碗片割开蛤蟆的肚子，放入朱砂，然后捂在孩子的肚脐上，用布包好，如果第二天早上，癞蛤蟆发臭了，说明孩子还有救，再来复诊'。幸运的是，患儿父亲终于在当时还十分荒凉的柳浪闻莺找到了两只癞蛤蟆。第二天癞蛤蟆发臭，患儿神识略有好转，先生又开药几味，嘱其频频灌服。几诊后，患儿终于得到康复。人们常说'宣大夫医德高尚、医术精湛，半夜门诊也不怕辛苦，相当的负责，真当是个好医生！'。那时候送锦旗不像现在这么流行，有些条件好的患者为了表示感谢会送个牌匾，但老百姓们大多生活不易，基本都是敲着锣、打着鼓前来表示感谢的。父亲良心行医，经常会有敲锣打鼓声顺着巷子传到家里头来，那时我弟弟还小，听到锣鼓声来到了家里，就欢呼雀跃，而父亲总是谦逊地说'医生治病救人应该的，应该的，都是我理应做的'。我当时看在眼里，心里有一种说不出的滋味儿，是为家里有这么一位令人尊敬的父亲骄傲，是为天下苍生的不易担忧，还是对中医的'神效'感到惊奇，当时的我说不清具体的感受是什么，只是觉得做一名

浙江中医临床名家·宣桂琪

医生很辛苦，当一名别人口里的好医生太不容易，也觉得自己应该加倍学习，回报祖国和社会。"宣老提起这些事情时，瞳仁里折射出的是对父亲的钦佩之光和怀念之情。

年少时宣老已经明白家中各种各样进进出出的人是来求医看病，也理解父亲除了接诊患儿就是看书写字是为了什么。从父亲孜孜不倦、挑灯夜读的身影里和前来向父亲表示感谢的锣鼓声中，年少的宣老知道了什么是"书山有路勤为径，学海无涯苦作舟"，什么是"博极医源，精勤不倦"，什么是"为天地立心，为生民立命"，什么是"仁心仁术，医者父母心"。

四、成年时革"志"立誓

感受着父亲勤勤恳恳、审慎细致的从医精神，认真好学的宣老初中、高中学习格外努力，成绩一直名列前茅。厚积而薄发，读书千万日乃为有朝一日可报效祖国，宣老深受前辈们振兴中华、工业救国、科技强国思想的影响，一心想将所学付诸实践。回忆高考前夕的时光，宣老感慨万千："当时的中国还不是特别发达，科技比较落后，在前辈们'读书不忘报国，报国不忘读书'以及'工业救国、科技强国'思想的深深影响下，我自己的理想是备考大连海运学院，打算学成之后致力于船舶制造，为祖国贡献自己的绵薄之力。而高考前的寒假，母亲简短而深重的一句话，改变了我的人生理想。母亲当时和我说：'桂琪，你是不是准备报考浙江中医学院，好好学习中医，继承爸爸的事业'，我一听，顿时心头一震，'是啊，父亲年事渐高，哥哥姐姐们并没有学习中医，而家底子不能后继无人啊，从爷爷到父亲再到我们这一代，确确实实需要一个人继承家学，那么我就应当肩负起这份责任。'父亲听闻我要报考中医学院后，便语重意深地和我说：'桂琪，学医是很苦的，学中医更是苦上加苦，不仅需要熟读经典古籍，还需要知道西医的知识，如果你真的有志于学医，那至少要做好苦读20年的思想准备啊。'我听了这几句话后，脑子里浮现出来的全是父亲接诊病人、书写医案、挑灯夜读的画面，但父亲不怕苦、不怕累、严谨好学的品质一直是我的榜样，学习中医纵然是苦，但苦我是不怕的，医者当对生命负责，我既然立志学医，就静得下这颗心，吃得起这份苦。"

母亲简单又深重的问话与父亲语重心长的告诫，字字珠玑，改变了宣老日后的人生轨迹，从工科报国到悬壶济世，可以说，宣老走上学医之路既是偶然，更是人生之必然。从那以后，宣老致力于学习中医，闻鸡起舞，灯下苦读，家学精神在宣老身上逐步展现并且有所升华。

第三节 不忘初心学中医

1961年，高考结束后，宣老如愿被浙江中医学院（浙江医科大学六年制中医专业）录取，开启了人生新篇章。内心那颗深奥的中医种子在大学校园课堂这块沃土上，在宣老夜以继日的用心浇灌下，不断积攒力量，破壳而出，终见日光。下定决心学好中医的宣老，时刻秉持一颗赤子之心，刻苦钻研中医，通读四大经典，广阅各家学说，继承发展家学，欲将祖国医学的精髓、奇妙之处灵活运用于临床，有效减轻病患痛楚。

一、立身以立学为先，立学以读书为本

刚步入大学校园的宣老，朝气蓬勃，带着对祖国医学的热爱、对经典古籍的渴求、对实现自己人生理想的期待，满怀憧憬，一腔热血、满腹心思无一不在学习之上。宣老深知学好中医需要积累丰富的理论基础，而自己虽然成长在一个中医氛围浓厚的家庭里，但并没有扎实的"童子功"，《药性赋》《汤头歌诀》这些简单的中医入门书籍也没有熟读熟记，和有些自小就读背医书的同学相比有一定的差距，所以宣老格外努力，勤奋至极，"勤能补拙，我知道自己不是一个天资聪颖的人，和别人相比，我没有一个格外聪明的脑子，也没有一个相对深厚的中医底蕴，但我下决心从零开始，好好学习，争取赶上"，宣老如是说，语气坚定无比，我们好像可以感受到宣老那颗不学好中医不罢休的心。

当时的浙江中医学院在杭州市庆春路，空气中飘散着浓郁的学术气息，沉淀了城市街边浮躁的喧嚣吵闹，宣老也在这里感受着莘莘学子营造出的中医氛围并全身投入其中。一日之计在于晨，不论春夏秋冬，宣老每天早起，或伫立于学校的亭子前，或端坐在学校的水塘边，手捧着医书，或朗读，或背诵，从《医学三字经》《药性赋》《汤头歌诀》到《中医诊断学》《中药学》《方剂学》再到《黄帝内经》《伤寒论》《金匮要略》《温病条辨》，宣老无一不多读多记。"在进学校之前，我就知道中医著作浩如烟海，汗牛充栋，中医学派林立纷呈，各家争鸣。学好中医是有一定难度的，我们不可

浙江中医临床名家·宣桂琪

能将所有的书籍一一品读，但我们需要深入学习钻研教科书和经典著作，唯有苦读，多读多背，重点条文能够朗朗上口，在记忆的基础上加深理解，理解了以后巩固记忆，才能在临床上真正做到遇病不乱，碰到某个疾病可以想起经典里的相应条文，知道疾病的病因病机，从而才能辨证清晰，方证合一"，宣老和我们说这番话时，仿佛自己还是那个在中医学院里勤奋苦读的医学生，这种铿锵有力、掷地有声的话语正像是冉冉升起的太阳发出的万丈光芒。

大学生活丰富多彩，而在宣老的世界里，大学课余生活除了锻炼身体，便是学习中医。潜心在医学的海洋里，有趣与枯燥常常并存。可想而知，有趣的是自己对某句条文、某个病机突然豁然开朗，或是看了某一段话，像醍醐灌顶似的，拨开云雾见青天；而沉甸甸的书本往往是枯燥的，众多的白纸黑字，掺杂着一些古文，有些可能还需要查阅字典明白其意思，再结合文意，理解其背后的深层次含义。这个过程虽然有些枯燥，但理解、体会、领悟了之后就能化枯燥为有趣了，循序渐进的，也就着实对中医产生了兴趣。当别人问宣老空闲时喜欢做些什么，宣老常笑眯眯的回答："我还是喜欢看看医书，写写医案，读读文献，学医到后来，我就发现，自己好像只对医学感兴趣了。"

通过学习，宣老明白了何为阴阳五行、藏象经络、外感六淫、内生五邪，知道了五脏六腑之间的相互关系、十二经络的走行、阴阳双方的关系，领悟了中医四诊望闻问切，尤其对舌诊、脉诊有了初步的感知和认识，知道了辨病与辨证相结合，理解了《药性赋》《中药学》里的四气五味、升降沉浮、归经药效、七情配伍，熟记了《汤头歌诀》《方剂学》里的各类方剂的代表方，明白君臣佐使在其中的用意，初步体会了《伤寒论》《金匮要略》《黄帝内经》《温病条辨》里的经典条文，知道了什么是太阳病、阳明病、少阳病、少阴病，什么是麻黄证、桂枝证、柴胡证、承气证，什么是病痉、湿、血痹、肺痈、咳嗽上气等，对整体观念、阴阳五行、藏象经络、病因病机、诊法治则有了一个较为系统的认识，同时也初步认识了温病的卫气营血辨证、三焦传变，知道了什么是风温、温毒、暑温、湿温等。学习了这些中医基础知识与经典著作后，纵观祖国医学的发展，宣老对《医学三字经》里原本一知半解的医学源流，像"迨东垣，重脾胃，温燥行，升清气，虽未醇，亦足贵，若河间，专主火……"等，有了一个较为全面而直观的认识。就像金元时期的刘完素、张从正、李东垣、朱震亨四大家及明清时期的温病学派，他们都来自于经典，又发展了经典，通过反复的实践推敲，形成了独特的观点，丰富并完善了祖国医学的内涵。比如外感热病，秦汉《伤寒论》明言"今夫热病者皆伤寒之类也"，采用辛热之药以治之；而金时刘完素提出"主火论"，开创辛凉解表、苦寒清里或表里双解之法，突破了魏晋以后墨守仲景之成规的保守风气，为明清温病学派开辟了新的诊治途径。于是在当时的环境的影响下，天时地利与人和，造就了吴有可的《温疫论》、叶天士的《外感温热篇》、王孟英的《温热经纬》、雷少逸的《时病论》等与温病相关的经典著作方兴未艾之势。

大学读书期间的宣老，骨子里透着"囊萤映雪、悬梁刺股"的好学劲儿，读书有法，成绩优异，为日后的跟师试诊学习乃至立身立学打下了扎实的理论基础。

二、业精于勤而荒于嬉，行成于思而毁于随

一迷上中医，不管是酷暑隆冬，还是霜晨雪夜，宣老总是在读书、思考，有时是反复琢磨、捣鼓上课时老师讲的某句话，有时是为了加深理解，针对教材上的某个知识点翻阅其他的书籍文献资料，有时是写下自己的读书心得与体会。总之，宣老一直要求自己"书要勤读，要用心去读"，要去理解，去领悟，去思考。

关于如何勤读深思，除了每日晨起朗读、背诵，宣老还有自己的"读书经"。一是看书时一定要用"心"感悟，正如《素问·灵兰秘典论》中言："心者，君主之官，神明出焉"，心主神明，精神之所舍，看书要心、眼、手并用，边看边思考边笔画，重点之处红色标记，思维火花迸发之际当写字标注，"好记性不如烂笔头"，如果看了书上的某段话有感而发，一定要在本子上记下当时的想法和体会，以后写论文的切入点就可以从此着手。二是睡前要将一天的所学所看所读在脑海里梳理一遍，"睡前整理当天所学的东西对加强理解和记忆是非常有帮助的，好比放电影一样，一幕幕的思考过去，理解消化，将所学的东西装入脑子里，要用的时候就可以活取活用啦，脑子是越用越灵的嘛！"当我们问宣老如何加深记忆时宣老是这么笑着回答的。三是读书思考后要勤于下笔，"我们读进脑子里的书，一定要通过思考化为自己的思想，而后得以灵活运用，而下笔去写有助于思考，多写写才能笔下有力量，妙笔可生花，写不好可以改，改了以后还可以请老师帮忙

润色，关键是我们要思考，要下笔，下笔的过程是我们对所学的东西思考整理、融会贯通的过程，有助于形成系统的中医思维框架，学而不思则罔，学而思之当勤写，读书破万卷，下笔如有神，读与写始终是相辅相成的，思考是连接读与写的桥梁。"

宣老的"读书经"，离不开勤读、深思、多写，中医思维在这个过程中一点一滴、循序渐进，逐步形成并完善。宣老的第一篇论文《论甘温除大热》是根据老师上课所讲的甘温除大热之法，翻读、学习了李东垣先生写的《内外伤辨惑论》《脾胃论》，对"大热"的定义、产生的原因、治则治法、用药特点有了一个较为直观的认识后提笔写下的，前前后后改了不下五六回，最终在吴颂康老师的指导与修改下完成。这篇论文的写作经历，让宣老认识到想要全面学好中医学，除了学习经典以外，还必须学好众多的有代表性的各家之说，要去阅读古籍、搜集资料、深思细想。比如《内外伤辨惑论·辨寒热》中说："是热也，非表伤寒邪皮毛间发热也，乃肾间受脾胃下流之湿气，闭塞其下，致阴火上冲，作蒸蒸而躁热，上彻头顶，旁彻皮毛，浑身躁热作，须待坦衣露居，近寒凉处即已，或热极而汗出"。脾胃为气机升降之枢纽，脾胃之湿气为何生成、又为何下流，"热极而汗出"与白虎汤证的"身大热，汗大出"有什么不同。带着这些问题，宣老继续思考、翻读，在《内外伤辨惑论·饮食劳倦论》中找到了答案，"脾胃气虚……则气高而喘，身烦热，为头痛为渴而脉洪大……然而与外感风寒所得之证颇同而理异。内伤脾胃乃伤其气，外感风寒乃伤其形，伤外为有余，有余者泻之，伤内为不足，不足者补之……《内经》曰，劳者温之，损者温之，盖温能除大热，大忌苦寒之药泻胃土耳。今立补中益气。"宣老联系前后，见解如下：这里的"气高而喘"与"阴火上冲，浑身躁热作"有关，是脾胃气虚后阴火上冲之热的一种表现形式，甘温除大热即是此证的治则治法。

可见，读书、思考、下笔是同气相求的，三者相辅相成，缺一不可，而"勤"字在当中扮演了重要角色，是成就三者的基础。

三、闻名之如甘露入心，共语之似醍醐灌顶

在读书、思考、学习的过程当中，自然会遇到很多疑点难点，如何拨云开雾，宣老亦有自己的独特感悟。一是看书，"书中自有颜如玉，书中

自有黄金屋",遇到疑点难点时,就去翻古籍,查文献,搜资料,多方面求证,看看古代的医家是如何认识、理解、阐述这一点的,看看近代的学者有没有对该点形成一个新的认识,甚至可以寻求西医的相关见解,中医讲究辨证,西医注重明确疾病,两者的认知体系确实出入颇多,病名可能相同,而疾病的本质认识却不一样,但我们可以借用临床医学来重新认识祖国医学,辨病与辨证相结合,也许会豁然开朗,激发出思维的火花。二是交流,古话说"听君一席话,胜读十年书",宣老自觉有疑问之时,常常和同学讨论,亦或是请教老师,也常和父亲交谈。在交流、讨论的过程中,听闻别人的见解可帮助自己形成新的认识。现在宣老门诊空闲之时,也常和学生们交谈,告诉学生自己一路走来的体会:"我读书时常喜欢与同学们讨论,各抒己见,偶尔可能是争辩,经过一番有趣的探讨后,大家往往都有一个新的认知,我认为这就是'共悟'。我也时常去请教老师,经老师循循善诱、指点迷津后,我常幡然醒悟,我觉得这个就是'点悟'。而通过自己看书、翻阅资料解除疑惑的,我觉得是'顿悟'。学习中医还是需要一些悟性的,我的悟性可能不如别人那样一点就通,但我愿意去尝试,去经历,如此锲而不舍的努力有助于激发我的悟性,中医思维也因此发散开了。"

宣老读书时的中医学院办学规模不如现在中医药大学"一校两区"模式般庞大,图书馆也不如现在这么高大敞亮,藏书也不如现在这么丰富繁多,但两者的学术氛围、师资力量是可以互相媲美的。宣老在图书馆里看书、沉思,顿悟了何为"气虚发热",何为"甘温除大热",撰写了人生第一篇论文。熟知了阴阳属性划分后,宣老又反复学习《黄帝内经》里与阴阳相关的知识,如《素问·生气通天论》里言及"阴者藏精而起亟也,阳者卫外而为固也""凡阴阳之要,阳密乃固""阴平阳秘,精神乃治",而在接触了钱乙《小儿药证直诀》里"脏腑柔弱""成而未全……全而未壮""易虚易实,易寒易热"的生理病理特点和万密斋的小儿"三有余,四不足"生理病理学说后,宣老结合之前所学,对小儿"稚阴稚阳""纯阳之体""阳常有余,阴常不足"等观点进行了一番深思,觉悟"阴平阳秘"的合和状态乃防治疾病的最终目标,为日后开展小儿阴阳水平线下的"阳亢"研究打下了一定的基础。

第四节　学海无涯苦作舟

"学习中医，我是下了苦功夫的，勤奋刻苦可以弥补薄弱的童子功及不那么聪颖的天资，可以说，勤学苦读是学医的第一步，也是成才的基础。"宣老在回答人家的提问"如何学习中医、学好中医？"时如是说。书山有路勤为径，学海无涯苦作舟，宣老的从医求学路上，至始至终离不开"勤""苦"二字。宣老这种"以苦读为乐趣"的孜孜不倦的勤学精神，为他从医路上取得的成就、口碑、荣誉打下了良好的铺垫。

大学前三年学习了相关医学理论课程后，宣老的理论基础日益扎实，中医功底逐步深厚，大四之后，宣老开始见习、跟诊、抄方，对祖国医学又有了进一步的鲜活认识，不仅仅停留在书本理论、书中记载的医案层面，更多的是将所学理论运用于临床实践，开始接触"活生生"的病例，经过望闻问切，四诊合参，辨证分析，而后开方下药，听老师点评，再感悟其中的主要"症结"，思索书中的相关理论知识，如此下来，宣老的临床思维日益成熟与完善。

一、宝剑锋从磨砺出，梅花香自苦寒来

在决心革"志"报考浙江中医学院时，父亲宣志泉先生曾谆谆告诫过宣老，"学中医至少要做好苦读20年的思想准备"，而自小就深刻感受着父亲从医的辛苦与不易，宣老毫不畏惧苦读。父亲不分日夜治病救人、忙里抽闲读书整理医案的敬业模样一直在宣老脑海里熠熠生辉，时刻鞭策、鼓励着宣老。因而，自步入中医学院的大门开始，宣老的内心就只有学习中医这一不二兴趣。

开始临床见习、实践后，宣老小试牛刀，慢慢摸索前进，不断和同学、老师、父亲交流自己的见习、试诊感悟，体会到了临床开方下药的不易，也感受到了病人服药后病情好转的欣喜之情。宣老的习医之路是十分幸运的，在校有众多名师点拨相助，如当时的何任校长、徐荣斋、陆芷青、吴颂康、冯鹤鸣等教授，他们都给予宣老一定的启迪。宣老在校时就喜看喜读经典，对《伤寒论》《金匮要略》《温病条辨》等已有一定的理解与认识，但宣老自觉这些认识还只是停留在表面，需要通过进一步的临床实践加深理解，切

实领悟当中的要点与精髓。而临床试诊给了宣老升华理论到实践的机会。

宣老在临床试诊时曾遇到一位西医诊断为"急性胆囊炎"的患者，前来就诊时表现为高热，腹痛拒按，呕吐，小便赤黄，大便干结不解，舌红，苔黄厚，脉弦而有力。当时宣老脑海里瞬间浮现出《伤寒论》里"心中痞硬，呕吐而下利者，大柴胡汤主之"与《金匮要略》里"按之心下满痛者，此为实也，当下之，宜大柴胡汤"这两条里实兼少阳证的相关条文，根据患者的症状、舌象、脉象，宣老辨证为少阳阳明合病，乃因少阳枢机不利，阳明腑实结聚引起，治当和解少阳，通下里实，方用大柴胡汤加减，予3剂煎服治疗。3天后患者回来复诊，诉服药1剂后，便解热降，呕吐不作，腹痛减轻，服药3剂后，热退至正常，腹痛缓解。经过这一次试诊，宣老对经典条文的认识进一步加深，初次感受到了自己曾经勤学苦读付出后、如今有了小小收获的满足与愉悦，也激励着自己日后应当继续努力学习，不断研习书本、经典、方剂等，温故而知新，从书本知识累积到临床经验积累，逐步提升临床疗效。这也是"旧书不厌百回读，熟读精思子自知"与"纸上得来终觉浅，绝知此事要躬行"的深刻涵义。

有志者事竟成，苦心人天不负，曾经的下定决心立志苦读、勤学深思，在后来的学习、工作、生活中，都化作宣老前进的动力，相关知识、经典条文被宣老运用得淋漓尽致。小试牛刀后，锋芒初露，经过实践、试诊，宣老对中医的热爱又多了几分，对祖国医学有了一个更加立体、全面的认识。但学医之路不可能是一帆风顺的，宣老在临床实践的过程中，也会感到迷茫与困惑，而解决迷茫、困惑的捷径依旧是勤学苦读、多看书多深思多交流。

二、山重水复疑无路，柳暗花明又一村

《荀子·修身》里言："路虽弥，不行不至；事虽小，不做不成"，漫漫习医路，迂回曲折，宣老一边学习钻研，一边试诊临证，欣喜与迷茫并存，会为患者病情的好转感到高兴与满足，也会因疗效不明显、辨证是否准确而感到困惑。宣老遇称赞从不自满，碰壁了也从不气馁，赤子之心始终为学习中医、学好中医准备着满腔热血与力量。当试诊实践遇到迷茫和困惑时，宣老或者自我反思，不断自问自答"疾病的定性定位是否准确""辨证是否精准""用药是否得当"，或者回想老师、父亲平日里的谆谆教导，琢磨自己有没有遗漏什么细节，或者记录下这个病案，向老师、父亲请教。待

思考、交流、请教、琢磨过后，常能找到疑点所在，茅塞顿开。

中医的学习过程，道阻且长，行则将至，宣老相信"脚下道路虽漫长曲折，但努力奋斗后终将有一个璀璨前途"。一步一个脚印，宣老怀揣"十年磨一剑"的决心，在研究中医的漫漫大道上砥砺前行，不断汲取祖国医学的思想源泉，开拓自己的中医视野，完善自己的诊治思维，密切联系"理论"与"临床"，丰富自己的临证经验，徒步千山万水后，宣老势必在中医这片热土上撷取自己的生命之花。

第
二
章

名 师 指 引

第一节　随父侍诊得真悟

　　宣桂琪教授出生于一个中医世家，祖父振元公和父亲宣志泉老先生都是在杭州城声名远播的儿科名医，救人无数，在民间有着极好的口碑。对病人和他们的家属来说，父亲是一名救死扶伤的好医生，是救苦救难的活菩萨，对宣老来说，父亲则是自己医学生涯中的指路明灯。

　　大学刚毕业进入临床之时，宣老很有自信，回想自己6年苦读经典，对中医内科各类疾病的证治分型亦了如指掌，对中药的四气五味、主治功效也相当熟悉，因此对于一些简单疾病的治疗应该也是可以信手拈来的，但是事实确并非如此。

　　《论语·子张》里子贡曾说："譬之宫墙，赐之墙也及肩，窥见室家之好。夫子之墙数仞，不得其门而入，不见宗庙之美，百官之富……"，宣老临诊之初，根据临床症状、舌象、脉象加以辨证后，常在脑海里寻找相对应的方子，有时候用《伤寒论》《金匮要略》《方剂学》里的方子收效颇佳，但有些时候疗效甚微，那时的宣老，思前想后，感觉无处着手，迷茫时甚至连辨证也觉得模棱两可。父亲听闻宣老的苦恼后，安慰道："这只是习医路上的一个小插曲，初出茅庐肯定会遇上各种困难，但要有信心克服，找到入门之径后，便能感受到中医的奇妙有趣之处了，登堂入室后，还会遇到数仞高墙，这时候也要想尽办法、迎刃而上，方能领略中医的大雅之美。"

　　父亲的谆谆教导、循循善诱，给了宣老很大的启迪。宣老从看似简单的感冒着手，体会如何辨清风寒风热，仔细揣摩是否挟湿、挟滞等。初起，虽然临床感冒病人很多，但要真正分清风寒、风热确实属不易，看似风热又

17

见渐渐恶寒、鼻流清涕等风寒表证，难以捉摸。而父亲的一番话："咽红作痛者多是风热，咽不充血者多为风寒。风为百病之长，感受风热时邪，多挟寒而起，风热感冒兼渐渐恶寒、鼻流清涕乃挟寒之表现"，顿时让宣老恍然大悟，感叹道："银翘散中巧妙配伍荆芥、桔梗也正是此意啊！"通过这件事，宣老深深地体会到了"四诊"的重要性，望、闻、问、切缺一不可。因为只有通过认真的观察，仔细的询问，不放过每一个细节，才能明确疾病的病位、病性，才能充分的了解疾病。在日后的临诊中，分清寒热之余，尚需掂量寒热各占几分，"有其证用其方，有是证用是药"，寒热不一，立方下药时的配伍比例也有所差别。再如咳嗽，"有声无痰为咳，有痰无声为嗽"，临床上多咳嗽并见，对于咳嗽的诊治，宣老受父亲影响，亦有些许经验之谈。治疗咳嗽，首当弄清定性与定位，是外感咳嗽还是内伤咳嗽，外感咳嗽是由风、寒、热、湿、燥、火之中哪者或哪几者引起，内伤咳嗽与饮食、情志等何者相关。咳嗽定位有在肺、在胃、在肝、在喉、在肾、在心之别。这些知识在《中医内科学》里都有学到，但不经过临床实践，往往琢磨不透其中的难易深浅。不同原因引起的咳嗽，其咳嗽声音亦有所区别，有经验的医生可以"闻声识咳"，根据咳嗽的声音特点便能大致判断咳嗽的性质，当然这往往靠大量的临床经验积累。

宣老每每和我们聊起无不感叹："听师一句话，胜读十年书啊！'咽红作痛者为风热，咽痒不痛者为风寒。'就是那么简单的一句话，但凡学过中医的人，都知道这句话，但是当真正临诊看病的时候却未必能准确把握。所以中医是一门经验科学，是需要在不停的总结中才能进步的，也许数年后你也能总结出来这么一句，但是如果身边有一位长者，有一位老师，往往他们简单的一言就能让我们醍醐灌顶，事半功倍，这就是一位好老师的重要性啊！"

在进入临床初期，有幸得父亲指点，宣老很快就适应了临床的节奏，少走了不少弯路，对一些简单的疾病也有了自己的见解。父亲经常告诫他，临床看病时一定要"稳、准、狠"，意思是要对疾病诊断准确，心里稳重不惊，用药要恰到好处。宣老一直谨遵父亲的教诲，临床也获得了不错的反响，但是针对一些复杂疾病，效果却总是差强人意。在坐诊期间，曾经碰到一个癫痫病人，辨证后宣老治以平肝熄风，涤痰开窍，宁心安神，患者服药后癫痫发作次数逐渐减少，遂守方继进，但治疗数月后癫痫仍偶有发作，无法痊愈，即使后来宣老把从父亲那里得来的癫痫经验方纳入其中，效果也不甚理想。那个时候，患者对治疗效果还是很满意的，但是宣老却觉得不能就这样子结束。于是只好再次请教父亲，父亲看完病人所有的资料后，随手拿起笔在宣老的方子里加了黄连等几味药，并跟宣老讲道："癫痫的病机莫过于风、火、痰、瘀、虚，你根据这个辨证开方并没错，大的方向是正确的，因此患者病情有所好转，但是方药就像是煮饭烧菜一样，既要有主料，也要有配料，掌握好火候，才一气呵成，而你这张方子中，只看到了主菜，配料的搭配却是不够完善的。这就是治疗疾病，不管主次都不能马虎大意。"宣老听后有了拨开云雾的感觉，但对于这几味药是否能起到很好的效果还是将信将疑。心中带着疑问，宣老在父亲修改的基础上继续加减用药，果不其然，该患者用药期间癫痫未再发作，持续治疗3个月后停药，随访半年亦未发作。后来，宣老再次细细品味此案例总结道：临床上的一些复杂疾病，病因病机往往不只一个，有主有次，主要病机搞明白了疗效肯定是有的，但是次要病因病机也是很重要的，如果没有顾及，往往会留下一个小尾巴。所以这位癫痫患者能够痊愈，关键就在于抓住了被忽略的小的病因病机。临床上这样的失误屡见不鲜，如何有效的避免这种漏洞呢？那首先就要详询病史，找到疾病迁延难愈的原因，有针对性的治疗，其次则要仔细观察舌象，辨证论治，这样才能更全方位去掌握病情，以便于临床治疗。

宣老总是跟学生们讲，疾病的发生、发展与时代和环境的变迁息息相关，所以治疗方案也应该紧跟时代的步伐。仲景因其家族二百余人，死于伤寒者十之有七，才著有《伤寒论》；金朝末年，战乱频仍，民病饥饱失调，李东垣才创立脾胃学说。20世纪五六十年代，西医十分盛行，当时乙脑广泛发作，宣志泉老先生采用亚冬眠疗法及中西医结合的方法，成功提高了乙脑的治愈率，降低了后遗症的发生率。当时虽然宣志泉老先生是一位地地道道的中医，但是他始终认为西医的优势不能忽视，中医的优势要发扬光大。宣老一直谨遵父亲的教诲，在苦读中医的同时，从未丢下对西医的学习，即使现在年纪大了，也经常会查阅文献关注一些新的指南和学术观点，也会时常与同学们探讨西医方面的问题。宣老经常说：你们生在一个好时代，现在是中医的好时代，你们应该将西医唯吾所用，用西医的标准把我们的中医推向世界。

父亲是宣桂琪医学生涯中最重要的引导者，踏上学医之路是因为父亲，能够在临床得心应手亦离不开父亲的帮助，亦师亦友的父亲在宣老的成长路上扮演了一个不可缺少的角色。临诊之余，促膝长谈，探讨儿科学术，口授笔录的经历已经不能再次感受，但是苦读精神、仁心仁术、诲人不倦、医案讲稿却是父亲留给他的最宝贵的财富，作为宣氏儿科的第三代掌门人，宣老仍不忘初心，努力将"宣氏儿科"发扬光大。

第二节　名师指点感悟深

作为中医学院的毕业生，宣老深刻地感到学校教育的重要性，它能使学习者在最短时间学到最大量的中医知识，但是从临床来讲它的理论还不够深入，距离临床实践还有一定的距离。中医理论博大精深，需要有很高的悟性才能领略其中的奥妙，经典中的一句话对有些人来讲一辈子受益无穷，有的人穷其一生也无法参透，徒劳未果。师徒相授，这个沿用了几千年的方法，可以帮助学生从实践中更快地领悟中医深奥的理论。"师辈的指点是进入临床最好的捷径。"这是宣老最常说的一句话，也是宣老最有切身感悟的一句话。因为宣老就是借助于前人及师辈的知识，帮助自己跨越"理论"与"临床"这一条难以逾越的"鸿沟"，使自己进入祖国医学博大精深的殿堂。宣老的学医之路是艰辛的，但亦是幸运的，因为他曾遇到过众多名师，在大学期间有何任院长、徐荣斋、陆芷青、吴颂康、冯鹤鸣等老师，上临床之后有杨继荪院长、兰溪名医叶建寅、叶永寿兄弟等。他们的授课及点拨对宣老以后的从医生涯产生了深深的影响。

宣老是读着何任院长的《金匮要略通俗讲话》，背着《金匮要略归纳表》走入临床的。何任院长的金匮系列深入浅出，能读易记，使其在校时间就有了比较直观与全面理解。从而节省了大量阅读时间，找到了学习经典的方法。这些为宣老以后步入临床提供了极大的帮助。记得在初入临床，由于缺乏临床经验，西医知识认知亦不多，全凭课本上学来的中医功底治疗疾病，临床疗效往往不尽如人意。但是宣老发现，根据患者症状采用相对应的经方时，总是有出其不意的效果。大概是在20世纪70年代初，门诊碰到一个急性胆囊炎病人。当时病人高热腹痛、呕吐、便秘，病情危重，宣老当时立马就想到：这不就是《伤寒论》中所提到的少阳阳明合病的症状，遂以"大柴胡汤"加减。服药1剂，便解热降，腹痛减轻，3剂而愈。这让宣老深刻地感受到了经方的魅力，遂更加刻苦地钻研经方，并在经方的基础上加以辨证施治、加减应用，临床得到了颇为满意的疗效。

吴颂康老师是宣老人生中的一位恩师。宣老的第一篇论文《论甘温除大热》就是在吴老师的指导下完成的，经过反复修改后还在年级大会上宣读。撰写此文的过程让宣老对"大热"产生的原因、治疗大法、用药特点有了更加全面的认识，也为宣老以后临床上治疗因中气不足或气虚血亏而致的内伤热证及虚人外感发热提供了思路。宣老临诊时曾碰到过一个近2个月反复发热的患者，每于疲劳时加重，面白神疲，少气懒言，头身困重，苔白腻，经抗生素及清热解毒中药治疗后效果不佳，经各种检查未能明确诊断。宣老当时考虑此为中气不足，阴火内生。遂治以益气健脾、甘温除热，中药予以黄芪、党参、白术、甘草益气健脾，当归养血活血，陈皮理气和胃，升麻升举清阳、透泄热邪，茯苓、厚朴健脾燥湿（补中益气汤加减），5剂后热退。此病例让宣老深刻地意识到了祖国医学源远流长，经典著作是中医理论的精髓和浓缩，学好经典是学习祖国医学的基础，但是祖国医学发展2000余年，名医辈出，学派林立，如金元四大家、明清温病学派的兴起，他们都来自于经典，又发展了经典，通过反复的实践推敲，从而形成了独特的观点，丰富与完善了祖国医学的内涵。因此除经典以外，还必须要了解众多的有代表性的学术观点。于是宣老在工作后花了更多的时间来阅读古籍，钱乙的《小儿药证直诀》、李东垣的《脾胃论》、朱丹溪的《丹溪心法》、李士材的《医宗必读》、张景岳的《景岳全书》、柯韵伯的《伤寒来苏集》、俞嘉言的《医门法律》、唐容川的《血证论》……宣老都曾反复细细品读，做了大量学习笔记，并尽可能地把他们的观点运用于临床，从而为日后临床水平的提高打下了扎实的中医理论基础。

毕业后，宣老本打算继承父业，从事儿科，但是父亲却告诫他："想要学习儿科，将它做精做细，就必须要先把内科学好。"于是宣老就开始了长达10余年的基层工作，基层的工作是艰苦的，也是值得回味的。那时候刚好有一位西医同学跟宣老同寝，他们两个人每天背着药箱奔波于各地，为广大人民群众服务。虽然学习的理论不同，但是每次睡前，两人都会讨论一番今天所碰到的病例，互相学习中西医的治疗方法。但是毕竟两人还都年轻，临床经验也尚缺乏，治疗效果也是喜忧参半，为了提高自己的医术，解决疑惑，宣老找到了当地的名医学习，其中最让其印象深刻的老师就是叶建寅、叶永寿两位老中医。他们两位当时行医已有20余年，对伤寒、温病、内伤杂病具有丰富的临床经验，慕名而来的病人非常之多。宣老一直认为中医内科病种极其繁多，要成为好的中医内科医生，是一件非常不容易的事情，但是他有幸在基层碰到了两位优秀的内科医生。记得在跟叶师抄方期间，曾碰到一个西医诊断为肝脓肿的病人，因不愿外科治疗，遂来就诊，当时叶师诊断为肝痈，辨证为热毒瘀互结，遂治以通腑泄热、活血祛瘀、消痈排脓，予以大黄、蒲公英、桃仁、银花、连翘等药物治疗，2周后，不适症状明显好转，守方继进，后愈。宣老惊叹于叶师医术之高，在没有进行任何西医治疗的情况下，竟然治愈了一例肝痈病人，遂向叶师请教如何学好内科。叶师笑曰：哪有什么捷径，不过是博采众方而已。原来叶师治疗上述患者的方药，出自于叶熙春老先生的一则医案，并加以化裁而成。由此之后，宣老便养成了多读医案的习惯，一直坚持至今，尤其是像王孟英、赵炳南等这些名家大家的医案，宣老更会细细品读，每有感悟便会洋洋洒洒写下数百字批注。这些医案为他今后碰到疑难杂症或临床新病种时开拓了辨证思路，提高了临床方药的有效率，同时也打下了坚实的内科基础。

1976年，时任浙江省中医院院长是杨继荪老先生，他继承先贤并取各家之长，不断创新，在中医药基础理论、临床诊疗方面做出了卓越贡献。他为医严谨灵活，师古不泥古，认为中医治病，贵在辨证，而辨证的关键，在于掌握疾病性质和临床演变规律，立方下药，才有的放矢。在父亲"要学好儿科必须具有内科功底"的要求及引荐下，宣老有幸跟随杨继荪院长学习，这对于刚进入临床不久的他来说是个极好的机会。长达两年半的学习，为宣老的成医之路又一次打下了良好的基础。宣老始终认为临床跟师抄方是十分重要的，它不仅可以帮助自己了解老师的用药特点，而且能够接触到老师们常用的良方、验方，这些都可以作为自己临诊的仿效。更重要的是，跟诊的过程亦是学习老师诊病、识病、辨证、如何与患者沟通的过程，对自己日后单独看诊有很好的指导意义。有一次随杨继荪院长试诊时，一位西医诊断为"慢性胃炎、十二指肠球炎"的患者前来就诊，当时患者自诉脘腹胀痛不适、空腹及餐后均作痛，口苦纳差，大便溏烂，舌诊见舌红嫩、苔中根黄腻，脉诊见脉弦数。宣老予以辛开苦降、理气调中之剂治疗1个月后，腹痛、口苦之症均明显缓解，胃纳转佳，舌苔转薄，但大便一直溏烂不愈。宣老又在前方基础上佐以清化和中之品，开方后请杨院长审核，老师看了后，再添了一味炒潞党参，服药1周后再次复诊时大便已然成形，后继续治疗2周乃愈。随后，杨院长和宣老整理了这一病例的前后诊治思路，四诊合参，此病当属虚实夹杂之证，餐后作痛、口苦、舌象、脉象均属实证，乃湿热中阻引起，但必须注意餐前作痛、病程日久、大便溏烂乃脾虚之象，以辛开苦降、清化湿热之法治疗后，湿热得清，腹痛、口苦缓解，而大便依旧溏烂，乃脾虚未复引起，故添一味炒潞党参健脾扶中，有画龙点睛之效。宣老听了杨院长的讲解后，顿时豁然开朗，在校学习中医内科学时，自觉对胃痛章节的湿、热、虚、实病机掌握尚可，但走上临床后还是不能融会贯通，欠些许火候，而经老师点拨后，整个诊治思路便跃然纸上，可见临床跟师着实重要，乃拨开云雾见月明的一大捷径。

杨师在治病过程中，时常体现出"融伤寒、温病于一炉，集各家之长而活用"的风格。在临床辨证中，注重"审症求因，治病求本"，在医疗实践中，重视与现代医学相结合，倡导用先进科技、仪器武装中医。他曾多次强调西医的一些检查和诊断，是中医疾病治疗过程中的一盏明灯。这更加激励了宣老对于经典及西医知识的学习，也正是由于这种永不停歇的学习的精神，宣老才能不断进步、创新，才能到后来的自成一家。

从医50多年来，幸得师恩，永不敢忘。在以后的从医路上，也将会继续坚守"求本远志"的校训，不忘初心，永远只做"中医"这一件事。

第三节　坚持实践获真知

宋代诗人陆游曾留下名句："纸上得来终觉浅，绝知此事要躬行。"实践是检验真理的唯一标准，宣老常说："实践才能出真知"，对于一名中医师来说，脱离实践便成了只会嘴上功夫的"假把式"。

一、实践便是临床

1965年6月26日毛泽东做出著名的"六二六"指示：广大农民得不到医疗。一无医生，二无药。尖端的问题不是不要，只是应该放少量人力、物力，大量的人力、物力应该放在群众最需要的问题上去。把医疗卫生工作的重点放到农村去！于是当时的中医界人士秉持"一根针、一把草治疗疾病"的工作信念，将中医中药服务于广大人民群众。

宣老毕业后被分配到了农村，和各同道一起积极投身于农村的医疗卫生建设。当时的农村生产技术相对落后，主要依靠人力、畜力，劳作强度较大，村民们难免罹患腰背酸痛之苦。宣老曾遇到一位腰痛的老伯，询问病史及查体后，考虑急性腰扭伤。由于当地医疗条件有限，宣老结合上课所学，针刺腰痛点及腰背部穴位，行针及留针10分钟后，患者的腰痛明显缓解，老伯直夸宣老年轻能干。宣老随后叮嘱老伯注意休息，局部避免寒凉刺激。这"一根针"的疗效令初出茅庐的宣老更加坚定了学好中医、用好中医、造福人民的决心。

虽然农村西药、仪器设备等医疗条件有限，但草药等自然资源丰富。在不识药之人眼中，满山都是草；而在识药之人眼中，满山皆是药。比如阴地蕨、三叶青可以治疗高热惊厥，鹅不食草可以治疗鼻炎，青天葵可以散瘀消肿，千里光可以治疗肠炎及皮肤湿疹，马齿苋可以治疗痔疮便血，墓头回可以治疗崩漏下血，地锦草可以治疗蛇虫咬伤，灯心草可以清火利尿，不一而足。宣老曾遇一患大叶性肺炎的老妪，叩诊实音，咳嗽咳痰，那时青霉素还未普及农村，宣老便用一把草——鲜鱼腥草四两（125g）来治疗，水煎服，第三天老妪咳嗽咳痰的症状明显好转，叩诊、听诊也较前明显好转。这"一把草"的疗效给宣老留下了深刻的印象，为宣老日后的工作开展提供了保贵的经验。

宣老回忆巡回医疗与西医搭档，既增加了知识又增强了服务能力。西医在治疗危重病人上颇有优势，但中医也不逊色，中医讲究"稳、准、狠"。中医与西医搭配工作不失为良好的模式。宣老坦言运用中医手段成功治疗新生儿败血症、再生障碍性贫血、病毒性脑炎后大大增加了信心，这是真枪实战带来的底气。

二、实践证明经典

中医经典方主要来自《伤寒论》和《金匮要略》，历经1800多年，这两本书依然是临床医生的必读之书。经方简便廉验，宣老也十分重视经方，仲景法为其临床工作打下了牢固基础。刚刚步入临床，宣老便从经方入手，如桂枝汤治疗感冒、射干麻黄汤或小青龙汤治疗哮喘、川楝子散治疗胃脘疼痛、温经汤治疗痛经、大柴胡汤治疗胆囊炎等。六经提纲可以成为临床箴言，宣老管理病房时遇到肾病、白血病患者，看到"脉细、精神不好"的病人提前预防，那便是借鉴了少阴病提纲所说"少阴病，脉微细，但欲寐也"。宣老告诫我们："死背经典"是唯一捷径。这时，定有许多反对的声音：怎么可以死读书呢？书本和临床毕竟相差甚远。需要指出的是这里宣老强调"苦读"的重要性，对于刚刚走进中医大门的新人来说没有临床经验，那么背诵经典便成为一种捷径，俗话说孩子的记性是最好的，先把经典背下来，再用一生去体悟理解。这也是培养中医思维的一种方法，让中医先入为主，临床时便会首先调用中医思维，而以西医知识作为补充，以防思维混乱。

三、实践掌握方药

站在巨人的肩膀上往往可以事半功倍，学习、实践前辈们的经验能帮助我们更快的进入临床。父亲宣志泉先生在临床用药方面严谨的科学态度深深影响了宣老。20世纪60年代初，很多学者认为中药生大黄治疗传染性黄疸型肝炎降谷丙转氨酶（GPT）以及退黄疸疗效很好。当时媒体、医学杂志都大量报道，提倡用生大黄治疗传染性黄疸型肝炎。可是志泉先生经过长期临床观察及思考指出：生大黄治疗传染性黄疸型肝炎只适用于热重于湿型，对于湿重于热型或大便溏烂者，虽能降GPT、退黄疸，但反弹率高、治愈率低，而且反弹后治疗难度增加，因为应用大黄极易损伤正气，反使湿浊难清。这也使宣老在日后临床中对于攻伐、泻下药的使用尤为谨慎。

宣老不仅秉承家学，还长时间侍诊于何任、杨继荪等名中医处，学习了颇多宝贵的用药经验，并灵活运用于临床。肝脓疡，古谓肝痈，发病或急或缓，恶寒发热或全身无症状，继而胀痛增剧，胁肋胀满，肝脏肿大，表皮挛急，局部肿块表皮颜色或白或紫，进而中软成脓。宣老曾亲眼见到叶建寅老前辈治疗肝痈，用蒲公英、桃仁、红花、大黄、银花、连翘等药组方，颇有疗效。此外，宣老跟随杨继荪院长试诊时曾遇到慢性胃炎、十二指肠球炎患者，治疗月余腹痛、口苦诸症皆除，唯独大便溏烂不愈，杨院长在原方中加入一味"炒潞党参"后患者大便成形，调理2周而愈。细细思索，该患者初诊时湿热中阻，经辛开苦降之法，湿热清故疼痛止，但脾虚未复，始终便溏不愈，增加一味"炒潞党参"补益中气后扭转病情，这使得宣老豁然开朗，受益终生。

宣老在实践中慢慢积累临证经验：如遇到食积所致口腔溃疡、扁桃体炎的患者，无形之火宜清，然而无形之热与有形之食胶固难解，单纯用消食或清热的方法皆无效，必经芳香疏宣之药如薄荷、藿香之类才能起效，它们在清火的同时起到拨开"炭火"的作用。正如农村中烧草木灰，一堆燃烧的草木上有泥土覆盖，如要它熄灭，必须扒开火堆再浇上水，则火能很快熄灭。宣老谆谆教导我们：从师、试诊十分重要，求学过程应博采众方，不可局限一处，举一反三、总结经验才能逐步走上光芒大道。

四、实践指导辨证

宣老初入临床十分迷茫，无临证经验，辨不得风寒、风热，实践后逐步掌握：咽红作痛为风热、咽痒不红为风寒，此举屡试不爽；对于咳嗽病人，要注重"听诊"，根据咳嗽的声音来定位、定性、定量；肺炎患者要辨"表里"，表证症状有发热恶寒、口渴口干、苔薄脉浮，里证症状有壮热汗出、心烦躁动、大便干结、苔厚脉实，临床上见到更多的情况是表里同病，治疗就要表里同治了。

关于辨证，宣老注重以点带面，全面辨证，若完全按照书本知识来十个病人里面只有一个会取得满意疗效，因此活学活用才有出路。宣老语重心长地说："学习中医是一条艰难道路，坚持信念是走出迷茫的唯一方法。"

五、实践衍生科研

真正的科研服务于临床，并非为了科研而科研。宣老的父亲宣志泉1953年主动加入中学西班，实践过程中开始培养科研精神。宣老家中曾养几十只兔子来求证全蝎的毒副作用，采用的方法是用常规10倍的全蝎剂量喂养家兔，日夜观察家兔的精神状态、日常活动、饮食习惯等。结果发现各方面均未发生明显改变。由此临床运用全蝎时少了诸多顾虑。众所周知临床上苍耳子治疗鼻渊的效果极好，待实验室检查流行开来后，宣老发现久用苍耳子的患者肝肾功能会受到影响，因此使用2～3周必定换作他药。凡成大家者绝不会因循守旧、排斥西医、拒绝科研，而是运用西医、科研来充实和武装自己。

六、实践确立方向

宣老已有30余年治疗多发性抽动症的临床经验。然而"合抱之木，生于毫末；九层之台，起于累土"，宣老看第一例抽动患者是在1978年，患者感冒的同时兼有眨眼症状，宣老尝试用银翘散加秦艽、桑叶、蝉衣、钩藤后治好其眨眼病。宣老初以外风立论，治以疏风之法，临床研究表明其中56%

治愈、20%好转。之后在学术理论中加入内风、多食等病因，相应的治法为平肝熄风、消食化积。再后来用柴桂龙牡汤治疗难治性抽动，同时发现理气化痰可大大提高难治性抽动的疗效。摘录近年案例1则：有一哈尔滨抽动病人，22岁，治疗7~8年后未有明显好转，2016年来宣老回春堂门诊就诊，全身抽动跳动，体重200多斤，伴有多食、过敏、慢性鼻炎。宣老判断为"外风"加"内风"，嘱咐患者至少减肥30斤，后基本痊愈。宣老重视工匠精神，即凡事要做精做细做深入，宁可做精一件事，也不做全两件事。

七、实践才能创新

宣老从初出茅庐到学识初攒是一个知识整合的过程，而知识整合不仅是临床实践的基础，更是临床创新的源泉。

宣老在农村工作时发现一些孩子注意力不集中、健忘多动，当时宣老考虑阴虚火旺，治以养阴补肾平肝，疗效满意。宣老回到杭州工作后，与同道分享探讨此事，经系列课题研究发现，上述症状与高铅血症相关。结合以往治疗经验，宣老提出"肾主藏精，铅为阴邪"之论，继而研制出益肾强肾、解毒醒脑的"降铅I号冲剂"。

"问渠那得清如许，为有源头活水来"，创新是进步的灵魂。临床上加强对疾病的观察，往往可以找到新的着力点，深入研究则可找到新的突破。

宣老回忆自己的中医之路，总结了经验和人生感悟，时常教诲学生：病人是衣食父母、经验来源，要善待病人，不但要求仁术更要求仁心；老老实实做人，虽然有时吃亏但问心无愧；认认真真做事，因为事业是成功的前提。来自于实践的感悟难能可贵，值得我们珍藏一生。

第
三
章

声 名 鹊 起

第一节　刻苦钻研方始成

　　宣老回忆其父曾言："桂琪，学中医是很苦的，你要做好苦读20年的思想准备。"结果却是足足苦读了30年方才登堂入室，进入中医殿堂。要学成中医，遵循2000年来的古训，苦读、从师、临诊，对中医学院的学生来说是一条必经之路，既要掌握扎实的理论基础，又要具备丰富的实践知识，更要拥有创新的源泉动力，在这一过程中，需要借助前人及师辈的知识，帮助自己跨越"理论"与"临床"这一条难以逾越的"鸿沟"，使自己进入祖国医学博大精深的殿堂，并可达到为继承发扬祖国医学的宏伟目标。

　　第一阶段是苦读，宣老在中医学院学习时，多读多记熟背中基、中诊、中药、方剂、中医经典，因为教材能在最短时间内为学习者提供最全面的、最重点的中医内容。祖国医学源远流长，四大经典是中医理论的精髓和浓缩，但祖国医学发展2000余年，名医辈出，学派林立，中医著作浩如烟海。如吴又可的《温疫论》、叶天士的《外感温热篇》《三时伏气外感篇》卫气营血辨证、吴鞠通的《温病条辨》三焦辨证、王孟英的《温热经纬》、雷少逸的《时病论》、钱乙的《小儿药证直诀》、李东垣的《脾胃论》、朱丹溪的《丹溪心法》、李士材的《医宗必读》、张景岳的《景岳全书》、柯韵伯的《伤寒来苏集》、喻嘉言的《医门法律》、唐容川的《血证论》等宣老都曾通读。

　　第二阶段是从师，宣老在校遇到众多名师，如何任院长，徐荣斋、陆芷青、吴颂康、冯鹤鸣等教授。宣老是读着何任院长的《金匮要略通俗讲话》，背着《金匮要略归纳表》走入临床的。宣老的第一篇论文《论甘温除大热》就是在吴颂康老师的指导与反复修改下在年级大会上宣读，不但使宣老对"大热"产生的原因、治疗大法、用药特点有了全面的认识，同时使其养成大量阅读古籍，搜集资料的好习惯。中医理论博大精深，经典中的一句话对有些人来讲一辈子受益无穷，有的人穷其一生也无法参透，徒劳未果。师徒相授，这个沿用了几千年的方法可以帮助初学者从实践中尽快领悟中医的深奥理论。宣老有幸先后师从父亲宣志泉，兰溪名医叶建寅、叶永寿兄弟。后又根据父亲"要学好儿科必须具有内科功底"的要求，师从杨继荪院长学习内科，先后拜师时间达两年半之久，为成医之路打下良好基础。宣老在临床跟师抄方的过程中，努力学习诊病识病辨证论治的方法，每日加以分类整理、寻找规律、感悟体会，步步积累。

第三阶段是临证，俗语说得好，熟读王叔和，不如临证多。只有通过临床多看病，才能把老师的经验转化为自己的思路，只有在临床中摸爬滚打才能不断检验认知、寻找理想与现实的差距。在进入儿科临床的头五年中，宣老对于儿科常见病、多发病重点关注，对于疑难杂症反复观察、斟酌用药。比如小儿哮喘，中医治疗确实有效，但难以根治，宣老便在中医治疗感染引起的哮喘乃至食管反流型、运动型、精神型哮喘加以观察研究最终得到有效的治疗方法，耗时30余年，至今感到仍有可以进一步研究与探索的地方。

一、理论有成

宣老不但继承发扬了"宣氏儿科"的理论精髓，还探索并提出了不少精辟观点，大大丰富了"宣氏儿科"的学术内涵。在理论上，宣老以《黄帝内经》《伤寒论》《金匮要略》《温病学说》为基础，并推崇《时病论》《医宗金鉴·幼科心法要诀》。尤其推崇《时病论》六十大法，认为六十大法可通治时病，化裁也可治杂病。用药上，提倡寒温并用，调治阴阳，力求阴阳平衡，百病可治。

宣老提出"四季感冒"，将春季感冒分为风寒与风热两型，分别治以辛温宣肺、辛凉解表；将夏季感冒分为伤暑型、暑热型，分别治以辛温解表清暑、清凉涤暑；将秋季感冒分为凉燥型、燥热伤肺型，分别治以宣肺润燥、清肺润燥；将冬季感冒分为轻型感冒、重型感冒，分别治以辛温解表、发汗解表。"肺炎"是儿科呼吸系统常见的热性疾病，以发热、咳嗽、气急、鼻煽为主症，宣老认为其病机以风、火、痰、闭为主。临床颇有心得：肺炎初期，当疏解宣肺，肺气得宣，咳喘自平；肺炎极期，邪热、痰热闭肺之时，清热泻火、涤痰开闭尤为重要，痰热一除，则肺能肃降，气急痰鸣也能解除；如大便秘结，又当通下开上，即所谓"釜底抽薪"是也；如邪入心包，或内陷厥阴，肝风内动，又当与心肺同治；肺炎后期，正虚邪恋，又当扶正祛邪。因肺炎大多属于"风温"范畴，故在治疗中，又当时时顾及津液，津液的存亡，对于温病之预后，有着决定性的意义。所谓"有得一分津液，便有一分生机"是矣。小儿肺炎，以感受温热之邪为主，在病理上易见"阴伤阳亢"之症，故在用药上须慎用辛温之品，免助热伤阴。小儿脏腑娇嫩，形气未充。"清热也忌苦寒之品，以防徒伤胃气"；同时，苦能化燥，易助邪热，因而清热应以清凉、辛寒药物为主，如芦根、石膏之类。小儿肺炎，及时使用牛黄丸、紫雪丹、至宝丹、抱龙丸、猴枣散、苏合香丸等急救成药，对抢救及提高肺炎的疗效有很大意义。小儿发病具有"变化迅速"的特点，故小儿在使用"三宝"时未必一定待"营、血"之症全具方可使用，若见舌质较红、咽喉红肿、烦躁惊厥，或痰热内盛、气粗鼻煽、神昏欲寐，或初见营血症状，或虽未见明显营血证候，但有入营血的趋势，就可以使用。秋季腹泻为小儿常见的肠道传染病，近代名医丁甘仁在"时行泄泻"一案中指出："此为感受时邪，袭于表乡，湿热互阻肠胃，清浊混淆，以致寒热无汗，遍体酸痛，胸闷泛恶，腹鸣泄泻日十余次，小溲不利，脉凉。表里两病，勿轻之。"宣老学习其"疏解表邪而化湿滞"的表里双治之法并运用于临床。症见畏寒、身热、头痛、流涕、大便泻下稀水或带有泡沫、臭秽不堪，并见腹痛腹胀甚至吐泻并作、口渴溲少、舌苔白腻、脉象濡数的寒湿型秋季腹泻仿效丁甘仁之和中化浊法加减；症见大便如水、黄褐而臭、暴注下迫，并见高热烦渴、神倦乏力、恶心呕吐、脘腹胀满、小溲短赤、舌苔黄腻、脉濡数的湿热泄，仿效丁氏疏解化浊法。秋季腹泻容易引起伤阴、伤阳、阴阳两伤三种变证，可分别拟连梅汤、附子理中汤加减。宣老在理论及实践上均十分重视"食积"，发现食积易引发胃炎、喘咳等多种疾病，且影响疾病的转归。临床上还发现癫痫、多发性抽动症、多动症、下肢交叉摩擦症多与食积相关，可能与体内微量元素的变化有关。不少性早熟患儿均有不同程度的食积和肥胖，可见食积还与内分泌系统有关。

二、临床有成

宣老对于儿科常见病的治疗，如时病高热、咳嗽、哮喘、厌食、吐泻、胃病、疳积等具有显著疗效，尤其擅长治疗小儿热性惊厥、癫痫、多动、抽动、自闭症、下肢交叉摩擦症、脑发育不良等神经系统疾病。针对小儿外感高热，按照表里同热、挟食、挟痰进行分类辨治，取得较快的退热效果。对于预防小儿惊厥，反复发作，宣老以祛散风邪、化痰消食、养阴清热为法，辨别表里之证。

多发性抽动症是宣老临床优势病种之一。抽动患儿的主要表现有不自主眨眼、皱额、耸鼻、咧嘴、扭脖、耸肩、甩手、顿足、胸腹肌抽动等。宣老将病因病机归纳为外感风邪、肺肾阴亏、心肝火旺、肺脾两虚、心脾不足、肝失调达、饮食不节、血瘀等；将证型归纳为风邪留恋型、肺肾阴亏型、心肝火旺型、阴阳失调，肺脾两虚型，常用方有宣氏抽动方、三甲复脉汤、桂枝龙牡汤等。宣老认为病因应突出外风，"风为百病之长"，临床发现50%以上的患儿有明显的呼吸道感染史，尤以鼻咽部炎症多见；病机上宣老认为本病大多为虚实夹杂证，提倡初期以祛邪为主，以祛风、平肝、安神、镇静、开窍、涤痰、活血为治，病久以调治阴阳兼以祛邪。宣老对于食积、痰滞、血瘀颇有见地，比如多食、挑食以致微量元素失衡，高铅低锌而发为抽动；风邪挟痰留注经络，可见局部肌肉痉挛；产伤、外伤可致抽动，从中医的角度看是血瘀。面对难治性抽动障碍，宣老指出原因多为阴阳失调，风邪留恋。在《伤寒论》有两方值得注意，一方是小柴胡汤，和解少阳，祛邪外出；一方是桂枝龙牡汤，其中桂枝汤在外能调和营卫，祛邪外出，入里小建中汤则补虚，兼调理阴阳，加龙牡镇静，正中多发性抽动症反复发作，虚实互杂的病机，在临床上大大提高了治愈率及减少了复发率。此外，宣老临床运用麻杏石甘汤治疗小儿哮喘、射干麻黄汤加减治疗小儿急性喉支气管炎、凉膈散治疗疱疹性咽炎、知柏地黄汤治疗小儿下肢交叉摩擦症、银翘散合白虎汤加减治疗川崎病、竹叶忍冬藤汤治疗急性肾炎、银翘散合凉膈散加减治疗化脓性扁桃体炎、四逆散合生脉散治疗运动型哮喘、小建中汤四君子汤合痛泻要方三方加减治疗腹泻，均取得满意疗效。

三、科研有成

"宣氏儿科"以惊风驰名杭城，在继承先辈治疗惊风经验基础上，在全国率先开展小儿高热惊厥的中药防治研究。以高热惊厥防治研究的课题，1994年获浙江省中医药科技进步三等奖。该研究证实采用中药预防的疗效与苯巴比妥对照组基本相同，且无苯巴比妥的毒副作用，服药时间一般在半年至一年。调理方为宣老多年临床研究之成果，基本方组成：地骨皮6g，生白芍6g，生石决明10g，南北沙参各10g，麦冬6g，生龙齿10g，钩藤6g，天麻5g，广郁金5g，石菖蒲5g，茯苓10g，制远志5g，制丹参6g，炙鸡金10g。方中二参、麦冬、白芍、地骨皮、石决明养阴清热平肝以增强体质；钩藤、天麻平肝祛风；龙齿、茯苓、远志镇静安神；郁金、石菖蒲理气开窍；鸡金消食；丹参活血安神。食积者可加苍术、槟榔；偏痰者加胆星、竹黄；偏瘀者加红花、桃仁、赤芍。

四、教学有成

以小儿哮喘教学为例，在教材分型的基础上宣老提出自己提高哮喘疗效的几种思路：①清热解毒：病毒性感染加入大青叶、虎杖、鸭跖草等；细菌性感染加入鱼腥草、银花、连翘等。②理气解痉：现代医学认为支气管痉挛、氧气进出量减少是哮喘气急的主要原因，适当加入枳壳、地龙扩张支气管平滑肌，慢性发作时可加芍药、甘草酸甘缓急。③祛风脱敏：哮喘发作来去无踪，与祖国医学的"风"邪之性极为相似，中药麻黄、防风、细辛、苏叶、蝉衣、白芷、地龙、全蝎、天虫、地肤子、乌梅、甘草均有一定的脱敏功效。④活血祛瘀：祖国医学有久病入络之说，现代医学微循环的研究证实哮喘与血瘀有关，有报道认为丹参能降低IgE水平，宣老认为在哮喘中加用丹参、川芎、桃仁、红花等药一二味，即能提高哮喘治疗疗效。⑤理气调中：祖国医学认为，肺主一身之气，肝主疏泄，肝之气郁气逆，肝火犯肺均可影响及肺，导致哮喘发作或加重。临床上不少哮喘病人因情绪变化而发病或加重，采用三拗汤、麻杏石甘汤疗效不佳，而改用或加用理气调肝治疗往往获效。⑥消导积滞：本型哮喘临床上常兼有脘腹疼痛，口苦，纳减，食后易吐，形体肥胖，大便干结，舌苔黄腻等症，多因过食膏粱厚味，食积内滞，脾失健运，生痰生热，痰热壅肺，气机壅塞发为哮喘，治当消食和中，降气平喘，用保和丸、半夏泻心汤、旋覆代赭汤加减。⑦攻补兼施：治疗上打破"未发时以扶气为主，已发时以祛邪为主"的原则，治以标本兼治、攻补同用，可以提高哮喘的疗效。⑧冬季膏方调治是防治哮喘复发的有效治法："冬三月此为闭藏"，因而冬天是扶助正气调养根本的最好时间。小儿膏方培补正气、调治阴阳，冬季服用可以提早根治哮喘。卫气虚可用玉屏风散；

肺气虚可用生脉饮；肺阴虚可用泻白散；脾气虚可用六君子汤；肾阴虚可用六味丸、左归丸；肾阳虚可用八味丸、右归丸；血虚可用四物汤；兼有痰食可用二陈汤。

宣老在40余年的临床生涯中，为全省培养了大批儿科临床人才。目前不少医师已成为各地中医儿科的骨干力量，其中有的已成为了当地名医。在带教中宣老重视理论联系实际、深入浅出地诱导学生进入临床，使他们既具有祖国医学传统辨证论治的基础，又具有辨病与辨证相结合的思路，从而使他们更快地融入临床，为日后自主创新增加知识。

第二节　悬壶济世恤苍生

扎实的理论基础，丰富渊博的家学经验，30余年积累的临床经验，终于打下了宣老自己尚满意的儿科地基，接下来便是平地高楼起，直挂云帆济沧海，为"宣氏儿科"添砖加瓦，创造新的理论知识及临床经验。

宣氏儿科历来擅用针灸推拿外治及中药内服治疗急、慢惊风，宣老在父辈基础上加强中医辨治，在全国率先开展小儿高热惊厥的中药防治研究及小儿多发性抽动症的临床探索。在浙江省中医院创立了以治疗上述疾病为主的"惊厥门诊"，成立至今30余年来，已接待了众多省内外患儿，疗效瞩目。

从20世纪80年代接诊第一例多发性抽动症患儿至今愈40年来，宣老一直孜孜不倦地研究，较全面地认识了本病，以"外风"立论，内因从"肝风"论治，认为本病多虚实夹杂，病久易致阴阳失调，辨证论治注重食、痰、瘀，临床疗效显著。2010年夏天有一郭姓13岁男孩，患抽动症5年余，曾辗转北京、上海各大医院求医，但症状仍反复难愈。当时来宣老处就诊时，抽动已严重影响到患儿的生活和学习：吃饭时端不住碗，会把碗甩出去，出门坐公交车为控制抽动只能不停地拿头撞柱子，甚至头破血流，严重的强迫行为导致双侧眉毛自行拔光，因为无法继续课堂学习已在家休学一年，家长是焦虑万分。恰逢宣老当时因天气炎热身体不适在家休息，得知该患儿的情况，毅然答应为其诊病。冒着三伏天的酷暑，为了一个非亲非故的普通病人，宣老特意赶至医院为其诊病，家长感激万分，两眼含泪地叙述了病情，宣老亦详细询问病史，仔细查体，经过深思熟虑辨证之后方下笔开方，并细细叮嘱生活起居、饮食禁忌、注意事项等。服药2周，患儿抽动症状就有了改善，强迫行为较前减少了。后又原方加减治疗5月余，患儿抽动症状明显好转，情绪稳定了不少，强迫行为大大减少，眉毛也长了出来，不再担心出门要撞头了，可以回学校继续学习。在诊室，复诊的患儿家长千恩万谢，宣老淡淡一笑，很是欣慰。20余年来，这样的典型抽动症案例不胜枚举，宣老门诊有一半左右都是抽动症患儿，其中外埠病人占50%以上，有效率达到90%以上。

2017年2月初，宣老在门诊接诊一名9岁癫痫患儿，该患儿癫痫已经2年，平常服用奥卡西平控制病情，但是病情一直没有得到控制。同龄的孩子都已经开始接受小学初始教育，而患儿因为病情反复无常，直到就诊时一直休学在家。不仅如此，近一年来病情明显在恶化，较前一年发作愈发频繁，已经发作4次，每次都是大发作，每每发作时，喉中异声，口角流涎，四肢抽搐，双眼凝视，神识不清等。家长看着别人家健康的孩子，对孩子的愧疚和担忧时时缠绕心头，四处求医，无数次网络相关资料的查询，家长很明白如果病情仍然得不到控制，自己的孩子将会面临怎样的未来，或者是因为持续发作对脑部的破坏而影响智力和寿命，甚至可能在无人看顾时发作而出意外。家长通过一次次的查询资料，一次次的探寻，最终辗转来到"宣氏儿科"。患儿母亲将近几次患儿发作时的状况全部录下，用手机播放给宣老仔细观察，面上难掩憔悴和关心。宣老结合视频，仔细问诊，发现患儿除了典型的癫痫发作症状，还伴有素来的心烦意乱，胸前堵闷不适，学习成绩欠佳，健忘，胃纳偏多喜荤，夜寐不安，睡中翻来覆去，而且患儿形体稍胖，面色欠华，体育活动后即觉乏力困顿，脾气急躁，胃纳可，大便偏干，2～3日一行，舌边尖红，苔薄黄根稍腻，脉弦滑数。故诊断患儿为"痰热内郁证"，需从清热化痰开窍诊治，故予"宣氏抗痫方"加减，并嘱家属注意患儿的饮食控制，荤素搭配，少食油腻食物。1个月后，患者家属诉患儿在家胃口和排便情况改善明显，精神情绪状态也要比之前稳定一些，没有那么爱发脾气了。如此坚持复诊半年后，患者癫痫未曾再发作，且日常生活饮食等情况正常，心情愉悦，明显放松许多，故停服奥卡西平，患儿后持续于宣老处就诊2年，至今未曾发作，病情平稳。随着患儿病情的康复，逐渐有了同龄人天真无忧的模样，家人情绪也改善了许多，每次来复诊都不停地向宣老道谢。孩子健康了，一个家庭也圆满顺遂了，宣老自然也是倍感欣慰。宣老门诊处就诊的癫痫患儿有许多，联合中药治疗癫痫相对于单纯西医治疗有明显的优势，一方面可以针对疾病本身进行治疗，另一方面可以减缓西药的不良反应，达到事半功倍的效果。

随着医学界不断发展和人类生活习惯及环境的不断改变，疾病谱不断改变，20世纪70年代，多动症在国内发病有明显增多的趋势，当时还未常见于报道，而宣老本着异病同治，治病求本的理念，在治疗多动症方面经验颇丰，随着口碑的不断积累，慕名而来的多动症患儿日益增加。

2018年4月中旬，家长携一名9岁多动障碍患儿慕名而来。诊室中，一名长得干净清爽的小男孩坐在宣老面前，有问有答，极不怕生，然而也难安静，时不时动动桌上的脉枕、签字笔、病历本，难以安静。患儿父母站在患儿背后，面带焦急，急切地把病情反复、仔细地告诉宣老，还时不时严肃地纠正患儿的坐姿。原来，患儿从小学入学以来一年余，一直难以进入学校的学习状态，上课多动多语，扰乱课堂纪律，回家后不爱做作业，做事拖沓。一开始，家长仅仅认为是患儿调皮，不能自律地进入学习状态。然而升入二年级，患儿仍未见任何好转，家长道理也说，生气时也严厉指责，但患儿状态没有任何改善，且更为急躁，时常发脾气，做事冲动。后来去外院诊断为"注意力缺陷多动障碍—冲动型"，间断性服用"专注达"治疗，初始服用药物时病情好转，但后面又时有反复，而且治疗多动症多是镇静药物，不良反应繁多，家长不免担心长期服用对孩子健康的不良影响。后来经人推荐，来到了宣老处求诊。宣老望闻问切，四诊合参，患儿纳少，大便干结，入睡困难，舌红苔根黄腻，脉滑数，诊断为肝肾不足，肝风内动，兼见脾胃不足，痰热内聚，故中药以"宣氏归宁汤"加减以益肾平肝，醒脑开窍。佐以南星、竹沥半夏等消食导滞、清热化痰。2周后复查，家长反馈患儿性格有好转，且脾胃情况大致恢复，故减消食导滞药，加重益智安神、养血宁心药。2周为一疗程。如此3个月后，患儿诸症平稳，坐在诊室中活泼却不失规矩，家长陈述病情时亦没有了原先的焦急，遂嘱患者停药，注意日常调理。

时光如白驹过隙，宣老所处的时代已和宣志泉老先生的时代截然不同，杭城人民的生活质量日新月异，医疗条件更为健全，突发急症的紧急救援、医疗处理等临床路径已相对完善，急症的发生率在疾病谱中明显下降，取而代之的是慢性疾病的发生。宣老因时制宜，以当代疾病谱为基点，开创了基于时代背景的临床思路。以小儿慢性咳嗽为例，40余年来，宣老一直致力于咳嗽的临床研究，以西医辨病、中医辨证为基础，收集历代良方，又结合现代医学对哮喘的认识，充实到中医的辨证和治疗中，丰富了治疗咳嗽的内涵，提高了咳嗽的疗效。

2015年1月，一名6岁咳嗽经久不愈的患儿慕名前来宣老处就诊。患儿

浙江中医临床名家·宣桂琪

3个月前开始咳嗽，期间多处就诊，曾服用头孢、阿奇霉素、开瑞坦等多种药物，皆不见愈，仍反复咳嗽，时轻时重。因为长期的咳嗽，患儿双眼球结膜可见血丝。患儿家属阐述病情时，说自己的孩子从小就比别的孩子容易生病，婴儿时期得过湿疹，还有喘息、过敏性鼻炎史，感冒、咳嗽更是家常便饭。经常感冒，使得孩子整个人看起来奄奄的，与正常孩子比起来，瘦瘦小小的。宣老详询病史，仔细问诊查体，见患儿咽干而痒，鼻塞有涕，查体时咽红而肿，双肺听诊无殊，外邪未入里，风热表证仍有，且既往易过敏易感，诊断"风邪留恋"，治以喉咳汤加减。5剂后，患儿咳嗽频率明显减少，于是再拟原法加减5剂。患儿咳嗽及诸症皆消，嘱停药，注意日常修养。数月反复的咳嗽，不到半个月便愈，患者家属喜出望外，而且孩子的胃口也改善了很多，大便也变得规律。宣老在欣慰的同时，也叮嘱患者家长要注意合理的喂养方式。后来偶然不慎感冒，家长每每都前来就诊，并表示患儿生病的频率已经明显下降，一年到头也就一两回，实在非常感谢。

近年来，宣老丰富了咳嗽的辨治临床思路，很快提高了疗效。通过方证对应，更为直观地显示用药指征，将历代哮喘的治疗方法和自己的临床心得体会系统地进行了概括。同时，宣老充分从小患者的角度考虑，为改变小儿服药困难的难题，宣老根据多年临床经验研制的"小儿清肺糖浆""止咳清热散"等中成药广泛应用于临床，疗效确切，深得患者欢迎。

宣老经过多年临床探索，全面继承并发扬了"宣氏儿科"流派学术精髓，并将其推向了新的高峰。通过40余年来临床不断的认识、分析，以辨证求因，审因论治的方式研究儿科新病种，擅长治疗小儿危重、疑难杂症。不仅对神经精神类疾病的治疗具有较大优势，其他如顽固性哮喘、血液病、尿崩症、重症肌无力、自闭症、脑瘫等同样取得了较好疗效。

2007年8月宣老繁忙的诊室里有一上海患儿特意赶至杭州求诊。这是一个患有自闭症的7岁男孩，幼年有反复抽搐史，既往就诊于上海复旦大学附属儿童医院，曾先后诊断为"复杂型热性惊厥""癫痫""自闭症"。既往脑电图可见"痫样放电"，6岁2个月时智力检测：MI 55 DQ 90，智龄：智力能区相当于48个月，运动能区相当于48个月。宣老刻诊，认为患儿高热惊厥反复发作多年，已服"托吡酯"3年余，惊厥近1年未有发作，但脾气急躁，时有自言自语，智力下降，自闭，行为有时怪异，纳食尚可，二便无殊，舌红苔薄，脉细数，考虑患儿为先天肾气不足，痰瘀阻窍，治以益肾醒脑，涤痰开窍，疏肝理气，予方14剂。二诊时患儿吻手、柔鼻、自言自语等异常行为减少，理解力好转，但脾气仍急躁，五心烦热，斜视，睡眠欠安，纳差，汗多，又予前方加减治疗。3个月后患儿两眼斜视减少，自言自语、吻手等异常行为偶见，睡眠转好，但五心烦热，纳食欠佳，有时会有随地小便行为。后患儿每月均来杭就诊，宣老每次都仔细辨治，先后予柴胡桂枝龙骨牡蛎汤、甘麦大枣汤、黄连温胆汤等，经过2年的悉心调治，患儿自闭症明显好转，智力上升明显，学习成绩提高，能与人交往，言语能较清楚地表述，体态肥胖好转。这对于一个自闭症患儿的家庭来说，中药能达到这么明显的效果，是在意料之外的，家长的感激之情溢于言表。

病毒性心肌炎是儿科病毒感染后较常见的病症，病程较长，西医治疗除了营养心肌及卧床休息之外并无较好的治疗方法，且病情迁延，较易反复。2005年10月宣老在门诊接诊一7岁女童，症见感冒后咽红而肿，咳嗽有痰，身倦乏力，纳食一般，二便尚可，心电图提示：一度房室传导阻滞，可见逸搏心率，考虑患儿为病毒感染引起的心肌炎。因患儿当时尚有外感咳嗽，故先予7剂清肺化痰为先，待外感症状消除后，患儿身倦乏力，汗出明显，心动过缓，时有期前收缩，舌红苔薄，脉结代，宣老考虑患儿仍有余邪留恋，故先清热宽胸祛除余邪，扶脾助运，后再予生脉饮合瓜蒌半夏薤白汤加减益气养阴，通阳宽胸，调养3个月后，患儿期前收缩未见，面色好转，乏力已除，消化渐正，面色好转，病情渐愈。关于心肌炎的治疗，宣老不仅精于临床辨证治疗，更强调"未病先防"。他曾在全院的名中医查房中指出脉象可以为临床医师诊断和用药提供思路，比如临床所遇高热病人，脉象不数反缓，提示患儿可能为邪气内陷于胸，须警惕心肌炎的产生，这种脉象的变化往往快于西医检查，这也是中医的神奇之处。

"老当益壮，宁移白首之心"，宣老现年过古稀，已近耄耋之年，却仍然坚持在临床医疗工作的第一线。虽开通网上预约号源，但因患者众多，仍一号难求。为求诊，每日都有提前一日即来诊室门口通宵排队的家长，宣老因身体所限，不得不每日限号，但考虑很多患儿疑难杂症，求诊不易，只要身体允许，宣老体恤，每次都尽量加号，半天的门诊经常都要看到下午，午饭也是草草应付。这也是"宣氏儿科"几代人秉承的医生要"先仁后术""先会爱人"才有可能成为一名好医师的最好体现。

第三节　融会贯通誉神州

2001年浙江省人民政府授予"浙江省省级名中医"称号。

2012年当选国家中医药管理局第五批全国老中医药专家学术经验继承工作指导老师。

2013年国家中医药管理局批准成立"杭州宣氏儿科流派工作室",为全国首批64家流派传承工作室之一,是其中仅有的2家儿科流派之一,也是浙江省首批入选的四个流派之一。

2016年,工作室经过3年的建设周期,全体成员在宣老的带领和指导下一致努力,以优异的成绩通过国家中医药管理局验收,并受到验收专家一致好评。

2017年浙江省中医药管理局授予"浙江省百姓喜爱的十大省级名中医"称号。

现任中华中医药学会学术流派传承分会第一届委员会顾问兼常务委员;浙江省名中医研究院研究员、浙江省中医药学会儿科分会顾问。

这些荣誉是对宣老在中医事业上的肯定,是他个人50余年孜孜不倦,厚积薄发的成果。他继承发扬了"宣氏儿科"流派学术精髓,而且在理论上探索创新,顺应时代变迁及儿科疾病谱的变化,针对临床新增病种进行深入研究,丰富了流派学术内涵,尤其推崇《时病论》六十大法,认为六十大法可通治时病,化裁也可治杂病;提出审察疾病,需四诊合参,做到极微极细,明确病位,针对病因截除病邪,提倡治未病防传变;用药上,提倡寒温并用,调治阴阳,力求阴阳平衡,同时探索并开展阴阳水平线下的"阳亢"研究及提出新食积论;主张西医辨病与中医辨证相结合,多年来一直致力于用辨证求因,审因论治的方法开展中医临床创新,同时大力开展新生儿、婴儿疾病的中医治疗。特别是针对抽动症,宣老从"外风"理论,到以平肝熄风治疗"内风",再到以"桂枝龙牡汤"调和阴阳,再到"食积内滞"至迁延不愈,花了近40年的时间研究,较全面地认识了本病,完善各类分型,从而丰富了抽动症的治疗内容,大大提高了临床疗效。对于高热惊厥,从调理体质,消导积滞,活血祛瘀入手进行防治获得良效。

"宣氏儿科"以惊风驰名杭城,宣老在全国率先开展小儿高热惊厥的中药防治研究和小儿多发性抽动症的临床探索,开设的"惊厥门诊"是国内最早治疗上述疾病为主的主要医疗单位之一，在全国具有领先地位。门诊成立30余年至今，最高周门诊量可达400人次以上，年门诊量可达20 000人次以上，优势病种占80%以上，病人来自省内外各地，其中外埠病人就诊率在50%左右，取得了较好的疗效，获得病人的好评。

他为改变小儿服药困难，根据多年临床经验研制的小儿清肺糖浆、小儿抗惊糖浆、降铅Ⅰ号冲剂、止咳清热散等中成药广泛运用于临床，疗效确切，深得病人欢迎。开展临床工作的同时也积极参与科研，有相关各级立项课题8项，获奖1项，并有关于治疗儿童高铅血症及哮喘的中药组合物获专利申请2项。近50年在省内外杂志发表论文近40篇，主编及参编多部著作。

宣志泉老先生一生诊务繁忙，无暇著书立说，但留下数万字的医学讲稿，弥足珍贵。宣氏儿科流派工作室成立以后，宣老又将这些材料作了系统整理、发掘，将医论医案完整归纳分类，系统成文，从疾病的病因、治法、治则、急救方法、药物加减及民间有效验方入手描述，附以经典病案，事无巨细，一一写于纸上，呈现在世人面前，拟出版著作《宣氏儿科》，与诸医疗工作者及医学后生分享。这样的大规模整理，不仅仅造福于万众，于己而言，亦是一次系统性的回顾，将一直以来的思路梳理打顺，去其冗杂，使临诊之树的枝叶自然伸展，扎根于土壤，获取新一日的阳光。

宣老曾在名中医座谈会上提出："医德医风、师德师风比医疗水平、技术水平的高低更重要。"不仅身体力行，同时在流派工作室成员遴选上尤为重视这一点。该建议得到各级政府的广泛重视及认可，在之后的省级名中医评选、全国老中医药专家学术经验继承人培养及各级名中医工作室考核指标上均得以体现。

在中医人才培养方面，他曾多次强调"必须坚持长期苦读，勤奋学习经典，才有可能成为一名优秀的中医临床医师"。该建议得到各级政府及医院重视，并在后阶段的中医人才培养政策上得到体现。

中医学薪火相承，宣老作为"宣氏儿科"第三代掌门人坚持以中医特色带教，将传承人、研究生、进修医生从书本引入临床实际，在40余年的临床生涯中，为全省培养了大批儿科临床人才。目前学生中有不少已成为当地中医儿科的骨干力量，其中有的已成为了当地名医。2013年成立了"宣氏儿科"流派工作室后，更是作为负责人坚持每月开展小讲课，系统讲解"宣氏儿科"的主要学术思想及用药经验，发挥"宣氏儿科"特色。他在临床带教中重视理论联系实际，深入浅出地引导学生熟悉临床，使学生们既扎实了传统辨证论治的基础，又具有辨病与辨证相结合的思路，从而更快地融入临床，为日后自主创新增加知识。

"宣氏儿科"第四代团队现已逐渐形成，为"宣氏儿科"的发展和壮大奠定了基础。包括中华中医药学会儿科分会常委、中华中医药学会学术流派传承分会副主任委员、浙江省儿科疾病中医药防治中心负责人陈健教授；浙江省中医药学会儿科分会主任委员王晓鸣教授；中华中医药学会儿科分会副主任委员陈华教授；有着很多临床病人的，以治疗性早熟等小儿生长发育疾病在全省范围内闻名退迩的陈祺主任；浙江省中医院儿科技术骨干、浙江省中医药学会儿科分会常委李岚主任；浙江省中医院技术骨干、中华中医药学会学术流派传承分会青年委员宣晓波医师等。在全省范围内建立5个流派工作站，由第四代流派传承人任负责人。包括浙江省诸暨市中医院原院长、全国第三批优秀中医临床人才、诸暨市名中医侯春光教授；浙江省建德市妇幼儿保院中医儿科主任、建德市名中医施亚男主任；乐清市中医院院长、乐清市名中医王建敏教授；丽水市中心医院刘志勤主任；平阳县人民医院陈银燕主任。工作站均开设流派门诊，突出流派优势病种，在当地具有一定影响力。

宣老勤勤恳恳的学习态度，脚踏实地的临床工作，博古通今的医学知识储备，为患者认真体贴的考虑，这些无一不影响着身边的莘莘学子，培养出一代又一代的宣氏儿科的继承人和传播者。

惟愿宣老身体康泰，如灯塔屹立，照亮莘莘学子之路，引领后辈将"宣氏儿科"连州跨郡，为更多需要帮助的患儿，解除病痛的困扰！

第四章

高 超 医 术

第一节　立竿见影治常疾

小儿脏器轻灵，随拨随应，若用药得当，无论外感或内伤疾病，均能取得较好疗效。宣桂琪教授关于儿科常见病的治疗力求达到立竿见影，本节主要介绍新生儿疾病（鹅口疮、口疮、五迟五软），感染性疾病（扁桃体炎、流行性腮腺炎），消化道疾病（小儿呕吐、婴儿腹泻、胃脘痛、婴儿积滞、小儿厌食）的治疗经验，分述于下。

一、鹅口疮

鹅口疮为口腔黏膜满布白屑，状如鹅口的一种病症。因其色白如雪片，又名"雪口"。此病多因小儿体质虚弱，特别是新生儿、婴幼儿营养不良、消化不良、久病体虚及高热后感邪发作，故为新生儿、婴幼儿常见之疾。

1. 心脾积热

症见口腔满布白屑，又见面赤唇红，烦躁不宁，时有啼哭，口干而渴，便秘尿赤，舌红，脉数，指纹浮紫。治以清泻心脾积热，方拟清热泻脾散加减（《医宗金鉴》）。

连翘5g　淡竹叶6g　生石膏10～15g　玄参4.5g　人中白4.5g　赤芍9g　黄连1.5g～3g

大便秘结加生大黄2～4g，或瓜蒌仁6g；烦躁不安者加茯神、灯心草等。

【按】热毒循经上行，熏灼口舌，故口舌满布白屑；火热上炎故面赤唇红脉数；心火内盛则故烦躁多啼；火热伤津故口干而渴，大便干结；心火移经小肠，故小便短赤。方中黄连、竹叶、人中白清热泻火解毒；生石膏清脾胃之热；玄参清热养阴；赤芍、灯心草、茯神清热利湿，导热下行。大便秘结轻者加瓜蒌仁润下通便，重者加大黄泻火通便。宣老常加薄荷，挟湿苔厚者加藿香，以其发散以助透达伏火，往往能达到良好疗效。

2. 虚火上浮

症见舌质白屑稀散，周围口晕不著，形体怯弱，面白颧红，口干不渴，便溏，舌淡红，脉细。治以滋阴潜阳，引火归元。方拟六味地黄汤加减。

熟地6g　生地6g　萸肉3g　怀山药6g　丹皮3g　泽泻6g　茯苓10g　肉桂1.5g

【按】本型患儿往往先天不足或病久体虚，脾肾不足，水不制火，虚火上浮所致，故面白颧红，口干不渴，舌嫩红，白屑稀散，周围红晕，神倦，气虚便溏。方中六味地黄丸滋阴养肾，加肉桂引上浮之火归元。

二、口疮

口疮是婴儿常见口腔疾患，口颊、舌边、上颚、齿龈等处发生白色溃烂的疮口，兼见红肿疼痛。如口疮发于口唇两侧称为"燕口疮"。满口糜烂，色红作痛，称为口糜。此病多因口腔不洁，过食肥甘，内有虚火，也可感染风邪病毒，热病以后所致。在临床上当分清病因病机加以对症治疗，一般疗效尚可。

1. 心脾积热

症见口腔溃疡较多，或满口糜烂，周围红晕，疼痛拒食，烦躁啼哭，小便短赤，大便干结，或兼高热，舌红苔黄，脉浮数或滑数。治以清热解毒，通腑泻火，方予凉膈散加减。

黄芩3g　连翘5g　焦山栀3g　生大黄3g　芒硝3g　薄荷3g　淡竹叶3g　灯心1束

【按】本病多因过食肥甘，湿热蕴结脾胃，积热上熏口舌，故发为口疮，生糜，疼痛拒食，口臭，流涎多，苔厚腻，脉浮数；肠胃积热，灼伤津液，故大便干结。如高热者加鲜芦根10g（或铁皮石斛6g），生石膏15g清热达邪生津。溃疡不易收口加人中黄清热解毒生肌。小便短赤者，加赤苓、车前子利小便泻心火。舌苔厚腻者加藿香化湿兼芳香疏散伏火，加六神曲、鸡内金消食。舌质边红，又兼烦躁易怒者加黛蛤散泻肝火。舌尖红，咽红加黄连1.5g。

2. 心火上炎

症见口腔糜烂或溃疡，色红疼痛（以舌为主），心烦口干，小便短赤，舌尖红苔黄，脉细数。治以清心泻热，方予泻火导赤汤（导赤散加黄连）。

生地10g　通草3g　竹叶5g　鲜铁皮石斛6g　连翘5g　人中黄3～5g　黄连2～3g　生熟谷芽各10g

【按】本证因舌为心之苗，心火上炎，故以溃疡，腐烂为主；心火内盛，津液所伤，故小便短赤；心火内扰心神，故心烦不安；心火炽盛，故舌质红，苔薄黄，脉细数。本型患儿当属实为主。方中生地、竹叶、通草、人中黄为导赤散，其中通草代木通以减肾毒，人中黄清热解毒生肌，四药合用以清心凉血，利尿解毒，达到清心火及导赤下行的目的。加黄连、连翘清心泻火，佐以石斛养阴生津。生熟谷芽养胃护胃生津，以防黄连苦寒化燥伤胃。如大便秘结加炒枳壳5g，瓜蒌仁10g理气润肠通便。食积者加炙鸡内金6g，槟榔3～5g消食化滞。

3. 虚火上浮

症见口舌溃疡，糜烂，稀散色淡，疼痛较轻，见流清涎，神疲颧红，口干不渴，舌红偏淡，苔少，脉细数。治以滋阴泻火，方予六味地黄丸合导赤散。

生地6g　萸肉5g　怀山药6g　丹皮3g　泽泻6g　茯苓10g　通草2g　人中黄5g　淡竹叶5g

【按】本型多见，禀赋不足，患儿肝肾阴虚，水不制火，虚火上浮，引动心火，以致口舌溃烂，其溃疡多稀散，色淡红，疼痛较轻；因虚火上浮，故神疲颧红；因虚火故舌红偏淡，尤其是苔少，脉细数。六味地黄丸，生地、萸肉、怀山药三味益肾补阴，丹皮、泽泻、茯苓凉血利水，使补中有泻，补而不腻。合通草、人中黄、淡竹叶为导赤散，通过利小便，泻心火，虚实均可施用。主要通过不同病因对症治疗达到治疗目的。

三、五迟五软

五迟是指立迟、行迟、齿迟、发迟、语迟。五软是指头项软、口软、手软、足软、肌肉软。二病的命名含有迟缓、痿软之意。前者以发育迟缓为特征，后者以痿软无力为主证。二者均属小儿发育障碍性疾病。五迟由于先天胎禀不足，肝肾亏损，后天失养，气血虚弱所致。五软乃先天肾不足，气血不充，胎失所养；或因后天哺养失调，体弱多病，以致脾肾不足，气血虚损，筋骨失养所致。五迟、五软均为虚弱之证。如能早期发现，及时调治，预后良好。若证情严重者，或失于治疗，也可成为痼疾。

（一）五迟

1. 肝肾不足

症见面色欠华，全身无力，发育迟缓，坐起、站立、行走、生齿均迟于同龄小儿，舌淡红，脉细数。治以补肾养肝，方药以六味地黄丸加减。

熟地6g　黄肉5g　怀山药5g　枸杞子5g　菟丝子6g　怀牛膝6g　补骨脂3g　巴戟肉5g　肉苁蓉5g

行迟者，加健步虎潜丸；齿迟者加川芎3g，当归3g；言迟者加蝉衣3g，石菖蒲3g，益智仁6g。

2. 心血不足

症见肌肤苍白，发稀萎黄，智力不全，精神呆滞，言语迟缓，舌淡苔薄，脉细弱。治以补心养血，方药以菖蒲丸加减。

炒潞党参5g　麦冬5g　炙远志5g　川芎5g　石菖蒲5g　当归5g　酸枣仁6g　丹参5g　茯苓10g

发迟者加苣胜子6g，熟地6g，白芍5g，肉苁蓉5g。

【按】五迟一病，虽然均属虚证，为肝肾、心血不足所致，治当滋补肝肾，补心养血为主。但所"迟"不同，补益重点也有所别。立迟、行迟、齿迟乃肝肾不足，筋失所养，骨髓不充，齿久难生，重当滋补肝肾，厚味填之，阴中求阳，可仿左归丸、左归饮之意。如熟地、枸杞子、龟板、鳖甲、巴戟天、肉苁蓉、怀牛膝、菟丝子、鹿角霜等类。语迟者，心气不足，心主血、主神明，心之气血不足，神明失养，故智力不健而语迟，治当补心养血为主，还需参以益肾开窍，方能获效。补心者，当气血双调，如党参、当归、丹参、酸枣仁、茯苓、制首乌。益智开窍如远志、石菖蒲。发迟者，发为血之余，肾精所致，故治发迟，当滋肾养血为主，如制首乌、当归、桑椹、龟板、鹿角霜之类。

（二）五软

1. 肝肾亏损

症见生长发育缓慢，头项倾斜，不能抬举，手足筋骨软弱，不能握举站立，智力迟钝，舌淡苔少，脉细弱。治以补肝益肾，填补精髓，方药以补肾地黄丸加减。

熟地6g　山萸肉5g　怀山药6g　肉苁蓉5g　茯苓10g　怀牛膝6g　鹿角霜5g　补骨脂5g　菟丝子6g　炙龟板6g　制川断6g

偏阳虚者，面色苍白，畏寒肢冷，加淡附片3g，肉桂1.5g；智力迟钝者加石菖蒲5g，炙远志5g，柏子仁6g。

2. 脾肾虚弱

症见面色萎黄，精神倦怠，肌肉消瘦，四肢痿弱，手不能举，足不能立，口唇淡薄，咀嚼乏力，口常流涎，舌常伸出，舌淡，脉细弱。治以益气扶脾，方药以补中益气汤加减。

炒潞党参6g　炙黄芪10g　炒冬术5g　怀山药6g　当归5g　茯苓10g　鹿角霜5g　白芍5g　炙甘草3g

肾虚智力不足者加益智仁5g，石菖蒲5g，菟丝子6g，制川断6g。

【按】五软一症，古代医家根据头项、口、手、足、肌肉所属脏腑不同，在治疗上或从脾着手，或从肾治，或脾肾双补，确为治疗"五软"的大法。但在临床上，因先天禀赋不足，应从肾着手，兼顾脾胃，因后天失养或大病之后引起者，应从脾着手，兼顾益肾，二者都需阴阳、气血双调。但需看到，临床上也可因外感六淫邪毒内侵，耗损气血津液，灼伤肝肾筋脉而致手足颈项筋软不举者，多属肝肾阴亏之证，不能妄用温补脾肾之药，以防灼伤真阴，徒劳增病势。

四、扁桃体炎

扁桃体炎属中医"乳蛾"范畴，症以咽红肿痛、发热、汗出、咳嗽、纳减、吞咽不利为主证。在临床上有急、慢性之分。急性扁桃体炎局部化脓者为化脓性扁桃体炎，反复发作者为慢性扁桃体炎。本病一年四季均可发病，以幼儿发病率较高。

本病发病部位在咽喉，咽喉为肺胃之门户，故与之关系十分密切。咽喉为手少阳三焦经循行路线，上焦心肺、中焦脾胃、下焦肝肾，因而与三焦之火（肺热、胃火、肝火）有关。尤其是慢性扁桃体炎反复发作的大多为阴虚火旺之体，故易导致胃中伏火。扁桃体炎西医多为病毒或细菌感染引起，也有先病毒后细菌的混合感染，尤其是链球菌感染引起的扁桃体炎，它可以继发风湿热、猩红热、败血症，甚至引及心、肾而成心脏病、肾炎、风湿性关节炎，因而在临床上必须高度重视，及时治疗，防止继发上述疾病。

1. 急性扁桃体炎（风热型）

症见咽红肿痛（单侧或双侧扁桃体肿大、充血），伴有吞咽不利、发热、恶风、汗出、咳嗽、纳减，大便干结，小便短赤，舌红苔薄黄，脉浮数。治当疏风清热，利咽散结，方以银翘散加减。

鲜芦根12g　连翘6g　大力子6g　薄荷3g　荆芥3g　焦山栀3g　玄参5g　山豆根5g　板蓝根6g　炒银花6g　杏仁5g　象贝5g

【按】急性扁桃体炎轻者或初起多属外感风热，但平时多易伤胃积热，外邪与积热相搏，气血不利，故见咽喉肿痛，兼发热、汗出诸症，故以银翘散疏风清热为主。方中芦根、连翘、大力子疏风清热利咽，加板蓝根、银花清热解毒，又具抗炎、抗病毒作用，薄荷、荆芥寒温并用解表清热，焦山栀与玄参、山豆根相合具有清热解毒利咽作用，同时焦山栀有清三焦之火作用，可消肺胃肝肾之伏热，消除扁桃体炎发作之内因。杏仁、象贝宣肺化痰又散结，既治兼症又助扁桃体炎之肿大消散。

如大便干结者加炒枳壳3g，瓜蒌仁6g理气通便，以助内火之解；纳差或食积者加炙鸡金6g，麦芽10g健脾消食；大便溏烂者加茯苓10g健脾利水，去焦山栀之苦寒、玄参之滑肠；咽喉红肿甚者加安南子利咽消肿。

2. 化脓性扁桃体炎

症见咽红肿痛，扁桃体表面凹凸不平可见脓性分泌物或黄白色脓点，可伴有高热恶寒、头痛、骨节酸痛、无汗或汗出、咳嗽、纳差、腹痛、呕吐、大便干结，舌红苔黄腻，脉洪数。治当清热解毒利咽，凉血散结为治（表里双解），方以清咽利膈汤（《喉科紫珍集》）或凉膈散加减。

鲜芦根15g　连翘6g　大力子5g　薄荷3g　荆芥3g　焦山栀3g　玄参5g　山豆根3g　马勃3g　板蓝根10g　炒银花10g　炒黄连3g（或黄芩5g）　蒲公英12g　生甘草3g

【按】化脓性扁桃体炎，大多为内有蕴热伏火，胃有郁热，再感风热，邪毒较重，邪毒从口鼻而入，咽喉首当其冲，邪毒搏结，津液受灼，灼津成痰，痰火邪毒蕴结，气血凝滞，以致血腐肉烂，故见扁桃体红肿疼痛，乳核凹凸不平，而见脓性分泌物。化脓性扁桃体炎在临床上初期多以表里同病为主，属实证、热证，但往往兼有头痛、恶寒、骨节酸痛之表寒之证，但邪毒伏热在内，故易高热不退，精神较弱，烦躁不安，大便秘结，病程较长。

在治疗上，初期以表里双解，清热解毒为重，后期以清热利咽，解毒散结为重，可仿清咽利膈汤及凉膈散之意治疗。方中芦根、连翘、银花、大力子、薄荷、荆芥为银翘散之主药，以清热解毒、疏解在表之邪。风寒甚者可加防风，以增散寒之力，但本病总为热证，辛温之药不能使用过长，仅用在化脓初期无汗明显者。焦山栀、玄参、山豆根、马勃清热解毒利咽，其中焦山栀清三焦之热又凉血，马勃利咽又生肌，对化脓性扁桃体炎尤为合适。黄连、黄芩、板蓝根、蒲公英为清热解毒之品，苦寒清里热。

若恶寒较重，汗出不多加炒防风3g，发汗解表；若咳嗽者加天虫6g，桔梗5g，宣肺散结利咽；若高热汗出者加生石膏15g，清阳明之热；若大便秘结，舌苔黄腻加生大黄5g，泻下通便。大便秘结，大黄必用，大便不解，热无去路，变证峰起，而且应生用后入，必须待大便解后方可停用。如兼阳明经证，身大热、汗大出、口大渴、脉洪大者可加生石膏，取白虎汤之意。

化脓性扁桃体炎一症以热毒内盛为主，治疗时清热解毒、泻火利咽为主。在初时可因外感所起，故应加以解表，表里双解十分重要。治里热，清热解毒、泻火利咽时尤其要注意大便秘结，舌苔黄者，当以承气汤泻下，既可清阳明腑实，又能增热毒内盛之去路，同时又能消内之积食，用之得当，1~2天则热退身凉，咽红肿痛好转，脓性分泌物减少，如偶遇脾虚便溏者，万万不能运用。

3. 慢性扁桃体炎

症见咽喉部单侧或双侧扁桃体肿大，日久不消，局部咽干涩不利，遇疲劳时偶有作痛，外感时易反复发作，局部充血明显，可兼有五心烦热，夜间盗汗，大便偏干，兼有食积者易脘腹作痛、干呕、咽痒干咳、纳差、口臭等胃肠道症状，舌红苔薄黄，脉细数。治当养阴润肺，利咽散结，方以宣氏养阴平肝汤加减。

南北沙参各6g　麦冬5g　地骨皮5g　生白芍5g　生牡蛎15g　玄参5g
金果榄5g　象贝5g　制天虫5g　连翘5g　板蓝根6g　生甘草3g

【按】方中南北沙参、麦冬养阴润肺，配白芍养阴平肝，配地骨皮清其虚热，配生牡蛎平肝潜阳又软坚消食；玄参、金果榄清热利咽；象贝配制天虫祛风化痰散结，配连翘、板蓝根清热解毒利咽；甘草清热解毒，并调和诸药。全方重心在养阴清热改善体质以治其本，清热利咽、化痰散结以消乳核之肿大。如能注意正确调养2个月不感冒，大部分患儿能做到发轻发少。

若表证未除者加桑叶5g，炒银花6g，解表清热；若咳嗽者加杏仁5g，宣肺化痰；若盗汗者，加鲁豆衣10g，浮小麦10g，止汗；若咽红而肿者加焦山栀5g，赤芍6g清热凉血；若食积者加炒枳壳5g，炙鸡金10g理气消食；若大便干结者，加炒枳壳5g，瓜蒌皮仁各10g，理气润肠通便。若胃脘不适，属慢性胃炎食管反流，时有干呕者，加黄芩5g，半夏5g辛开苦降以调中。这对部分挟食者的扁桃体炎反复发作十分重要，其他挟有外感咳嗽、盗汗者随症加减。

五、流行性腮腺炎

流行性腮腺炎是小儿一种常见的急性传染病，一年四季均可发病，冬春季节发病率较高，好发于学龄前及学龄期儿童，常在幼儿园及小学中广泛传染。在临床上以发热及耳垂下腮腺部弥漫性肿大疼痛为其特点。感邪重者，可出现高热、头痛、呕吐，易并发"脑炎"，青春期儿童易并发睾丸炎，故在临床上必须引起重视。祖国医学对本病的治疗有独特优势。无并发症者可单独中医治疗，有并发症者需中西医结合治疗。

1. 轻症

症见耳下腮部一侧或两侧肿胀不舒影响咀嚼功能，精神如常，可兼有轻度发热、咳嗽、咽痛、头痛等表症，舌脉变化不明显。治当疏风清热，解毒散结，方以银翘散加减。

炒银花10g　连翘6g　大力子6g　板蓝根15g　薄荷（后下）3g　象贝6g　制天虫6g　瓜蒌皮6g　小青皮3g

【按】流行性腮腺炎轻症一般多为发病初起，以表症为主，很少有并发症。因邪在肺卫，故见轻度发热、头痛、咳嗽、咽痛；因风热邪毒郁结少阳之经，气机郁阻，故耳下局部肿大不舒。方中连翘、大力子、薄荷、银花、板蓝根祛风解表，清热解毒，板蓝根用量至15g为加强抗病毒之效，象贝、天虫、瓜蒌皮、小青皮理气散结消肿。

肿大疼痛者加夏枯草清热解毒，散结消肿；纳食欠佳者加焦六曲消食醒胃；大便干结者瓜蒌皮改瓜蒌仁润肠通便。

2. 重型

症见先有高热、怕冷，或有呕吐及全身不适之症，1～2天后出现腮部肿痛、拒按，咀嚼不便，不能张口，口渴烦躁，咽红疼痛，舌红苔黄，脉洪数。治当清热解毒，软坚消肿，方以银翘散加减。

板蓝根15～30g　大力子9g　海藻9g　昆布9g　夏枯草9g　银花6g　象贝6g　制天虫6g　连翘6g　鲜芦根30g　瓜蒌仁9g　广郁金6g

【按】方中夏枯草、银花、连翘、板蓝根清热解毒,其中板蓝根用量至15～30g对于重型腮腺炎有较强的抗病毒作用;海藻、昆布、象贝、天虫化痰软坚散结以消肿;大力子祛风清热利咽;瓜蒌仁化痰散结,润肠通便,使邪多路而出;鲜芦根清热生津;广郁金理气开窍,既助邪外出,又防邪热内陷心肝。

如邪入阳明、高热不退加生石膏清阳明之热;如嗜睡,呕吐,头痛者需防"脑炎",可加大青叶清热解毒、紫雪丹清热平肝开窍;如出现抽搐者加钩藤、地龙、石菖蒲平肝熄风开窍;大便秘结,阳明腑实证明显者去瓜蒌仁,加生大黄以泻阳明腑实,大便一通,身热乃退,肿痛乃消;睾丸肿大作痛者加赤芍、小青皮理气凉血消结。

六、小儿呕吐

呕吐一症由于胃失通降上逆而致。古人云:有物有声谓之呕,有物无声谓之吐,无物有声谓之干呕,三者之中以干呕为严重。但在临床上,往往呕与吐同时出现,故称呕吐。其中又有三焦之分别,上焦吐属于气,如咳逆上气之吐;中焦吐属积,如食积于内,消化不良乱于中焦之吐;下焦吐属于寒,寒积于下,寒凝气滞,如肾病、尿毒症之吐。

呕吐分型,可分伤食吐、伤乳吐、夹惊吐、痰饮吐、虫吐、虚吐、实吐、热吐等。现时常见之小儿呕吐:乳食吐、寒吐、热吐、痰饮吐、虫吐、惊吐六类分述于下。

1. 伤乳食型

症见呕吐频频,吐出乳片宿食,气味多酸馊,嗳腐吞酸,胸闷,不欲乳食,甚则胸腹胀满或胀硬疼痛,大便秘结,面微黄,舌苔厚腻。治当和中导滞法,方以自拟方加减。

砂仁1.5g　川朴花3g　藿香3g　炒麦芽10g　炒枳壳3g　郁金5g　鸡内金5g　陈皮3g　炒莱菔子5g　紫金片(分服)0.6g

【按】本型多因喂乳过多,乳食不相宜以致食滞胃中,运化不及,胃气上逆而成呕吐,或者恣食油腻甘甜、厚味或生冷瓜果,壅塞胃中,难以运化,积滞随气上逆而为吐,故见吐出乳片宿食,气味酸馊,胸满腹胀痛,苔厚之症，治当消食化滞，和中止呕。方中川朴花、藿香、砂仁芳香化湿和中，鸡内金、麦芽消导积滞，陈皮理气止呕，郁金宽中，莱菔子消食通便，紫金片消积止呕。

2. 寒吐

症见呕吐乳食不化，清稀无臭，朝食暮吐或暮食朝吐，吐时少而物多，面色苍白，形寒四肢厥冷，绵绵腹痛，大便溏薄，舌质淡苔白。治当温中理气止吐。

制川朴3g　白蔻仁1.5g　公丁香1g　苏梗3g　藿香3g　姜半夏5g　炮姜炭1.5g　炙鸡金5g　玉枢丹（化服）1g

大便溏烂者加炒苍术5g，广木香2.4g。

【按】本型多因寒暖失宜或沐浴受寒，风寒由肌表入胃，寒凝积滞不化，气逆而为吐，故吐出物清稀无臭，朝食暮吐，暮食朝吐，间隔时间较长，吐出物较多，治当温中消食，理气止呕。方中炮姜炭、公丁香温中散寒，川朴、姜半夏、藿香、苏梗化湿和中止吐，木香理气以助消食化湿，鸡金消导积食。

3. 热吐型

症见呕吐酸臭，或味苦黄稠如水，食入即吐，呈喷射状，吐时多而出物少，口渴饮冷，烦躁少寐，身热面赤，唇红，舌红苔腻（夏季较多）。治当清热和中。

炒黄连2.4g　淡竹茹6g　化橘红3g　竹沥半夏5g　藿香5g　淡吴萸1g　广郁金5g　炒麦芽10g　炙鸡金5g　六一散10g

【按】热吐，多见于夏季，暑热从口鼻而入，直扰中焦，或者衣着过暖，温邪内通阳明，以致热积胃中，胃失和降，故入后即吐，吐较多而物较少，吐出黄水，热在内故口渴饮冷，面赤唇红；暑热内扰胸膈，故心烦少寐，治当清热和中。方中黄连、竹茹清热和中，黄连配吴萸为左金丸，寒温相合，以防药以病热，药寒以致药后格拒，故少佐吴萸之温，以增止吐之功。藿香、六一散芳香化湿，清暑和中，竹沥半夏清热和中，炙鸡金、炒麦芽消食和中，配以橘红、郁金理气宽胸和中。

有热者加鲜芦根30g，清豆卷6g，鲜荷叶30g解表清暑。

4. 痰饮吐

症见呕吐黏液，口内黏腻，面色㿠白，头目眩晕，喉头痰声，神疲欲寐，大便黏腻夹痰，舌苔白腻。治当和中化痰。

姜半夏5g　陈皮3g　杏仁6g　豆蔻衣3g　苏子梗各5g　炙鸡金5g　象贝5g　茯苓10g　广郁金3g　蝉衣3g　川朴花5g

【按】本型患儿大多为肥胖儿，素有痰饮内蕴或饮水过多，饮停胸膈，水化为痰，以致气机不利，如复感外邪，引动痰饮，气逆而吐，因为痰饮内伏，故吐出为黏液痰水，口内黏腻，喉间痰声，因痰饮内阻，清阳不升，大的孩子可见头目眩晕，神疲欲寐，舌苔白腻，大便黏，均为痰饮之故。故治当化痰和中以止呕。方中姜半夏、陈皮、茯苓为二陈汤理气化痰止吐，配郁金、豆蔻衣、川朴花以助二陈汤理气燥湿宽胸，杏仁、象贝宣肺化痰，苏子梗降气止呕，炙鸡金消食健脾以助化痰，蝉衣解表祛湿。

5. 惊吐

症见呕吐清水稀涎，面色青白，精神倦怠，身热不高，时而烦吵不安，手足发掣，甚则抽动，舌淡苔薄白。治当平肝和中。

天麻3g　钩藤6g　蝉衣3g　生白芍3g　桑叶6g　姜竹茹6g　姜半夏5g　广郁金5g　陈皮3g　藿香5g　灯心2束

【按】惊吐一症，多系婴儿胆小，突受惊恐尤其饮食时受惊更易肝木妄动，横逆犯胃而成呕吐，挟有外感之时，更易发生，发时易见面色青白，精神倦怠，时而烦躁，手足发掣，可兼低热，吐出物多为清水稀涎，治当和中平肝。方中天麻、钩藤、桑叶、白芍平肝熄风。竹茹、半夏、陈皮、郁金理气和中止呕，配灯心利尿清心安神，本方对感冒挟惊而兼呕吐者尤为合适。

6. 虫积呕吐

症见呕吐清水稀涎，或吐蛔虫，或大便中解出蛔虫，面色口唇时红时白，胃脘腹部作痛，时常以痛时或痛后即吐，舌苔厚腻。治当理气杀虫。

乌梅5g　制香附6g　炒川连2.5g　淡吴萸1.2g　炒枳壳5g　槟榔6g　炒使君子5g　炒黑白丑5g　白雷丸6g

便秘者加生菜油30g；胃寒者减川连，加花椒1.5g。

【按】蛔虫寄生于肠道，如受胃热熏蒸，或者胃受寒迫，令虫不安，扰乱于胃，胃失和降而吐，此时多有蛔虫吐出，虫积于胃，胃中不安，故胃脘作痛明显，虫积之痛，往往较剧，故面色口唇时红时白。方中槟榔、使君子、雷丸杀虫；乌梅安蛔；香附、枳壳理气止痛；黄连、吴萸寒温相配以和中，同时病属寒者去黄连之苦寒，病属温者去吴萸之温，可灵活于临床用药；黑白丑杀虫又泻下，便于蛔虫排出体外。如大便不解者还可加服生菜油

30g，可起到润肠通便，使蛔虫排出体外。但近年来因生活环境的改善及人们卫生意识的提高，蛔虫症已大大减少，因大量蛔虫引起的呕吐症几年中未能见到。

七、婴儿腹泻

婴儿腹泻是指一岁以内的小儿出现的大便次数增多，由于婴儿刚刚出生，脏腑脆嫩，肠胃功能较幼儿更为不全，又加不能适应乳食的改变或气候的变化，尤其是体弱多病的孩子，抗生素的运用更能影响肠胃功能导致腹泻，因而婴儿腹泻的发病率较幼儿为高。因小儿脾胃功能不足，乳食停滞不化之后，又能化热、生湿，成为婴儿肠炎及婴儿痢疾，甚至发生霉菌性肠炎，这是婴儿腹泻常见的转归。在治疗上婴儿腹泻又与幼儿有明显的不同，介绍如下。

1. 婴儿腹泻

症见大便溏烂，性如败卵或挟酸臭，腹有胀满，精神尚可，纳食如常，有时嗳气作恶，小便正常，舌苔白薄或白腻，脉濡细。治当和中导滞法，方以平胃散加减。

川朴花3g　藿香3g　炒苍术5g　炒白术5g　茯苓10g　炙鸡金5g　炒麦芽10g　广木香2.4g　炒扁豆衣10g　陈皮3g

【按】婴儿腹泻初起多为伤食泻，食积于内，婴儿脾虚不足，不能为胃腐熟运化水谷，故见大便溏烂不化、次数增多，腹部胀满，大便酸臭；胃气上逆故见嗳气作恶。但婴儿腹泻有个特点就是腹泻的同时，纳食尚可，精神如常，就是俗语所说"吃归吃，泻归泻"。方中苍术、川朴花、陈皮为平胃散芳香燥湿，其中不用川朴用川朴花，一避过多香燥，二则花可上升下陷之脾阳，配鸡金、麦芽消食健脾，木香理气止泻，再配扁豆衣扶脾升清。全方以化湿消滞为主，扶脾为辅，正符合婴儿腹泻的病机。

若外感风寒挟湿者，加清豆卷6g，苏梗3g，以辛温疏解；呕吐者，加砂仁1.5g，理气和中；大便色清者，加炮姜炭1.5g，温中散寒；泄泻日久不止者，去苍术、川朴花之香燥，加怀山药补脾助运；咳嗽者加半夏、款冬，止咳化痰；小便短小者，加车前子、六一散，利小便实大便。

2. 婴儿肠炎

症见腹泻便溏次数增多，大便挟有黏液或青稠不化之物，气味腥臭，大便常规可见黏液及白细胞，纳乳尚可，精神一般，小溲尚多，苔薄或白腻，脉细。治当和中清化，方以自拟方加减。

广木香3g　马齿苋10g　炒荠菜花6g　炒白术5g　川朴花3g　炒扁豆衣10g　鸡内金5g　炒麦芽10g　六一散10g　通草3g

【按】婴儿如腹泻不止或吃了不合适的食物（如水果、油腻等物），或体弱患病，抗生素治疗，使食积不化，化生为湿，日久生湿，湿热下注以致大便溏烂，挟有黏液，气味腥臭，大便常规可见黏液、白细胞而成婴儿肠炎，舌苔可为苔白或白腻，治当和中（调理脾胃）清化（清热化湿消食）。方中以川朴花芳香化湿为君，配马齿苋、炒荠菜花，清热化湿而不伤脾，鸡内金、麦芽消食健脾，广木香理气止泻，白术、扁豆衣补益脾土，六一散、通草利水实便。

脾胃不和而兼呕吐者加姜半夏5g和中止呕；腹泻不止者，恐伤阳伤阴而成变证，加诃子皮3g，石榴皮3g固涩止泻，葛根升提脾阳；小溲短少者，加车前子6g，赤苓10g，利小便实大便；咳嗽者，加款冬花6g，象贝6g，止咳化痰。

3. 婴儿痢疾

症见腹泻不止，或有感染以致大便解而不畅，量少而次数增多，大便溏烂挟有黏液或少量血，腹部胀满，时有哭吵，舌苔白腻或黄，脉细数。治当和中化痢，方以自拟方加减。

白头翁5g　炒秦皮5g　马齿苋10g　炒白术5g　炙鸡金5g　炒扁豆衣10g　生白芍5g　广木香3g　茯苓10g　车前子6g　炒川朴3g

【按】婴儿痢疾主要是在婴儿腹泻的基础上如吃了不洁之物，则易转化为湿热滞下，故见大便解而不畅，量少而次数增多，挟有黏液或血丝，湿热滞内，气行不畅，故见腹胀腹痛；在外表现为哭吵不安，治当和中（调理脾胃）化痢（清热化滞）。自拟一方，方中白头翁、秦皮为白头翁汤之主药，合马齿苋清热化滞，配川朴、木香理气化湿，白芍缓急止痛，鸡内金消食健脾；茯苓、车前子利小便实大便。因婴儿脾胃较大孩更显不足，故用炒白术补脾健胃而无碍邪之弊。

呕吐者加姜半夏3g；腹痛哭吵者，加枳壳3g；日久不止者，加诃子皮、石榴皮。

八、胃脘痛

　　胃脘痛以胃脘部疼痛为主要症状，常伴腹胀、恶心呕吐、厌食、泛酸等症。多由饮食不节所致，较大儿童可与情志失调有关。年龄较小儿童常定位不准确，表述为不典型的脐周疼痛。胃脘痛与西医学中的急慢性胃炎、十二指肠炎、胃及十二指肠溃疡、功能性消化不良相关。本病多见于学龄儿童，8岁以下的儿童亦常见到。一年四季均可发病。

1. 气滞郁热

　　症见一般病程较短，进食后痛甚，剑突下压痛明显，或伴有嗳气吞酸、嘈杂口苦、便秘等症，舌红苔黄，脉弦滑。治当清热化湿，理气止痛，辛开苦降，方以左金丸加减。

　　黄连3g（或黄芩5g）　姜半夏5g　吴茱萸1.5g　炒枳壳5g　广木香3g
制川朴5g　炒娑婆子6g　炙鸡金6g　乌贼骨6g　制玄明6g　炒白芍6g　蒲公英10g

　　【按】本型多湿滞于脾，热郁于胃，脾胃不和，气机失利，不通则痛，故剑突下作痛，食后加剧，并兼嘈杂、泛酸、口苦、便秘等症。治当清热化湿，理气止痛。方中黄连合吴茱萸为左金丸，辛开苦降，运脾胃之气。轻者单用黄芩、姜半夏即可，配枳壳、木香、娑婆子理气，其中枳壳配白芍，缓急解痉以止痛。制川朴、炙鸡金化湿消食。蒲公英清热消炎又不碍胃，对胃脘痛有炎症者，用之最佳。乌贼骨止酸，为对症治疗，无胃酸者可不用。

　　如口苦而干，湿热化燥，加鲜芦根12g，天花粉10g，石斛10g（任选一二味），可清热生津便于湿热之化；如舌苔厚腻加槟榔5g消食；大便秘结轻者用全瓜蒌10g润肠通便，重者用生大黄3g泻下，脘腹以通为主，必须保持大便通畅，有助于胃脘疼痛之治疗。

2. 脾胃虚寒

　　症见以胃脘部持续隐痛明显，夜间空腹时明显，得食痛减，时有清水、畏寒、腹冷、口淡便溏，舌淡苔薄，脉细。治当温中健脾，理气止痛，方以理中丸加减。

　　炒党参6g　炒白术6g　炮姜3g　炙甘草3g　当归5g　炒白芍6g　丹参5g
广木香5g　炒枳壳5g　制元胡6g　焦六曲10g　茯苓10g

　　【按】脾胃虚寒型，多见体弱儿童或多食生冷，寒从内生，或由湿热之证日久不愈，脾胃受伤而生，常见于十二指肠球炎及胃溃疡。因脾胃虚寒，故心窝部疼痛，隐隐发作，持续发作，以夜间空腹发作为主，得食痛减，为脾胃虚寒又一特点。脾胃虚寒，中阳不足，失于运化，化生水谷之精微，故口淡，吐清水，纳差便溏；不能温养全身，故畏寒肢冷；舌淡苔白肢冷，都为虚寒之象。方中党参、白术、炮姜、甘草为理中汤，补气温中散寒以治本。其中以炮姜代干姜，主要为防止干姜对胃有刺激作用，尤其是溃疡病者会加剧症状。干姜经炮制后可用，存其性而无刺激；芍药配甘草可缓急止痛，芍药配枳壳可解痉止痛，加元胡以增止痛的疗效。方中当归、丹参养血活血。其中丹参尚有解痉作用，另配焦六曲消食，茯苓健脾利湿，以改善脾胃之运化。脾胃虚寒型腹痛兼有感冒时，用药应特别注意，尤其苦寒对胃有刺激的清热解毒利咽之药，如一枝黄花、板蓝根、山豆根应少用，可选用炒银花、连翘、蒲公英、大力子、鸭跖草之类。

呕吐者加姜半夏5g，姜竹茹5g降气和中止吐；呕吐清水者加姜半夏5g，吴茱萸3g温中化湿；腹胀者加川朴5g理气化湿；四肢不温而畏寒者加桂枝，取小建中汤之意建中温阳；气血两虚，面色欠华者加炙黄芪10g，当归5g补气养血；虚寒日久，也有化热的可能，挟有湿热，可见腹痛加剧，呕吐增多，舌苔转黄，此时当寒温并用，加左金丸（吴茱萸1.5g，黄连3g）辛开苦降，寒温兼用。

3. 气不摄血

症见胃脘部作痛，压痛明显，可见吐血、便血（或隐血试验阳性），兼面色苍白，精神较弱，纳差，大便色黑，溏烂，舌淡，苔薄，脉濡。治当补气摄血，清热止血，方以杨氏檵木合剂加减（注檵木合剂组成：檵木60g，蒲公英30g，紫珠草30g）。

炒党参10～12g　炒白术5g　玄参5g　蒲公英15g　檵木15g　紫珠叶10g　仙鹤草10g　佛手片3g

【按】在临床上，随着小儿慢性胃炎发病率的增高，胃溃疡、十二指肠溃疡日渐增多，由于小儿发病期较短，气不摄血的大出血病例较少，可出现气血不足，尤以十二指肠溃疡出血明显。故溃疡出血，多属虚证，胃脘疼痛，压痛明显，剑突下压痛，多为胃溃疡。脐上压痛多为十二指肠溃疡，故出血上出为呕血，下出为便血。因出血致气血不足，故兼面色欠华，神倦纳差，舌淡苔薄，脉濡之象。在治疗上以补气而止血为主，但需知溃疡出血多多少少兼有炎症，而舌苔有时可见薄黄，故在治疗时要加入清热消炎而又止血的药物，此为已故杨继荪院长的经验。将此法运用于儿科临床，也获得了明显疗效。方中党参、白术补气摄血，党参量宜大，小儿可用至12g，气虚明显者可参芪同用。再配蒲公英、檵木、紫珠叶、仙鹤草，清热消炎以止血。方中玄参养阴利咽，一方面出血病人最怕气有余而成火，另一方面胃病常兼食管反流引发咽喉炎，可起到利咽作用，对兼有舌苔薄黄者尤宜。再配佛手片疏肝理气，对于溃疡病人理气切忌辛温香燥，如甘松、木香、肉桂、荜澄茄之品。在气不摄血型的临床治疗中，补气摄血治本之法固然十分重要，但考虑到溃疡病大部分是在慢性胃炎的基础上发展起来，要考虑到必有实的一面，因此在治疗时，要求阴阳平稳，故加入了大量清热消炎止血又不碍补气的清热之品，这就是中医临床"有其证用其药"的含义。这也是与教科书分型的不同。

出血不止，兼胃痛者，加白芍粉（分吞）0.6g，白芍5g；不痛者加三七粉0.4g；如大出血不止者，可用独参汤（生晒参5g）煎服，补气摄血，也可以加黄芪12g，达到同样的效果，但量应较大；胃出血又兼胃热，苔黄者，可加马齿苋15g，既有止血效果，又有清热消炎的作用；口干而渴，加鲜茅根，清热生津又止渴；胃痛者加白芍6g，缓急止痛。

4. 气阴两虚

症见胃脘隐痛，大便色黑或隐血试验阳性，并见口干而燥，心烦失眠，神倦纳差，面色欠华，舌质不红，苔黄，脉弦细。治当清热凉血调中，方以自拟方加减。

阿胶珠6g　生地榆10g　白芍6g　檵木10g　马齿苋10g　紫珠草10g
白及粉（分吞）1.5g　墨旱草10g　仙鹤草10g　蒲公英10g　鲜芦根12g
生地10g

【按】本型胃脘痛兼有出血，大多为气阴两虚或阴虚火旺之体。阴虚则内热，故口干而渴，心烦失眠；内有出血，故神倦纳差，面色欠华，大便色黑，此时虽阴虚火旺，但出血仍见贫血，故舌质仍不红，而见质淡。在临床上当舍舌从症，方中阿胶质阴偏"凉"，与大量清热之药同用更有养血止血之效，而无性温动血之弊，配用生地榆、生地、紫珠草凉血止血。因溃疡病多有"邪毒"传染，故方中檵木、墨旱草、仙鹤草、蒲公英清热消炎，有助溃疡疼愈，此乃辨病与辨证相结合，有明显增加疗效作用。白芍缓急止痛。

热重苔黄者，加黄连以清热；大便秘结者，可用生大黄2g泻下通便以止血。但需谨记大黄少用既可通便又可止血，量大时则可伤正。

九、婴儿积滞

积滞是指小儿乳食过多，停聚不化，日久气滞不行所形成的一种慢性消化功能紊乱的综合征。婴儿得之，其表现与转归有其特点。在临床上以不思乳食，食而不化，时有腹痛，腹胀，恶心呕吐，形体消瘦，面色萎黄，大便酸臭不化或便秘为特征。现代医学的消化不良或消化功能紊乱均可产生本病。

本病多因喂养不当，过早添加辅食或过多饮食生冷之物，或者病后失调，先天禀赋不足，脾胃虚弱所致。积滞与伤乳、伤食、疳积有关。若伤于乳食，经久不愈，可变成积，积久不消，迁延失治，营养不良，影响婴儿的生长发育，形体日渐消瘦，可转化为"疳"，因而"食""积""疳"三证，其源同，唯病情证候有轻重深浅之不同。在积滞形成之初及时加以治疗，可防止疳积的发生。

1. 乳食积滞

症见乳食减少，呕吐乳糜或酸馊残渣，腹胀，腹痛，啼哭烦躁不安，大便臭秽，腹痛腹泻，泻后痛减，舌淡红苔厚腻，脉滑数。治当消食导滞，方以自拟方加减。

川朴花3g　广木香2.4g　炙鸡金9g　炒麦芽9g　茯苓9g　苏梗3g　炒枳壳3g

呕吐，加藿香3g，砂仁1.5g化湿和中止呕；便溏，加炒苍术6g，山楂炭6g，通草3g燥湿化滞利水。

【按】乳食不节，日久伤及脾胃，脾失运化，停滞于胃，气滞不行，胃失和降，故见呕吐酸馊，腹胀腹痛，脘腹不舒，故哭吵不安；脾不能运化水谷，下迫为泄，兼泻下酸臭，泻后痛减，苔厚腻，脉滑数，为食滞于内之象。治当消食导滞法。方中川朴花芳香化湿，鸡金、麦芽消食化滞，苏梗和中止呕，广木香、枳壳理气助食之消、湿之化，再佐茯苓健脾利水。呕吐甚者，加藿香、砂仁理气化湿，和中止呕。便溏明显者加苍术燥湿，山楂用炭消食止泻，通草利水实便。

2. 脾胃虚弱

症见面色萎黄，困倦乏力，呕逆不化，不思饮食，食则胀饱，腹满喜按，大便不化，唇舌淡白，苔白腻，脉濡细。治当健脾化滞，方以自拟方加减。

炒白术9g　茯苓9g　怀山药6g　广木香3g　炒川楝子9g　焦六曲6g　炒麦芽9g　生白芍6g　陈皮3g

【按】本型多见于体弱多病之婴儿，脾气本虚，再加乳食停滞，故见面色萎黄，困倦乏力；乳食内滞，脾失健运，胃失和降，故脘腹饱胀，不思饮食，上逆为呕，下注为泻，应实中有虚，故腹满喜按。方中白术、茯苓、怀山药扶脾助运，而炒白术用量偏大，重在扶脾为主。六曲、麦芽消食化乳，广木香、陈皮、川楝子理气止痛以助化湿，重用白芍意为平肝，以防脾虚肝旺而成"疳积"。

十、小儿厌食

小儿厌食是指小儿较长时期食欲不振，见食不贪，甚则拒食的一种病证。本病临床特征以纳呆食少为主，对进食不感兴趣，甚至厌恶，食量较正常同龄儿童显著减少，病程一般在2个月以上。

小儿厌食是儿科的常见病之一。本病各年龄儿童均可发病，尤以1～6岁小儿为多见。城市儿童发病率高于农村。本病可发生于任何季节，但在长夏暑湿当令之时，常可使症状加重。患儿除食欲不振外，一般无其他明显不适，预后良好，但长期不愈者，可使气血生化乏源，抗病能力低下，而易患他病，甚至影响生长发育，转为疳证。

1. 乳食内滞

症见纳食欠佳或不思饮食，食后脘腹作胀或腹痛不舒，睡时哭吵，甚则呕恶酸臭，大便不调，舌苔薄白或白腻，脉滑数。治当芳化运脾，理气消食，方以自拟方加减。

制川朴3g　佩兰3g　广木香3g　炒枳壳5g　炙鸡金6g　炒麦芽10g　炒山楂10g　苏梗5g　茯苓10g　连翘5g

【按】本型厌食多因小儿脾常不足，乳食不知自节，过食肥甘，或过于溺爱纵其行为，恣意零食、冷饮，损伤脾胃，运化失司，以致不思饮食，故见厌食。食滞于内，气滞不行，故脘腹作胀甚则腹痛。六腑以通为用，胃气不降而上逆，故呕恶酸臭。胃不和则卧不安，故睡时哭吵，脾失健运，故大便不调。苔薄白者为积滞不深，苔腻者为积食较重。治当健运脾胃，消导食滞。脾胃得健，食滞自消，胃口自开。治小儿脾胃之病不在于补而在于健、在于运、在于醒，故有健脾、运脾、醒脾之说。这三者就是说芳香之品运化脾胃之湿，故方中川朴、佩兰、苏梗，都是芳香化湿之品。方中鸡金、山楂、麦芽，健脾消食，使食积消治，祛除湿之来源；木香、枳壳理气以助消食化湿；茯苓健脾利湿以助祛湿。对于芳香化湿运脾之品，如苍术、川朴、藿香、佩兰、苏梗等，在临床运用上要分清每味药的不同。用对了，事半功倍；用错了，不但无功可能有害。如何用于运脾、醒脾，首先考虑藿香、佩兰；食积湿重者用厚朴；如舌苔厚腻，尤其是便溏者可用苍术燥湿；有呕吐者，可用苏梗、砂仁芳化而止呕。如食积重者加槟榔消导食积。大便干结者改用莱菔子泻下通便。如小儿厌食，舌苔不厚者，也可加炒白术扶脾助运，与枳壳相配以扶脾助运。但补脾气之药如党参需慎重考虑。

2. 脾胃虚弱

症见不思饮食，面色萎黄，神倦乏力，大便溏烂不化，甚至泄泻，舌淡红苔薄白，脉细。治当扶脾助运，方以参苓白术散加减。

炒白术5g　茯苓10g　怀山药6g　广木香3g　陈皮3g　炙鸡金6g　焦六曲6g　炒麦芽10g　生白芍5g　佩兰5g

【按】本型病人，大都因先天不足或失于调养、脾胃虚弱所致，或者多因病后脾虚，尤其多见于腹泻病人，故在治疗时可以扶脾助运为主。方以参苓白术散或异功散之类加减。方中白术、怀山药、茯苓，扶脾助运为主；鸡金、六曲、麦芽健脾消食；佩兰芳香醒脾；木香、陈皮理气以助消食化湿。方中生白芍，主要考虑脾虚一症在小儿易致"肝旺"克脾而成疳证，故用以健脾柔肝，以防转为疳证，此乃中医治未病之意。

临床如遇便溏乏力者，说明脾虚十分明显，去佩兰，改用藿香，加炒党参5g，炒扁豆衣10g以补脾健运。小儿脾虚厌食者，首先用炒白术扶脾，进一步的话再考虑用党参。藿香芳香化湿治吐泻，故去佩兰，加藿香、炒扁豆衣。舌苔厚腻加炒山楂6g，炒枳壳3g，槟榔3g理气消食，全方合用，健中寓消。面色苍白者，加鸡血藤10g以养血生血。

3. 脾虚肝旺

症见纳食欠佳，面色欠华，形体消瘦，五心烦热，夜间盗汗，脾气急躁，睡眠不安，大便偏干，舌红，苔薄或薄腻，脉细数。治当扶脾平肝醒胃，方以自拟平肝扶脾汤加减。

太子参6g　麦冬5g　地骨皮5g　生白芍5g　生石决明10g　炒白术5g

枳壳5g　炙鸡金6g　炒麦芽10g　五加皮5g

【按】脾虚肝旺之厌食，大多患儿为阴虚火旺的体质，或反复呼吸道感染的厌食患儿多见。其体虚多为肝肾阴虚，火旺多为心肝火旺，肝火旺则克脾伤津，以致脾失健运，胃津不足，而成不思饮食，面黄形瘦。因肝火旺，故脾气急躁，夜间盗汗，影响及心，故睡眠不安。因内火偏旺，津液不足，故大便干结，舌红苔薄，脉细数，多为肝旺脾虚之证。此型厌食在小儿中比例不少，要引起我们儿科工作者的重视，药用得当，效果较好。治当平肝扶脾醒胃治之，在以前也是防止转变为"疳积"的方法。用自拟"平肝扶脾汤"治疗，方中太子参、麦冬、地骨皮、生白芍、生石决明养阴平肝为主药。通过养阴平肝使肝肾之阴得复，肝火自平。肝火自平，不能克脾，脾胃自健，再以白术扶脾，故有"治脾病不在补而在扶"之说。此时如用党参就有助火之嫌，同时补气而使脾气壅滞，胃口难开，方中枳壳、鸡金、炒麦芽理气消食健脾为佐药，而五加皮一味性苦温本为祛风湿、强筋骨之要药。但其味芳香在诸药中尤为突出。在方中大量养阴平肝清热之中其性之温得以控制，其芳香之醒脾之功得以发挥，对于厌食患儿之形体消瘦，发育不良者用之得当能醒脾又强身。这是先人巧用中药药性的好例。在临床遇有不同的症状可以随症加减，其中兼有大便干结者，可加瓜蒌皮或瓜蒌仁润肠通便。大便一通也可使纳食增加，一般忌用苦寒泻下。

苔腻食积明显者加槟榔、山楂消食；大便干结轻者加瓜蒌皮6～10g，重者加瓜蒌仁6～10g以润肠通便；盗汗者，加浮小麦10g，鲁豆衣10g以止汗；睡眠不安者加淡竹叶3g，夜交藤10g清心安神；腹痛者，加制元胡5g，制香附5g理气止痛；面色欠华加当归3～5g养血生血。

第二节　革故鼎新解顽疾

宣桂琪教授不仅继承发扬了"宣氏儿科"流派学术精髓，而且在理论上探索创新，顺应时代变迁及儿科疾病谱的变化，针对临床各种慢性疾病进行深入研究，大大丰富了"宣氏儿科"流派学术内涵。宣师通过数十年临床不断的认识、分析，以辨证求因，审因论治的方式达到逐步完善，全面认识疾病的定义、分型、定证，研究有效方法，寻找有效良方。本节主要为宣桂琪教授治疗哮喘、小儿肾炎、小儿肾病、遗尿、过敏性紫癜、血小板减少性紫癜、小儿贫血等疾病的经验介绍。

一、哮喘

小儿哮喘是一种表现为反复发作性咳嗽，喘鸣和呼吸困难，并伴有气道高反应性的可逆性、梗阻性呼吸道疾病，是一种严重危害儿童身体健康的常见慢性呼吸道疾病，其发病率高，常表现为反复发作的慢性病程，严重影响了患儿的学习、生活及活动，影响患儿的生长发育，不少哮喘患儿由于治疗不及时或治疗不当最终发展为成人哮喘而迁延不愈，个别严重哮喘发作，若未得到及时有效治疗，甚至可以危及生命。

1. 寒哮

症见咳嗽气急有痰，鼻塞涕清，喉间哮鸣有声，咽痒不适，口不渴，纳差，便溏，或兼面色㿠白，舌淡，苔白而润，脉浮紧或浮滑。治拟宣肺散寒，化痰平喘，方选三拗汤、小青龙汤。

炙麻黄3g　杏仁6g　生甘草3g　象贝6g　炙苏子4.5g　大力子4.5g　炒莱菔子4.5g　姜半夏6g　茯苓9g　炙款冬6g　佛耳草5g

【按】寒哮多发于婴幼儿或反复发作日久不愈之年长儿，或寒冷过敏之小儿，因风寒引动伏痰，痰气相搏，阻塞气道，痰随气升，发为哮喘气急，所以在临床上以气虚阳虚体质患儿多发。随着健康知识的普及、现代医药的发展、治疗手段的丰富，重症哮喘反复发作的患儿大大减少。所以近20年来单纯寒性哮喘已明显减少，目前在婴幼儿哮喘中尚还多见。在治疗上应注意痰饮多阴邪，药宜温，寒凉不宜太过，故方中以麻黄、杏仁、生甘草宣肺散寒，化痰平喘，合二陈、三子化痰，加款冬化痰止咳，佛耳草清肺以防寒哮化热。

如咳声嘶哑，加射干利咽散结；气急哮鸣明显者，加地龙平喘；痰多便溏可加车前子、鸡金健脾利水消积。

2. 热哮

症见咳嗽较剧，频咳痰少或痰出不畅或痰黄而稠，气急，哮鸣，声如曳锯或气粗如吼，鼻塞涕黄，或时清时黄，咽红肿痛，或兼口渴，尿赤，便干，舌红苔黄或黄腻，脉滑数。治拟清肺化痰，降气平喘，方以麻杏石甘汤或定喘汤加减。

炙麻黄3g　杏仁6g　石膏30g　象贝5g　炙苏子5g　大力子4.5g　炒葶苈子4.5g　竹沥半夏6g　炒枳壳4.5g　地龙6g　炙款冬6g　鱼腥草9g

浙江中医临床名家·宣桂琪

【按】热哮在小儿哮喘中最为常见，即使感受风寒，由于小儿阴虚火旺体质为多，也易成为寒包火证，故仍属热哮范围。其因外感六淫化火，或多食肥甘，热从内生，痰热内阻，肺气壅塞，肃降失司，痰随气升发为哮喘。如兼风寒，则为寒包火证，可见形寒无汗、鼻流清涕或时清时黄。原有郁火者，则干咳痰少。辨证要点为咳嗽较剧，或干咳，咽红而肿。在治疗中，本方以麻杏石甘汤去甘草之中满，以清热化痰平喘合苏葶降气涤痰，加象贝、竹沥半夏清热化痰，款冬止咳化痰，地龙合枳壳具有较好的解痉平喘作用，鱼腥草清热解毒，既针对小儿哮喘多感染而成，又具清肺之功。

在临床上身热表证明显者加薄荷、连翘以增清热解表之力；如郁火明显，咳剧者加黛蛤散泻肝清肺；大便秘结轻者加瓜蒌皮、仁，重者加生大黄，泻下通便，以达到泻下宣上之目的。如肺部感染，啰音日久不消者可加桃仁活血祛瘀，往往能增加清热消炎作用，促进啰音吸收；如食积内滞，胃口不开者，可加山楂、鸡金、莱菔子消导食积，也可助清肺热。

3. 风痰型

症见咳嗽不多，喉音痰涌，活动、哭吵后气急，哮如笛声，日久不愈，面色㿠白，形体肥胖，动则汗出，纳乳欠佳，大便溏烂，舌淡，苔白。治拟祛风宣肺，化痰平喘，方以三子养亲汤合二陈汤加味。

蝉衣3g　制天虫5g　杏仁6g　炙苏子5g　白芥子5g　炒莱菔子6g　姜半夏6g　陈皮5g　茯苓9g　海浮石9g　佛耳草6g

【按】风痰型哮喘多发于肥胖婴幼儿，特点一是痰多，喉间痰鸣如拽锯，二是见风或哭吵后明显，故称"风哮""痰哮"。因小儿脏腑娇嫩，成而未全，脾常不足，脾虚生痰，上贮于肺，肥儿气虚，更易发为本型。外感风邪引动伏痰，痰随气升，发为哮喘。因脾气虚弱，故本型宜见便溏汗多，治当疏解外风，内化痰滞。方中蝉衣、天虫、杏仁祛风宣肺化痰，三子养亲温化痰湿，二陈汤燥湿理气化痰，海浮石祛顽痰，佛耳草清肺热防痰湿化热，并不伤脾，如大便溏烂者去莱菔子，加炙鸡金、茯苓、扁豆衣健脾化湿。

4. 慢性哮喘

症见哮喘反复发作，日久不愈，咳嗽不多，自觉胸闷，活动后气急，哮鸣有声，动则汗出，纳食欠佳，面色欠华，大便溏烂或秘结，舌红苔薄，脉细滑数。治拟降气化痰平喘，方以旋覆代赭汤加减。

旋覆花5g　代赭石12g　姜半夏5g　黄芩6g　太子参6g　茯苓9g　炙桑皮6g　杏仁6g　地龙6g　炙款冬6g　老鹳草6g　炒枳壳5g

【按】哮喘反复发作，邪气未净，正气已虚，痰浊久蕴，气机不利，清气不升，痰浊不降，故哮喘不愈。故方中旋覆花、代赭石、半夏、茯苓、杏仁降气化痰；太子参补益气阴，扶助正气，如脾虚便溏明显者，可改党参补脾益气。小儿易虚易实，易寒易热，本病日久未愈，正气必伤，但痰易化热，故少佐桑白皮、黄芩、老鹳草以清肺热，枳壳、地龙解痉平喘。慢性哮喘原因十分复杂，治疗难度较大，旋覆代赭汤加减治疗只不过是其中方法之一。

5. 缓解期

缓解期治疗是防止哮喘反复发作的主要方法，历代来多从肺脾气虚，脾肾阳虚调治。根据小儿生理病理特点在临床上以阴虚为多，气虚也有，但阳虚日渐减少，所以宣老以肺阴虚及肺脾气虚分型，现述如下。

（1）肺阴虚：症见哮喘缓解，咳嗽不多，干咳痰少，鼻塞干燥，咽红而肿，可兼五心烦热，面色潮红，夜间盗汗，大便干结，舌红苔薄，脉细数。治拟养阴清热，润肺利咽，方选生脉散合泻白散。

南北沙参各9g　麦冬6g　地骨皮6g　生白芍9g　生石决明12g　炙桑白皮6g　杏仁6g　玄参6g　射干4.5g　乌梅5g　生甘草3g

【按】根据小儿肺脏娇嫩、肝常有余、脾常不足、肾常虚的生理特点，哮喘反复发作患儿阴虚火旺体质较多。阴虚生内热，感邪后易热化，邪热留恋，则咽红日久不消；痰热不除则形成小儿哮喘基本愈后咳嗽难清。这就是中医所说的"热不清咳不止"，也是目前临床上过敏性咳嗽久治不愈的道理。方中南北沙参、麦冬、地骨皮、生白芍、生石决明为宣氏儿科养阴平肝之验方，专为治疗一切阴虚火旺之证所设，其中二参、麦冬养阴润肺；地骨皮清虚热；白芍配石决明养肝阴平肝热，以防木火刑金，而肺热难清；地骨皮合桑白皮、杏仁清肺热化痰热；玄参、射干清热利咽；乌梅、甘草酸甘化阴，抗过敏，改善过敏体质，防止哮喘复发。还有，鼻甲红肿者加辛夷、鹅不食草。在缓解期咽鼻同治是根治小儿哮喘的方法之一。

（2）肺脾气虚：症见哮喘反复发作，咳嗽不多，喉间有痰，鼻塞、打嚏、涕清，咽不红，眼鼻作痒，动则自汗，纳食欠佳，面色欠华，精神欠佳，大便溏烂，舌淡苔薄，脉濡细。治拟益气固卫，扶脾化痰，方选玉屏风合六君子汤。

党参6g　白术6g　茯苓9g　陈皮5g　姜半夏6g　黄芪6g　防风5g　海浮石9g　地龙6g　地肤子5g　炙鸡金9g

【按】哮喘反复发作，易伤脾生痰，肺气不足，卫外不固，易感外邪，而引发伏痰，从而形成恶性循环，故肺脾气虚是小儿哮喘反复发作的原因之一。本型患者主要特点为动则汗出，面色㿠白，鼻塞，打嚏，涕清，眼鼻作痒，故方中六君子益气扶脾化痰，玉屏风益气固汗，兼祛内恋之风邪，配海浮石祛顽痰，配地龙、地肤子祛风脱敏，白术、鸡金扶脾健胃以消痰，但黄芪、党参等补气药的运用特别要注意。肺阴虚或阴损及阳过程中患儿也可以出现自汗，不能妄用补气药，否则气有余便是火，反灼其津而增其热，热不清则咳不止。

二、小儿肾炎

小儿肾炎是儿科常见的免疫反应性肾小球疾病，多因感染而起，尤其以溶血性链球菌感染后得病。在临床上小儿肾炎多发生于急性扁桃体炎或全身疮疖等感染性疾病之后。症见急性起病、浮肿、少尿、血尿、蛋白尿及高血压。轻者可见明显症状，重者可出现并发症（如高血压脑病、急性循环充血、急性肾衰竭）。

竹叶忍冬藤汤是宣志泉先生在20世纪五六十年代创作的一张经验方。它是根据急性肾炎多在感染溶血性链球菌后引起所以以清热利水解毒为主，结合中医治疗风水、皮水的传统经验，通过临床加减，体现了越婢汤、五皮饮治疗肾炎急性水肿期及其变证，临床疗效十分满意。

淡竹叶10g　忍冬藤15g　瞿麦10g　车前子10g　赤猪苓各10g　黄芩5g　青木香5g　泽泻6g　五加皮6g

发热者，加清豆卷10g，带叶苏梗6g；咳嗽者，加桑白皮6g，葶苈子6g，苏子6g；咳甚者，加麻黄3g；血压高者，加茜草15g，夏枯草10g；血尿者，加白茅根30g，小蓟草15g，生地10g，紫珠草15g；湿疹者，加地肤子10g，米仁10g，五加皮10g。

1. 风邪外袭（风水）

症见面目浮肿，继而全身水肿，按之凹陷，小便减少，可兼发热，咽痛，咳嗽，胸满乃至气急，不能平卧，舌质红苔薄白或薄腻，脉浮。治拟疏风利水，宣肺清热为主，方选竹叶忍冬藤汤加减。

竹叶10g　忍冬藤15g　瞿麦10g　车前子10g　赤猪苓各10g　青木香5g　泽泻6g　淡黄芩5g　五加皮6g　炙麻黄3g（或苏叶6g）　清豆卷10g

病案一

谷某，男，8岁。

主诉：头部生疖二月余，浮肿二日，气急一日。

入院时情况：体温39.8℃（口），呼吸急促，咳嗽不畅，不能平卧，全身浮肿，头面尤甚，小便减少而赤，精神软弱，血压130/90mmHg，舌苔腻厚，脉浮数。

实验室检查：

尿常规：蛋白++、红细胞+，白细胞+，透明管型+，颗粒管型++

血生化：总蛋白6.2g/L，白蛋白3.5g/L，球蛋白2.7g/L。

血常规：血色素72g/L，红细胞$2.3×10^{12}$/L，白细胞$14.3×10^9$/L，中性粒细胞0.88，淋巴细胞0.12。

X线透视：心脏轻度扩大，肺门阴影加多，有心力衰弱之征。

诊断：西医：急性肾炎，心力衰弱。

中医：风水。

治则：宣肺降气利水为主。

处方：苏子3g　葶苈子5g　淡竹叶10g　忍冬藤10g　瞿麦10g　车前子10g　清豆卷10g　知母6g　黄柏5g　青木香3g　生黄芩5g　炙麻黄1g　1剂

二诊：服药后呼吸急促略平，体温正常，尿增渐正，血压108/52mmHg，大便1次尚可，咳嗽尚可，全身浮肿渐退，舌苔中腻，再以原法出入。

处方：苏子3g　葶苈子5g　桑白皮5g　瞿麦10g　车前子10g　茯苓皮10g　淡竹叶10g　忍冬藤10g　青木香5g　黄柏3g　黄芩5g　2剂

三诊：全身浮肿消退，小便多，血压正常，咳嗽减少，呼吸已平，纳食增加，精神好转，舌苔转薄，再以原法出入。

处方：苏子3g　桑白皮5g　车前子10g　茯苓皮10g　瞿麦10g　青木香5g　生黄芩5g　五加皮5g　生黄柏5g　3剂

【按】本例病人具有水肿、咳嗽、气急尿少，尿检蛋白++、红细胞+，血检白细胞总数$14.3×10^9$/L，中性高，血压升高，X线心脏轻度扩大，所以可以明确诊断为急性肾炎，轻度心力衰弱，虽未作细菌培养，但有头部疮疖史，白细胞升高必有感染史，从中医角度讲，有发热、咳嗽、水肿头面为甚，当属"风水"范畴，有疮疖、血尿，故兼湿毒，治当宣肺降气利水为

浙江中医临床名家 · 宣桂琪

主，以苏葶汤合竹叶忍冬藤汤加减，方中麻黄、清豆卷疏风解表又宣湿，麻黄合苏葶、车前宣肺降气又利水，既可治咳，用麻黄也合风水"疏风宣肺"之治则。苏葶、车前泻肺利水，以治轻度心力衰竭。再加竹叶忍冬藤汤之药以清热解毒，病情虽重，用药简单，疗效又好，前后三诊6剂药，诸症俱消，继以门诊调治。

2. 水湿浸渍（皮水）

症见全身水肿，以躯干水肿为甚，面目水肿略轻，按之凹陷，小便短少不利，也可兼有湿疹，瘙痒不安，纳减便溏，舌淡苔白腻，脉弦数。治拟化湿利水，方选古方五皮饮加减。

竹叶10g　忍冬藤15g　淡黄芩5g　青木香5g　瞿麦10g　生黄柏5g　车前子10g　炒川朴3g　炙鸡金10g　茯苓10g　五加皮6g

病案二

吴某，男，7岁。

主诉：全身浮肿4天。

入院时情况：全身浮肿，小便量少，精神软弱，面色清白，腹围57cm，大便溏烂，一日4次，胃纳不佳，兼右耳流脓、疼痛，舌苔腻厚，脉象迟缓。

实验室检查：

尿常规：透明度稍混，蛋白+，红细胞0～4，白细胞++，上皮细胞少许。

血生化：总蛋白6.4g/L，白蛋白2.7g/L，球蛋白3.7g/L。

血常规：血色素80g/L，红细胞2.95×10^{12}/L，白细胞11×10^9/L，中性粒细胞0.75，淋巴细胞0.23，单核细胞0.01，嗜酸粒细胞0.10。

血沉：32mm/h。

诊断：西医：急性肾炎。

中医：水肿（皮水）。

治则：行水化湿。

处方：淡竹叶10g　忍冬藤10g　生黄芩5g　青木香5g　瞿麦10g　知母6g　生黄柏5g　车前子10g　制川朴3g　2剂

二诊：服药后全身浮肿已明显消退，小便增多，胃纳增加，精神尚好，大便次数减少，一日2次，右耳流脓、疼痛已愈，舌苔转薄腻，脉弦数，再以扶脾化湿。

处方：淡竹叶10g　忍冬藤10g　生黄芩5g　青木香5g　瞿麦10g　知母

6g 生黄柏5g 车前子10g 五加皮6g 3剂

后续服上方加减痊愈出院。

【按】本案已浮肿4天，腹部水肿为主，又兼大便溏烂，一日4次，当属中医"皮水"之症，同时大便溏烂为脾湿为主，但兼有耳部感染，血象白细胞略高，故治疗仍以清热利水之竹叶忍冬藤汤加减，方中加入川朴以化湿调中，药后腹部水肿明显消退，再去川朴加五加皮，芳香化湿又行水，服药周余好转，说明清热解毒之法在皮水中运用效果良好。

3. 湿毒内侵

症见头面、躯干水肿或轻或重，小便短赤，尿血，可兼皮肤感染，烦热口渴，舌红苔薄黄，脉弦数。治拟清热解毒凉血。

竹叶10g 忍冬藤15g 瞿麦10g 车前子10g 赤猪苓各10g 青木香5g 泽泻15g 淡黄芩5g 小蓟10g 紫珠草10g

病案三

陈某，女，6岁。

初诊：身热（38.7℃），咳嗽不畅，气急，全身浮肿，兼有湿疹，瘙痒不安，纳食不佳，精神软弱，大便溏烂，小便短少，舌红苔白腻，血压140/90mmHg。

实验室检查：尿常规：蛋白+，白细胞少许，红细胞+，颗粒管型少量。

治则：化湿利水，佐以降气。

处方：大豆卷10g 五加皮6g 茯苓皮10g 炙苏子3g 桑白皮5g 地肤子6g 青木香5g 生黄芩5g 瞿麦10g 小蓟5g 炙麻黄1g 车前子10g 2剂

二诊：湿热渐化，浮肿消退，小便短少，并有湿疹，大便溏烂，气急已平，体温正常，血压130/90mmHg，舌苔白腻，再以宣化湿热为主。

处方：五加皮5g 炙苏子5g 地肤子10g 知母6g 生黄柏5g 瞿麦5g 生黄芩5g 青木香3g 赤苓10g 车前子10g 忍冬藤10g 5剂

三诊：全身浮肿已退，小便增多，胃口也开，精神好转，湿疹已愈，大便正常，血压100/58mmHg，舌苔化薄，再以扶脾清化湿热。

处方：五加皮5g 青木香3g 生黄柏5g 知母6g 车前子10g 茯苓10g 瞿麦5g 生白术5g 怀山药5g 忍冬藤10g 淡姜衣2.4g 5剂

【按】本案以发热、咳嗽、气急、浮肿为主，当属"风水"范畴，但全身湿疹，瘙痒伴有感染，再加尿检红细胞+，当属湿热内蕴，故以竹叶忍冬藤汤加减清热利水为主。方中麻黄、豆卷、苏子、桑白皮疏宣清肺降气为主，以治在表之邪，又治肺热咳嗽；知母、黄柏合地肤子，既治下焦湿热，又治湿疹感染；小蓟清热凉血，综观总方尚属清化湿热为主，前后用药2周，诸症得治。

4. 恢复期

症见浮肿渐退，但身倦乏力，纳食减少，尿检反复，未恢复正常，容易蛋白不消，红、白细胞少许。阴虚者可兼五心烦热、盗汗；脾肾不足者可兼便溏腰酸。治拟扶正祛邪。前者方用知柏地黄丸、二至丸加减；后者方用参苓白术散加减。

在临床上当清除余邪为主，再根据阴虚内热或脾肾不足，加以滋阴清热或健脾补肾，今提供急性肾炎恢复期验方一张，以供参考：

细生地10g　冬葵子10g　五加皮10g　防己10g

泽泻10g　茯苓10g　大腹皮10g　丝瓜络3g

以血尿为主日久不清者，加小蓟10g，白茅根15g。蛋白高者，加山萸肉5g，制首乌10g。脾肾不足者，加怀山药6g，生白术6g或用地黄丸、知柏地黄丸巩固之。

三、小儿肾病

肾病综合征为西医病名，其特征为蛋白尿、低蛋白血症、高脂血症及不同程度水肿。水肿期属祖国医学"水肿"范畴，水肿消退后与中医"虚劳"有关，其感染期与"温热"有关。急性肾衰竭与"关格"有关，在临床进行中医辨证十分复杂，不得不引起高度重视。肾病综合征，目前病因尚未完全明白，一般认为本病是一种自身免疫反应性疾病。也有人认为是一种血清蛋白和类脂质代谢障碍的结果，同时与感染也有密切关系。

1. 水肿期

（1）脾虚湿泛：症见面色少华，精神萎软，全身浮肿，腹胀尿少，四肢乏力，纳食减少，甚则呕吐，舌淡胖，苔薄白或白腻。治以温中利水，方药以理中汤加五皮饮加减。

淡姜衣3g　肉桂3g　生白术5g　葫芦壳10g　地骷髅10g　茯苓10g　五加皮10g　车前子10g　陈皮3g

（2）脾肾阳虚：症见明显凹陷性水肿，大量蛋白尿，少量血尿，尿蛋白24小时定量偏高（5g/24小时），高胆固醇，同时可见面色少华，精神萎软，头昏腰酸，腹胀尿少，纳差便溏，舌胖嫩，苔白滑，脉沉细数或濡数。治以温肾健脾利水，方药以实脾饮加减。

淡附片6g　肉桂3g　淡姜衣3g　巴戟天5g　五加皮10g　地骷髅10g　葫芦壳10g　椒目1.5g　茯苓皮10g

【按】肾病水肿期大都属脾肾阳虚型，适时、对症服用方药一般能获得较好疗效。但脾肾阳虚型必需分清偏向于脾虚、肾虚或脾肾两虚，脾肾之虚以阳虚、气虚为主，治当温补脾肾兼以利水，但重点各异，分别以温中利水为主或温肾利水为主，这样临床分型就相对简单。但目前大多利用激素治疗，激素用后往往能出现面色潮热、满月脸、痤疮等湿热阳亢之证，因而必须再运用温补脾肾时要注意阴阳平衡，用温热药的量、味要适当调整，并加入清热解毒化湿之品或兼用养阴利水之品，如六味地黄丸加车前子、牛膝；同时根据不同情况如水肿初期兼有外感的头面浮肿也可短期加以宣肺利水，如病人不愈又兼水肿、舌质瘀紫、面色晦暗应加入活血利水之品，在利水的同时加入苏木、牛膝、红花、桃仁等，往往有利于水肿消退。当然肾病利水当循"气行则血行，气化则湿化"之训加以理气如大腹皮、陈皮之类，以增行水之效。

若兼见血尿加玉米须、白茅根；腹胀加大腹皮；纳差、便溏加苍术、白术、怀山药、炙鸡金、木香、焦山楂；气血不足加当归、白芍、黄芪；病后调理可加服金匮肾气丸、大菟丝子丸。

2. 气阴两虚

症见明显浮肿，自觉症状较轻，有时可见形疲乏力，腰肢酸软，尿检可见蛋白及少量血尿，舌淡红，苔薄白或根腻。治当补气健脾，佐以养阴。

党参6g　白术5g　甘草3g　生地6g　麦冬5g　茅根12g　益母草10g　当归5g　泽泻10g　沙氏鹿茸草10g　忍冬藤10g　大青叶6g　土牛膝10g

【按】气阴两虚大多见于肾病激素撤退后，水肿已退，体虚夹邪，或有上呼吸道感染，或有蛋白尿、血尿反复不愈者，并兼有气阴两虚之证，可考虑运用本法。

3. 肝肾阴虚

症见明显浮肿，或略有浮肿，面色正常或潮红，或者略黄，头胀头痛，失眠多梦，时有烦躁，身倦乏力，五心烦热，尿短赤，大便干，舌红或绛，或剥苔，脉弦细数。尿常规有不同程度的红细胞、白细胞。血压偏高。治当滋补肝肾，佐以清热解毒。

生熟地各9g　制首乌6g　萸肉6g　炙龟板6g　川柏6g　知母6g　黄芪6g　当归6g　怀山药9g　苏叶6g　王不留行6g　泽泻9g

【按】本型肾病在临床上多见于使用激素后水肿已退，但血压明显升高，激素的不良反应渐以显见，而尿检蛋白或多或少仍有，时而兼有尿检红细胞、白细胞的患儿，同时兼有明显的肝肾阴虚及阴虚火旺。但是，肾病综合征在肝肾阴虚，或前面所述之气阴两虚，兼夹见到的"有余"之症，均不能离开肾病一证，本为脾肾两虚所致，其"有余"实为阴阳水平线之下的"有余"。在治疗上要遵从《黄帝内经》"调治阴阳……阴平阳秘，精神乃活"之说，也就是有几分虚补几分，有几分实泻几分，以求得阴阳平衡。

四、遗尿

遗尿是5岁以上小儿不能自主控制排尿，经常睡时小便自遗，醒后方知的一种病症，又名"尿床"。3岁以下儿童夜间"尿床"或3岁以上儿童偶有"尿床"均不属"遗尿"的范畴。随着儿童年龄的增大，大部分有自愈的倾向。但个别患儿不予治疗至成年仍要发病。本病如年久不愈可影响患儿的精神和生活，乃使患儿精神不振、性格自卑。中药治疗本病有明显的优势。

1. 肾气不足、下元虚寒

症见常在睡中遗尿，兼见面色㿠白，形体虚弱，肢冷畏寒，头昏乏力，小便清长，舌淡苔白，脉沉细。治当温肾固涩，行气开窍法，方以宣氏遗尿散加减。

桑螵蛸9g　金樱子9g　覆盆子9g　乌药9g　川楝子9g　炒枳壳6g　石菖蒲6g　广郁金9g　补骨脂9g

【按】方中补骨脂、桑螵蛸、覆盆子、金樱子温肾固涩，其中补骨脂温而不燥，在小儿遗尿用之较为合适；而乌药、川楝子、枳壳与温肾之药同用可理气而助肾之开合、膀胱之气化。郁金、石菖蒲理气开窍而醒脑以提高熟睡时之警觉之功，对于遗尿患儿来讲可起到自醒之功能。

如小儿熟睡不醒还可加益智仁9g益智补肾，此与方中乌药、桑螵蛸三味为缩泉丸；如先天性脊柱裂加当归6g，续断9g，菟丝子9g养血补肾强骨；胃纳差者加党参6g，炒白术6g补脾益气。

2. 肺脾气虚

症见夜间遗尿，面色萎黄，动则汗多，精神疲倦，纳食减少，大便不化，平时反复易感，舌淡红，苔薄，脉细。治当益气固涩法，方以自拟方加减。

炒党参9g　生黄芪9g　生白芍6g　桑螵蛸9g　干菖蒲6g　炒枳壳9g　益智仁6g　菟丝子9g　台乌药9g

【按】方中党参、黄芪补肺脾之气；桑螵蛸、菟丝子、益智仁温而不燥以益肾固涩；枳壳、乌药理气以助膀胱之气化；石菖蒲合益智仁以益肾醒脑。肺脾气虚型遗尿，患者平时反复易感，气虽亏虚，但肝阴多易不足。补气过多容易转为脾虚肝旺，而使火生，故加生白芍养阴平肝，以求在治疗过程中阴阳平稳。此乃临床实践当中，中医辨证用药的灵活性、全面性。

纳差者加炒白术6g，炙鸡金6g扶脾助运；血虚面色萎黄者加当归5g养血；有脊柱隐裂者加制川断6g，怀牛膝6g益肾强骨；汗多者加煅牡蛎15g，稽豆衣9g固涩止汗。

五、过敏性紫癜

过敏性紫癜是小儿最常见的毛细血管变态反应性疾病，其病理基础为广泛的毛细血管炎。临床上以皮肤紫癜、消化道黏膜出血、关节肿胀疼痛及肾脏受累出现尿血为常见的症状。本病多发于学龄儿童，2岁以下儿童少发，男性多于女性，一年四季均可发病，但以春秋二季发病率较高。

1. 风热伤络

症见遍身紫癜，面部略浮，可见身有低热，微恶风寒，咳嗽咽红，紫癜以下肢和臀部较多，风疹色鲜红，呈丘疹样或红斑，大小不等，但皮疹大多呈对称型；如关节肿痛者为过敏性紫癜皮肤关节混合型；如兼有腹痛便血者为腹型紫癜；舌质红，苔薄黄或黄腻，脉浮数。治以疏风清热凉血为主，方以银翘散加减。

连翘10g　银花10g　荆芥3g　鲜生地15g　白茅根15g　桑叶10g　焦山栀6g　仙鹤草10g

【按】外感风热从口鼻而入，风热伤络则衄血，肺主皮毛故多见肌衄、鼻衄，肺卫失和，故身有低热，咳嗽面浮，微恶风寒。皮疹以臀部及下肢为主，一般呈针尖样或斑块状，出血越大热毒越盛，一般皮疹呈对称分布。方中桑叶、荆芥祛风清热，其中荆芥辛略温，能散血中之风热，故在大堆凉药中用无温热之虑；银花、连翘清热解毒；焦山栀、生地、白茅根清热凉血，加仙鹤草清热消炎略有止血强身之功，但无碍邪之弊。

如紫癜量多，成斑，色深紫红为热毒内盛，加水牛角10g，丹皮5g，紫草3g清热解毒凉血。

如关节型，则为湿毒下注关节，症见关节疼痛肿胀，多为湿热内盛，痹阻关节，不通则痛，加木防己6g（可用木瓜6g，蚕沙10g代），川牛膝6g，鸡血藤10g清热利湿，通利关节，其中鸡血藤既养血又有通利关节之功。

如兼腹痛便血，此乃胃肠湿热伤于阴络，迫血妄行，加炒槐米10g，大黄炭5g，广木香5g，生白芍6g以泻火理气安络，其中大黄炭起清热凉血解毒之效。过敏性紫癜在临床上一般不用发汗法及止血法，这是原则，而本方大黄不用生而用炭，一为防止生大黄伤正气，当然体质强者可用；二是大黄具有泻下清热之功，用炭不止于泻下太过；三是大出血时用一点炭类（不是地榆炭、柏叶炭之类）防止出血太过，再配槐米凉血，木香理气，白芍止痛。

2. 湿热型（紫癜型肾炎）

症见紫癜以下肢为主，伴有肢体及面目浮肿，咽红作痛，小便短赤，可见身倦乏力，腰膝酸软，舌红苔薄腻或薄黄，脉细数。尿检以红细胞为主，可兼有蛋白尿，反复发作。治当清热解毒，利湿凉血为主，方以竹叶忍冬藤汤合小蓟饮子加减。

淡竹叶10g　忍冬藤15g　大小蓟各10g　白茅根30g　生地10g　赤猪苓各10g　黄柏3g　丹皮5g　紫草6g　茜草10g

【按】紫癜型肾炎是因湿热下注，损及下焦阴络，阴络伤则尿血，因外有风热之邪，故见低热、浮肿、咽痛。如反复发作，尿检红细胞、蛋白尿日久不消，则见腰膝酸软，身倦乏力、舌红苔薄腻或苔黄，均为湿热下注之象。故治疗时以清热解毒，佐以凉血利尿，方中淡竹叶、忍冬藤清热利尿解毒，但量较大，大小蓟、白茅根清热利尿凉血，生地、丹皮清热凉血，滑石、赤猪苓清热利尿，黄柏清下焦湿热，量宜小，以防化燥灼阴。

若神倦乏力，纳食欠佳加炒白术5g以健脾益胃；若尿检兼有蛋白加土茯苓15g以清热利湿；若咽痛者加玄参6g，山豆根3g清热利咽。

过敏性紫癜，若治不得法或失于治疗转为慢性者，多久病致虚。小儿本多阴虚火旺之体，又加风热、热毒灼伤脉络，乃成肾阴亏损，脉络瘀滞，此时紫癜反复时隐时现，五心烦热，夜间盗汗，口干咽燥，舌质红，舌上瘀点，在治疗上宜滋阴清热，佐以凉血通络，用麦味地黄丸滋肾养阴，知母、黄柏清下焦之热，茜草、紫草凉血通络。

过敏性紫癜，如因素体脾肾不足，腹型紫癜失血过多，病情可转入气不摄血或气血两虚型，症见面色欠华，精神疲倦，斑色淡紫，舌质淡，脉细缓。治当益气健脾，气血双补佐以祛风活血，方选归脾汤，方中黄芪、当归补气生血，再加荆芥、蝉衣、地肤子以清透肌肤余热又抗过敏，茜草凉血活血通络。

六、血小板减少性紫癜

血小板减少性紫癜（ITP）在临床上以皮肤瘀斑及瘀点为主要表现，是小儿常见的出血性疾病，属中医的"血证""肌衄"范畴。西医认为本病是一种自身免疫性疾病，故又称自身免疫性血小板减少性紫癜，因机体相关抗原发生免疫反应，产生血小板相关抗体（PAIgG），使血小板破坏及寿命缩短，骨髓中产生血小板的巨核细胞减少。

1. 风热伤络

症见常身有低热，咽红而肿，可见咳嗽，纳食欠佳，全身皮肤可见针尖大小不一出血点，或成斑块状，分布不均，四肢多见，可伴有齿衄、鼻衄，舌红苔薄，脉浮数。治当疏风清热凉血，方以银翘散加减。

银花10g 连翘10g 大力子6g 荆芥5g 桑叶6g 丹皮5g 白茅根15g 焦山栀5g 仙鹤草10g 茜草6g 生地10g 板蓝根10g

【按】风热伤络型多起于疾病之初，来之症状不猛，仅以低热、咽红及皮下出血不甚，故治当疏风清热凉血为主。方中银花、连翘、板蓝根、焦山栀清热解毒，但用量较一般感冒时要大；荆芥、桑叶疏风解表而荆芥能祛血分之热，对本病风热伤络者尤为首选之解表药；生地、丹皮、茜草清热凉血，少佐仙鹤草清热解毒止血。方中桑叶与白茅根配伍可治鼻衄。本型用药后随着内热邪毒症状的消除，血小板也随之上升。

若见咳嗽者加杏仁6g，浙贝6g宣肺化痰；若紫癜成片者加紫草5g清热凉血；若纳食欠佳者加炙鸡金10g，炒麦芽10g健脾消食。

2. 血热妄行

症见发病骤急，身热较高，可兼怕冷，皮肤出现紫点、瘀斑，色深而紫，可兼鼻衄、齿衄，口干而渴，纳食欠佳，精神不振，大便干结，小便短赤，舌质红绛，苔黄燥，脉洪大。治当清热凉血解毒，方以犀角地黄汤加减。

大生地15g　丹皮6g　知母6g　生石膏30g　白茅根15g　紫珠草15g　墨旱莲15g　仙鹤草15g　焦山栀6g　藕节7个　茜草10g　水牛角15g

【按】本型大多在明显的感染之后，邪毒已入血分迫血妄行，故见高热怕冷，皮肤瘀斑成块色紫，因邪热入里，气分必热，故口渴咽干。热在阳明即大便秘结。在治疗上用犀角地黄汤清热解毒凉血。方中水牛角、生地、丹皮为君，配以石膏、知母为白虎汤清气分之热，使血分之邪转营透气从外而解。焦山栀清三焦之热，三焦为邪热出入之通路，三焦热清，有助于热毒较快清退。而白茅根、紫珠草、仙鹤草、墨旱莲均为凉血止血药，在病急时，急则治其标能提高止血疗效，但一般的炭类止血在此时就不能用得太久。

若鼻衄者加白茅根清热凉血；大便秘结者加生大黄泻火通便，生大黄为承气之药，用之既可通大便，又能使邪多一条出路；邪陷心包者加神犀丹清热解毒开窍。

3. 气不摄血

本型多见于慢性期，出血时发时愈，多活动后加剧，面色萎黄，精神萎软，头昏乏力，舌淡红苔薄白，脉细。治当益气养血止血，方以归脾汤加减。

炒党参5g　黄芪6g　当归5g　生白芍5g　仙鹤草15g　茜草根15g　墨旱莲10g　生地12g　艾叶3g　藕节5个　陈皮3g

【按】本型多见于血小板减少性紫癜反复发作，日久不愈，导致气血不足，生化无源，气不摄血。或者是西医激素治疗后，待激素一撤即刻发作。方中党参、黄芪补气摄血。当归、白芍配益气之品，起到益气止血之用，而白芍用生者，因防止血小板减少在本型初起之时由阴虚火旺转化而来，用生地也是同样之意。当然纯属气血不足型不必考虑，这是临床医者用药需仔细推敲之处。方中艾叶取温暖胞宫，益肾造髓生血之意，配生地可防温热动血。而仙鹤草、茜草根、墨旱莲为止血之药。用药量大，以达到止血的效果。

脾虚明显，纳食减少便溏者，去生地加炒白术5g，炙鸡金6g，茯苓10g补脾健胃；肾虚肢冷者加补骨脂3g，枸杞子5g，仙灵脾5g，阿胶10g补肾生髓以生血。但补肾阳者尽可能选用温而不燥之品，以防动血。

4. 阴虚火旺

症见病程反复日久，面色淡红，皮肤有紫癜，下肢尤甚，头晕低热，夜间盗汗，苔少舌红，脉细。治当养阴清火止血，方以自拟方加减。

生熟地各10g　芜蔚子5g　白茅根15g　紫珠草15g　焦山栀6g　丹皮5g　藕节5个　茜草15g　阿胶10g

【按】本型血小板减少性紫癜由血热型转变而来，或气不摄血用激素后转变而来。故病程较长反复未愈，但病情复杂，要分析它从何型转变而来，依激素用量之大小、阴虚火旺之程度来掌握用药。本型特点为病程反复而长，紫癜此起彼伏。以下肢紫癜为主症兼有头晕、低热、盗汗，同时可见阴虚火旺之舌淡红，苔少，是本型患者常见之苔。舌红乃阴虚火旺，苔少说明容易转变为气虚（或胃气不足）。方中生地、丹皮、焦山栀养阴凉血。茺蔚子，本为活血调经，凉肝明目，《本草纲目》云本药"治风解热，顺气活血，养肝益心，安魂定魄……治乎是厥阴血分风热……"在本方主要为凉肝治血分之风热。再配白茅根、茜草、紫珠草、藕节凉血止血以治标。熟地配阿胶为益肾，阴中求阳之意。用药简单，其意较深。若肾阴不足明显者可加炙龟板、女贞子、墨旱莲益肾养阴；五心烦热，夜间盗汗者加地骨皮5g，生白芍5g养阴平肝；阴损及阳者，面色欠华，神疲乏力，加枸杞子5g，肉苁蓉9g阴中求阳。

七、小儿贫血

贫血是小儿常见的病证，以唇、甲、睑结膜苍白为主症；严重贫血者可见头晕、心悸、乏力或面部浮肿，甚则可见出血。现代医学所指的急慢性出血后贫血、缺铁性贫血及再生障碍性贫血等均属"贫血"范畴。贫血属祖国医学的"血虚""虚劳""疳证"的范畴，因其有出血的症状，故与血证有一定的关系。产生贫血的原因很多，它可以因喂养不当、禀赋不足、脾胃不健、病后体虚及寄生虫、药物损害的影响，以致血液耗损或影响脾胃功能，气虚生化不足而致血虚。血为心之主，其资生在脾，而根源于肾。小儿贫血与心、脾、肾关系密切。在临床上，贫血以虚证为主，轻证病在脾胃，重证累及肝肾。治疗上必须根据不同病因，全面分析，加以施治。在脾胃者当益气养血、调理脾胃以助生化之源。在肾者当滋补肝肾，尤当补肾生髓、化生精血以助贫血的改善。同时贫血患儿必当体质虚弱，容易感冒，在感染时需注意扶正祛邪。

1. 脾胃虚弱

症见面色萎黄，纳食呆滞，身体倦怠，头昏乏力，大便溏薄，舌淡，苔薄，治当扶脾健胃，益气养血，方以异功散加减。

炒党参6g　炒白术5g　茯苓10g　炙甘草3g　陈皮3g　炙鸡金6g　鸡血

浙江中医临床名家·宣桂琪

藤12g　炒白芍6g

【按】脾胃虚弱，胃主受纳，脾主运化。胃虚者不能受纳故纳食呆滞，脾不能腐熟运化水谷，化生水谷之精微输布营养全身，故见面色萎黄，身体倦怠，头昏乏力。水谷不化，下注大肠则为便溏。舌淡苔薄，脉弱均为脾胃虚弱，气血不足之故。在临床上小儿轻度贫血多属本型。治当扶脾健胃为主，佐以益气养血。方中党参、白术、茯苓、甘草为四君子汤，益气扶脾以健胃；鸡血藤、炒白芍养血生血，其中补血不用当归而用鸡血藤既能养血又能行血，行血又能助血之生，故在小儿贫血中用鸡血藤比当归更有效。而且当归有滑肠的不良反应，对脾胃虚弱便溏者更需慎用。陈皮、鸡内金理气健脾以助运化。

如厌食者加焦六曲10g，炒麦芽10g健脾消食开胃；贫血腹泻便溏者多为脾虚，故加怀山药6g，炒扁豆衣10g补脾益脾，藿香5g芳香化湿不温燥而又能醒脾，车前子10g利小便实大便。有虫积者加炒使君子6g，白雷丸6g，川楝子6g理气杀虫。

2. 心脾两虚

症见面色萎黄或苍白，心悸气短，头昏乏力，耳鸣眼花，毛发干枯，纳减便溏，舌淡而胖，脉细软无力。治当益气养血，心脾两补，方以归脾汤加减。

炒党参6g　炒白术5g　炒黄芪10g　炙甘草5g　当归5g　熟地10g　炒白芍6g　龙眼肉6g　红枣10g　茯苓10g　陈皮5g

【按】本型贫血多因脾胃虚弱日久或失治而来。脾生血，心主血，脾胃虚弱不能化生气血以影响心主血的功能。心血不足不能营养全身组织血液以致出现心悸、气短、头昏乏力、耳鸣眼花、头发稀疏、干枯乏荣。脾虚则纳少便溏。舌淡嫩，脉细软无力均为气血不足之象。治当益气养血，心脾两补，归脾汤主之。方中党参、白术、茯苓、甘草、黄芪补脾益气；当归、熟地、白芍、红枣养血生血；龙眼肉养心安神；陈皮理气助运。

若食少便溏者去熟地、龙眼、当归，加鸡血藤12g养血生血，炙鸡内金6g，怀山6g，炒扁豆衣10g补脾助运消食；若面色虚浮者为脾虚水泛内停之故，加怀山、赤小豆、炒米仁益脾运湿以消肿。

3. 肝肾阴虚

症见两颧潮红，午后潮热，头昏耳鸣，夜间盗汗，肌肤不润，指甲无华，口干舌燥，皮肤瘀斑，齿衄、鼻衄，舌红少苔，脉细数。治当补肝益肾，滋养精血，方以左归丸加减。

熟地10g　萸肉5g　怀山6g　枸杞子6g　炙龟板（先煎）10g　茯苓10g
当归6g　制首乌10g　女贞子10g　墨旱莲10g

【按】肝肾阴虚型贫血，大多在再生障碍性贫血在运用激素过程中或者在感染过程中容易出现。此外，体虚肝旺之体又兼营养不良性贫血者，也可偶见。在治疗上前者需以滋补肝肾之阴为主，方选左归丸加减。但在养阴过程中可适当补气，如黄芪、太子参之类，补肾阳需慎重，稍用枸杞子即可。方中熟地、怀山、萸肉为肾阴虚之要药，再加首乌、龟板、二至丸加强补肾之功。茯苓补脾，当归养血。龟板滋肾阴，枸杞子阴中求阳，润而不燥，对贫血日久、久病及肾之阴虚者，可顾及"精血同源"，二者同用可达阴阳平衡。

若低热者，为阴虚而生内热，可加炙穿山甲10g，地骨皮6g，银柴胡5g，青蒿6g养阴退热；有感染者可加连翘10g，炒银花10g，仙鹤草10g清热解毒。贫血伴感染用药，一要注意不能过于苦寒，二不能伤胃。《黄帝内经》云"有胃气则生，无胃气则死"。气虚者可加生黄芪10g，太子参10g益气生血。再生障碍性贫血容易出血，阴虚者多有内热扰血，血不循经，故加丹皮5g，仙鹤草10g，生白芍6g养阴凉血止血而不留瘀。

4. 脾肾阳虚

症见面色㿠白，少气懒言，精神萎靡，动则汗出，肢冷畏寒，腰肢酸冷，食少便溏，舌淡微胖，脉沉细。治当温补脾肾，益气养血，方以右归丸加减。

熟地10g　萸肉6g　枸杞子6g　杜仲6g　鹿角霜6g　当归6g　巴戟天6g
菟丝子10g　党参10g　炙黄芪12g　仙灵脾5g　紫河车5g

【按】肾乃先天之本，主骨生髓生精，精血同源全靠肾阳之温煦，贫血患儿尤其是再生障碍性贫血患儿病久不愈，可及于肾。故肾阳虚者可见面色㿠白，少气懒言，精神萎靡，动则汗出。脾虚者食少便溏；阳虚生寒故肢冷畏寒，腰肢酸冷。舌淡嫩而微胖，脉沉细均为脾肾阳虚之象。治当温补脾肾，益气养血。温补肾阳当阴中求阳，方中熟地、萸肉厚味填肾阴，配以枸杞子、杜仲、菟丝子、仙灵脾温肾而不燥；再以鹿角胶、紫河车等血肉有情之品补肾生血，配以党参、黄芪、当归益气养血。

若便溏者去当归、熟地，加怀山药10g，炒白术6g健脾助运；肢冷畏寒明显者加淡附片5g，肉桂3g温经散寒；出血者加炮姜炭1.5g，仙鹤草15g温经止血。再生障碍性贫血白细胞减少加虎杖6g，炮山甲10g活血祛瘀以生血，同时上药在临床均有明显升白细胞的作用。血小板减少者加仙鹤草15g，花生衣6g，连翘10g，海螵蛸10g。经近代研究，上四味药均能帮助血小板的生成。

第三节　祛邪务净治外感

小儿外感疾病多来势较急且变化纷纭，极易酿成危急之证，宣氏儿科自志泉先生起就提出"治外感祛邪宜早、祛邪务净"。宣桂琪教授治疗外感疾病时主张"多路祛邪"，宜顺其势，或用汗法，或用清法，或用下法，切忌闭门留寇，治外感热病，若辨证准确，提倡超前截祛病邪。古人认为，邪入气分方可用白虎承气。宣老认为只要高热不退，无腹泻便溏等禁忌证，即使表证未解，也可用白虎石膏；表证虽存，下法照样可用，决无引邪入内之弊，反添祛邪之路。此乃宣老治疗外感急症时常能获效的缘故。但宣老同时也指出小儿外感之后，正气虽有伤，单只要邪去则正安，正气极易恢复，不必徒用补法，因此治疗外感疾病，在邪未净之时，即使正气已伤，也不能轻易使用益气养阴扶正之药，以防闭门留寇。本节主要介绍外感时行疾病中的百日咳、风疹、水痘、猩红热、肺炎的治疗经验，以及柴胡饮加减治疗"长期"高热病案一例。

一、百日咳

百日咳又名"顿咳"，是小儿时期一种常见的呼吸道传染病。本病以阵发性、痉挛性咳嗽和痉咳末出现鸡鸣样吸气性吼声为主要特征，主要由百日咳嗜血杆菌所引起。近年来因儿童疫苗注射的广泛开展，本病发病率已大大降低，即使发病，咳嗽剧烈程度也大大降低，但是咳嗽时间较一般咳嗽为长，治愈也慢。轻者咳嗽、面红目赤、两手握拳、咳嗽连续不断，咳后有特殊的吸气性吼声，可兼口鼻出血；重者可并发支气管肺炎、肺气肿、气胸等。本病一年四季均可发生，但以春冬之季尤多，以5岁以下儿童多发，年龄越小病情越重，若无并发症，一般预后良好。

1. 初期（寒邪束肺）

症见咳嗽剧作，咳时面赤、握拳，脸浮，涕泪兼见，咳声连续不断，咳后吸气声时有，痰液清稀，形寒怕冷，鼻流清涕，舌苔白滑，脉浮数。治以温肺化痰，顺气降逆，方药以华盖散合苏葶汤加减。

炙麻黄1.5g　杏仁6g　姜半夏5g　炙桑白皮5g　炙苏子5g　炒葶苈子5g　大力子5g　炙百部6g　炙白前5g　化橘红3g　杠板归10g

若属风热型或外寒内热型者，症见咽红而肿，咳痰偏黄，可加生石膏清其热，并抑麻黄之温；若呕吐较剧者加姜竹茹以清胃和中止吐。

【按】本型多为百日咳早期，外有表证，故见鼻塞有涕，因疫咳必有温毒时邪内犯于肺，以致肺失清肃，气机不利，故见阵咳较剧，咳后气逆作恶，咳末有声，故方中用麻黄、杏仁、大力子解表宣肺，桑白皮、苏葶清肺泻肺以顺肺气，姜半夏、百部、白前化痰，化橘红理气化痰，另方中百部、杠板归均有抗百日咳杆菌的作用。

2. 痉咳期

症见咳嗽阵作，咳时面赤握拳，目赤睑浮，涕泪兼见，咳声连续不断，咳后有吸气样吼声，痰液黏稠，不易咳出，痰中带血，甚则咳血、衄血，口干舌燥，渴欲饮水，舌红苔燥，脉滑数。治以清热泻肺，降气化痰，方药以千金苇茎汤合泻白散、苏葶汤、黛蛤散加减。

鲜芦根30g　炙桑白皮6g　白茅根15g　黛蛤散9g　杏仁6g　炙苏子5g　炒葶苈子5g　炒莱菔子5g　炙百部5g　炙白前5g　竹沥半夏5g　鱼腥草15g　杠板归10g　川贝粉（分冲）2.4g　炙枇杷叶6g

若鼻衄者加焦山栀6g；若咯血者加仙鹤草10g，鲜生地15g；若呕吐者加姜竹茹10g。

【按】百日咳起病1～2周后进入痉咳期，此时疫温时邪内入于肺，与伏痰结合，挟火气上逆，故痉咳期的咳嗽更为剧烈，症状更为典型，呕逆是常见之证。此从脏腑辨证来看，不但是肺气失清肃，而且可以看作肝火、胃火上犯于肺所致。在治疗上，用千金苇茎汤、泻白散、苏葶汤清肺、泻肺、涤痰，更需用黛蛤散泻肝火，以利清热（木火刑金），再佐白茅根清肺生津凉血以止血，配以竹沥半夏、川贝、白前清肺化痰。方中鱼腥草、杠板归清热消炎，抗百日咳杆菌；枇杷叶止咳化痰。如见鼻衄者加焦山栀清热凉血，咯血者加仙鹤草、生地清热凉血止血，而仙鹤草尚有清热消炎之功，呕吐者加淡竹茹清胃止呕。

3. 恢复期

症见病情趋于康复，咳嗽减轻但未净，症状虽减，但咳时仍为阵咳，咳痰逐渐减少，面色潮红，汗出较多，纳食减少，舌淡苔少，脉滑数。治以润肺化痰，方药以沙参麦冬汤合泻白散加减。

北沙参6g　麦冬5g　杏仁5g　川贝2.4g　天花粉10g　地骨皮5g　炙桑白皮5g　炙百部6g　炙枇杷叶6g　炒麦芽9g

若气短声怯者多兼气虚，加黄芪10g，炒白术5g益气扶脾；若盗汗者加浮小麦10g，鲁豆衣10g；若大便干者加炒枳壳3g，瓜蒌皮6g。

【按】百日咳恢复期多正虚邪恋，临床偏阴虚者居多，故见面色潮红、五心烦热，此时肺热不清，故咳嗽之势虽减，但咳嗽症状仍有百日咳之特点，故在治疗时当以养阴润肺，止咳化痰，以沙参麦冬汤合泻白散治之。方中沙参、麦冬、天花粉养阴润肺，地骨皮、桑白皮清肺止咳，杏仁、川贝、百部、枇杷叶化痰止咳，佐以麦芽健脾醒胃。阴虚火旺者加浮小麦、鲁豆衣，配沙参、麦冬、地骨皮养阴清热以止汗。大便秘结者，配枳壳、瓜蒌皮理气润肠通便。应该指出百日咳发病时间较长，咳嗽剧烈，但本病为外感疫毒时邪，故伤阴者多，但素体脾虚者也可伤气，伤气者往往声怯气短，面色欠华，此时可把北沙参改为太子参，加黄芪、白术益气扶脾。

二、风疹

风疹或称"风痧"，古称"瘾疹"，是小儿一种较轻的出疹性传染病，多见于5岁以下的幼儿，大多流行于冬春之际，临床特征为轻度上呼吸道感染症状伴有特殊斑丘疹，易兼耳后、枕部淋巴结肿大。

症见发热、恶风、鼻塞流涕、打喷嚏，咳嗽不畅，咽红肿，1～2天后全身出现疹点，一般出现于头面、躯干，随即遍及四肢，但手心、足底无皮疹，皮疹色浅红或鲜红，兼有痒感，纳食减少，大便易溏，舌红苔薄，脉浮数。治以疏风清透解毒，方药以银翘散合桑菊饮加减。

大力子6g　连翘6g　薄荷3g　忍冬藤6g　丝瓜络5g　广郁金5g　象贝6g　陈皮3g　前胡5g　桑叶5g

若邪毒盛者，身热较高，疹色鲜红，舌红苔薄加鲜芦根15g，生石膏15g清气分之热，兼生津止渴；若热毒盛，疹色深红，舌质红苔黄者加银花6g，蒲公英10g清热解毒；若咳嗽者，加杏仁6g，炙款冬6g宣肺化痰；若大便干者，加炒枳壳5g，瓜蒌皮6g理气润肠通便；淋巴结肿大者加夏枯草6g，制天虫5g以清热解毒散结为治。

【按】风疹是一种小儿常见的出疹性疾病，因其为外感风热邪毒，风热由口鼻而入，郁于肺卫，故全身发出红疹，热毒浅则疹色浅，热毒盛则疹色深。风热犯肺，肺失清宣故咳嗽、咽红；肺卫失和故身热恶风；邪热盛有内入气分之势，则高热、口干；肺移热于大肠，或体质阴虚火旺者易见大便干结，在治疗上宜疏风清透解毒，方以银翘散合桑菊饮加减。方中桑叶、薄荷辛凉解表透疹，配以忍冬藤、连翘、大力子清热解毒利咽，并有透表之功，其中忍冬藤清热解毒之力逊于银花，但有利水之功，一药二用，热毒重者改用银花。前胡、象贝宣肺化痰。本病邪热郁于肌肤之间，方中广郁金、丝瓜络理气通络，用之可助疹外出，体现了宣氏儿科的用药特点，往往能事半功倍。如热毒盛、病有入气分之势，可加生石膏清气分之热。大便秘结者用枳壳、瓜蒌皮理气润肠通便，热毒盛去忍冬藤改用银花，加蒲公英清热解毒。一般风疹因邪在肺卫为主，治当从表而散，少用苦寒，但若兼有淋巴结肿大者，则加夏枯草、制天虫，一方面增加清热解毒之力，另一方面软坚散结，夏枯草在此为对证治疗，与风疹治疗原则并不相悖。

三、水痘

水痘是小儿感染水痘—带状疱疹病毒引发的一种急性传染病，传染性很强，常易造成广泛流行，一年四季均可发病，当以冬春二季为多，任何年龄都可发病，但以1～6岁为多。传播途径主要为空气、飞沫传染，直接接触疱疹的疱浆也可感染。症状以发热为主，发热的同时可见皮肤出现疱疹，呈椭圆形或圆形，疱疹表浅，内含水液，水液呈透亮或半透亮，出疹顺序一般先见于头面，继而躯干四肢、四肢此起彼落。一般在发热1～2天后，皮疹分批外发，因而在同一皮肤上可以看到红疹、疱疹、干痂各种类型，这是水痘皮疹的一大特点。

1. 风热轻证

症见身热不高或无热，兼有头痛、鼻塞流涕，略有咳嗽，皮疹红润，水痘明亮如露珠，纯系水浆，分布亦较稀疏，且有痒感，纳食一般，二便无殊，舌质红苔薄白，脉浮数。治以疏解达痘，清热化湿，方药以银翘散加减。

荆芥3g　苏梗5g　连翘6g　杏仁6g　象贝6g　忍冬藤10g　广郁金5g
炒山楂6g

浙江中医临床名家·宣桂琪

若咳嗽甚者加款冬花5g，陈皮3g止咳化痰；若水痘略混浊者去忍冬藤加银花、夏枯草清热解毒；若身热高者，去辛温药加辛凉之品，如薄荷；若呕吐者，加姜竹茹、川朴花。

【按】水痘为时邪挟湿郁于肌肤，治疗上按照古训"疹喜清凉，痘喜温"用药。故方中苏梗、荆芥辛温疏宣以透达，如果身热较高者可加薄荷辛凉或改为辛凉解表，再用连翘、忍冬藤（银花藤）以清热解毒。本病挟湿，辛温的同时可以化湿。初时以藤代花是因虽银花藤清热解毒之力逊于银花，但有利水之功，更合水痘时邪挟湿之病机，如热毒甚者，忍冬藤可改为银花，加夏枯草清热解毒，佐以杏仁、象贝宣肺化痰，广郁金、丝瓜络理气通络，助邪外出。

2. 湿毒热盛

症见壮热烦渴，唇红面赤，神倦乏力，痘疹密布，痘色紫暗，周围皮肤紫暗，痘浆混浊，也可见口腔疱疹，牙龈红肿，纳差便干，小便短赤，舌红苔，黄脉洪数。治以清热凉血，解毒渗湿，方药以清瘟败毒饮加减。

炒银花10g　连翘6g　大力子5g　板蓝根10g　蒲公英10g　玄参5g　炒黄芩5g　赤芍5g　猪茯苓各10g　生石膏15g　焦山栀5g

【按】本型患者因时邪入内，充斥气分，故壮热烦渴，面赤唇红，尿赤。湿热内盛，故痘疹密布，痘色紫暗，周围皮肤深紫，痘浆混浊，口腔内也可见痘疹。如兼阳明经证，可兼汗出，兼阳明腑证可见大便干结。舌红苔黄，脉数，大都为邪毒内盛之证，治当清热凉血，解毒渗湿，方以清瘟败毒饮加减。方中银花、连翘、黄芩、蒲公英、焦山栀、板蓝根清热解毒为君，配以玄参、大力子清热利咽，再以焦山栀、赤芍清热凉血。因邪入阳明故用生石膏清气分之热，佐以猪茯苓一利其湿，二使邪有出路。

若高热口渴明显者加鲜芦根15g，知母5g清热生津；若兼便秘者可先用炒枳壳5g，瓜蒌仁10g润肠通便，如阳明腑证无减，痞满燥实俱备，可用承气之法；若纳差者加生熟谷芽养胃护胃生津。

四、猩红热

猩红热是由乙型溶血性链球菌引起的一种急性呼吸道传染病，以发热、咽峡炎、全身弥漫的红色皮疹为特征，后期往往伴有脱皮现象，少数病人可以并发心肌炎、肾炎。古代医家称本病为"烂喉痧""疫喉痧""喉痧"，属"疫毒"范畴,好发于冬春之际。在过去,本病发病不分老幼、遍相传染,但现在发病率已明显减少,但仍有发病,以2~8岁幼儿发病较多,具有较强的传染性。

1. 邪在肺卫

症见发热,稍有恶寒,头痛,咽喉红肿疼痛,皮肤潮红,皮疹稀少、隐现,点如锦纹,可伴腹痛、呕吐,纳差,大便无殊或略干,舌红苔薄黄,脉浮数。治当清透利咽解毒,方以银翘散加减。

鲜芦根30g 连翘6g 大力子6g 山豆根5g 射干5g 象贝6g 瓜蒌皮6g 桑叶6g 薄荷(后下)5g 制天虫6g 广郁金5g

咽红溃烂者,加焦山栀5g,玄参6g;恶寒明显者,加荆芥5g;高热者,加生石膏15~30g;纳差者,加焦六曲9g;大便秘结者,去瓜蒌皮加瓜蒌仁6~9g。

【按】"猩红热"初时邪在表,治当疏透为主,使邪从表而解,佐以清热解毒利咽,故方中鲜芦根、连翘、大力子、桑叶、薄荷疏解清热透邪,山豆根、射干利咽解毒,象贝、天虫、瓜蒌皮化痰散结,广郁金理气助邪外出。如表证重者加荆芥发汗解表;高热者可加生石膏退热,尚无引邪内入之虑;咽红肿痛溃烂明显者加焦山栀、玄参清热解毒凉血以清内热。或加万氏牛黄清心丸清热解毒并防邪入心肝。

2. 邪在气营

症见高热烦躁,口渴欲饮,面红赤,咽喉极度红肿,并有糜烂及白色渗出物,皮疹猩红弥漫,舌绛起刺,脉数大。治当气营双清,方以自拟方加减。

连翘9g 银花6g 生石膏30g 大青叶15g 射干6g 马勃1.5g 生地15g 玄参6g 炒黄芩6g 知母6g

另配万氏牛黄清心丸2粒分服。神昏嗜睡、惊跳者,去万氏牛黄清心丸,加紫雪丹化服。

【按】邪在气营,热毒内盛,治当气营双清,以白虎汤合清营汤加减。方中石膏、知母为白虎汤清气分之热,生地、玄参清热凉血,银花、连翘、黄芩、大青叶清热解毒,而且用量偏大以增药效,射干、马勃清热利咽,其中马勃既有清利咽喉的作用,也能散结消肿,兼散血中之热。邪在气营极易昏厥、动风,轻者用万氏牛黄清心丸清热解毒,而见神昏嗜睡者应用紫雪丹清热解毒,开窍熄风。

3.邪毒内陷

症见高热，汗出，口渴，昏迷，烦躁，谵语，咽红肿痛，皮疹呈紫红色，或伴瘀点，舌红绛，苔黄腻，脉数。治当泻火解毒，宣窍熄风。

连翘9g　生石膏30g　淡竹叶9g　银花6g　紫苏叶9g　玄参6g　生地15g　鲜石菖蒲6g　广郁金9g　钩藤6g

另配安宫牛黄丸1粒或紫雪丹1g化服。

【按】邪毒内陷说明热毒内盛，气营两燔。在气故高热，口渴，汗出；在营可见嗜睡。此时邪毒极易内陷心肝。在治疗上还当气营两清，同时加大清热解毒凉血之力，在此基础上加入熄风开窍药，故方中加入钩藤熄风，郁金、菖蒲开窍。此时安宫牛黄丸是必用之品。另外结合三棱针针刺太阳、印堂、十宣、肩井等穴放血，推拿太阳、印堂、颊车、曲池确有退热熄风开窍的作用。

五、肺炎

小儿支气管肺炎是儿科呼吸系统常见的疾病，属于中医学中"风温"、"肺风痰喘"、"肺炎喘嗽"等急性热病范畴，临床上以发热、咳嗽、气急、鼻煽、紫绀等为主症。一年四季均可发病，但以冬、夏两季及气候骤变为多见，与室内居住拥挤、通风不良、空气污浊、致病性微生物较多等因素有关，并以2岁以下婴幼儿发病率为高，年龄越小，发病率越高且病情越重。

（一）表证

风温客表，邪袭肺卫型

症见发热，微恶风寒，无汗或少汗，咳嗽气促，口渴咽红，舌苔薄白或微黄，脉浮数。治当辛凉宣解，佐以化痰。

桑叶6g　连翘6g　薄荷（后下）3g　蝉衣3g　制天虫6g　大力子3g　鲜芦根30g　杏仁6g　象贝6g　炙苏子3g

若痰热甚者加竹沥半夏6g，山豆根6g，银花6g；兼里热者加万氏牛黄清心丸1粒化服。

【按】本型多见于肺炎早期，此时风温时邪，初袭肌表，卫气被郁，肺气失宣，故见身热而微恶风寒、少汗或无汗、咳嗽、气急等肺卫之证。因风温属阳热之邪，以致身热较甚，口渴咽红，脉浮而数，方中桑叶、连翘、薄荷、蝉衣、制天虫、大力子、鲜芦根疏风，清凉，解表；杏仁、象贝、炙苏子宣肺化痰。

个别脾阳不足，感受寒邪，成为单纯风寒闭肺者在临床偶尔可以见到，但属个别，故不专立一型，仅把诊治简单立后。

症状：发热，无汗，咳嗽气急，苔薄白，脉浮紧，一般口不渴，舌不红。治当辛温解表，宣肺化痰，方以三拗汤加减。

处方：麻黄3g，杏仁6g，前胡4.5g，大力子4.5g，象贝6g，炙苏子4.5g，白芥子4.5g，陈皮3g。

（二）里证

1. 里热内盛，表寒外郁

症见发热不退，无汗或少汗，咳嗽频频而不畅，气急鼻煽，涕泪减少，或喉中痰鸣，口渴心烦，面色红赤，舌苔薄白或黄腻，舌红而干，脉滑数。治拟散寒宣肺，清热化痰，方以麻杏石甘汤合苏葶汤加减。

炙麻黄3g　生石膏20g　杏仁6g　鲜芦根30g　炙苏子4.5g　炒葶苈子4.5g　象川贝各4.5g　片竹黄4.5g　鱼腥草15g　另配紫雪散1g化服

【按】本型邪热郁蒸，痰热交阻于肺，又加风寒外束，以致肺失宣降，所以除见身热、口渴、心烦、舌红、脉数等内热之症外，尤以气急、鼻煽、痰鸣等症明显。因表寒外束，故无汗或少汗，并见咳嗽频频而不畅。方中麻黄、生石膏、杏仁、鲜芦根清热，宣肺，化痰；苏子、葶苈子降气化痰；象贝、川贝、片竹黄、鱼腥草清肺化痰。

2. 里热独盛

症见壮热汗出，喉鸣有痰，气促，鼻翼翕动，面色青紫，二胁煽动，烦躁不安，小便黄赤，大便燥结，舌苔厚腻，脉实。治拟清热泻火，平喘化痰。

邪热在经者用生石膏30g，杏仁6g，知母6g，鲜芦根30g，鱼腥草15g，炙苏子4.5g，炒葶苈子4.5g，川贝4.5g，片竹黄4.5g。另配紫雪散1g（化服）。

邪热在腑者去石膏、知母加生大黄（后下）4.5g，炒炽壳4.5g。

【按】本型为表邪已解，里热独盛，其主要特点为阳明热盛，肺受火刑，熬液成痰，痰热交阻，病情属火、属热，治当清阳明之热。阳明之热得清，肺热易解，痰热易化。本型与上述之里热内盛，表寒外郁型多属肺炎极期。在治疗上本型当根据邪热在经、在腑的不同，邪热在经者采用白虎（石膏、知母）清阳明之热，合苏葶（炙苏子、炒葶苈子）、苇茎（鲜芦根、杏仁）（川贝、片竹黄）二方加减，以清热泻火，平喘化痰。邪热在腑者，前方去石膏、知母加大黄、枳壳乃取承气消积通腑之意。

3. 火热灼津

症见高热，烦渴，神疲乏力，夜卧不安，唇焦干裂，咳嗽少痰，气促鼻煽，舌绛少津。本型为热毒炽盛，灼伤津液，肺被火刑，因此除气促鼻煽外，尚可见烦渴及干咳少痰、舌绛少津等主症。治拟清热生津，化痰平喘。

生石膏30g　知母6g　鲜芦根30g　竹叶6g　桑叶6g　玄参6g　花粉6g　川石斛6g　甜杏仁6g　川贝4.5g　鱼腥草15g

【按】本型多见于肺炎出现中毒症状的患儿，多与里热独盛及下述变证中的邪热内陷心包、邪传厥阴等型同时并见，但也可单独出现，在治疗上继续采用白虎（石膏、知母）清阳明之热，竹叶、桑叶清上焦之肺热，杏仁、川贝、鱼腥草清肺化痰平喘基础上，重在芦根、玄参、花粉、石斛甘寒养阴，清热生津。

（三）变证

1. 邪热内陷心包

症见前有发热、咳嗽、气急的基础上，出现壮热神昏，烦躁不安，并有谵语，气喘痰鸣，舌红绛。治拟清营解毒，芳香开窍。

大青叶12g　连翘6g　焦山栀6g　生石膏（先煎）30g　鲜芦根30g　鲜石菖蒲4.5g　双钩（后下）6g　片竹黄4.5g　玄参6g　川贝4.5g

另配至宝丹1粒化服。

【按】本型痰热内蒙心包，故神昏谵语为其主症，其主要关键是热毒内盛，邪入营分，故一需清热解毒（大青叶、连翘、焦山栀、生石膏）；二则心包被蒙，需开窍涤痰，祛风也十分必要（片竹黄、川贝、鲜石菖蒲、双钩）；三则营血受灼，津液必伤，故甘寒生津也要兼顾（鲜芦根、玄参）。

2. 邪传厥阴

症见壮热神昏，手足扰动，甚则狂乱惊厥，舌红，苔燥，脉弦数。治拟清热熄风凉肝。

生石膏（先煎）30g　鲜芦根30g　明天麻9g　广地龙4.5g　玳瑁（先煎）4.5g　双钩（后下）9g　石决明（先煎）9g　鲜石菖蒲6g　另配紫雪散1g化服

【按】温热之邪，最易耗津灼液，邪入厥阴，筋脉失养。或者热盛动风，上扰清窍，横窜经脉，而成手足抽搐，因而抽搐动风为本型之特点，平肝熄风（天麻、钩藤、石决明、玳瑁、地龙）为必须。由于抽搐动风常与神昏谵语同时并见，故在治疗上需与上型合参。邪传厥阴与邪热内陷心包两型，在小儿肺炎合并脑病时常见。

上述两型，如痰涎壅盛，呼吸气促者，加鲜竹沥（冲服）1支，陈胆星3g；神昏抽搐不止者，加羚羊角（先煎）1g；热结阳明便秘者，加元明粉（冲服）9g，枳壳4.5g。

3. 正虚邪陷

症见体温骤降，额出冷汗，面色㿠白或灰黯，唇青肢冷，呼吸低微减弱，脉细微而弱。治拟回阳救逆固脱为先。

人参3g　制附片4.5g　龙骨15g　牡蛎15g

【按】本型常见于先天不足、后天失调、素体虚弱的小儿，或者邪毒热盛，正不胜邪，肺为邪闭。肺主气，助血脉而运全身，现正虚邪陷，气血被阻，以致阳气虚脱，而见上证。此时，病情深重，且多昏迷，肺炎伴有休克与呼吸、循环、心力衰竭时多见本证。小儿病变迅速，给药困难，此时应中西医结合抢救，比较合理。

（四）体虚邪恋

1. 脾虚肺弱

症见精神疲倦，面色萎黄，毛发枯干，喜卧无声，啼哭无泪，腹胀、腹泻或便溏，或见发热，咳嗽、痰鸣、喘促，舌淡，苔薄。治拟益肺扶脾，佐以化痰。

南北沙参各4.5g　盐水炒玄参4.5g　盐水炒石斛9g　木瓜4.5g　石莲肉4.5g　炒白术4.5g　怀山6g　杭白芍4.5g　茯苓6g　川贝4.5g

【按】本型多见于体质虚弱小儿。如长期消化不良、反复腹泻，由于脾气不足，土不生金，以致肺气虚弱，邪气留恋不解，而成本型。

2. 肺虚阴伤

症见肌肤潮热，形瘦盗汗，面色㿠白，午后潮热，皮肤干枯无华，干咳无痰，气促，舌红苔少，脉细数。治拟养阴平肝，清肺化痰为主。

南北沙参各6g　麦冬6g　玉竹5g　石斛9g　桑叶6g　甘菊5g　地骨皮6g　竹茹6g　杏仁6g　川贝5g

【按】本型也多见于体质虚弱的患儿，如营养不良、佝偻病等。这些

浙江中医临床名家·宣桂琪

患儿多素体阴虚，肝火便旺。肝旺则木火刑金，以致肺阴受伤，邪气留恋不解。阴虚火旺之证特别明显为本型的特点。

上述两型在小儿迁延性肺炎、慢性肺炎及肺炎恢复期常出现。

柴胡饮加减治疗"长期"高热案一例

1. 病史摘要

患儿杨某，男，17个月，苏州人，入院日期1963年11月7日。

主诉：持续发热5个月12天。

现病史：患儿于1963年5月26日起至今发热不退，体温在38～40℃，以上午热高，下午热低，发热时无畏寒，但伴多汗，病程中有口渴，多尿，夜卧不安，且渐现消瘦，但胃纳尚可，大便日1～4次，成形或稀糊状不等，近一周来有声声单咳，流清涕，病程中无恶心呕吐、惊厥，亦无鼻衄及其他出血症状。

病后曾于6月1日至6月10日及6月20日至7月11日先后在苏州医学院附属儿童医院住院2次，先后诊断为病毒性肺炎及暑热症，住院时期，曾经血培养、肥达试验、骨髓培养及常规、大小便多次培养及胸片复查，均无特殊发现。

住院时期，曾经金霉素、青霉素、卡那霉素、氯霉素、支持疗法（输血浆50ml）及中药治疗，体温持续不退而来我院求中医治疗。

体检：T39℃，P120/分，R40次/分，体重5.9kg，发育中等，营养欠佳，精神较软弱，面色略苍白，皮肤多汗，胸腹及颈部散在少数红色斑疹，压之退色，腹壁脂肪0.6cm，大腿内侧0.8cm，全身浅表淋巴结肿大，骨骼发育正常，肌张力略差，心肺无殊，腹软，肝肋下未及，剑突下2cm，质软边缘锐利，无压痛，脾未及，外生殖器及神经系统均无阳性发现。

实验室检查：

血常规（11月8日）：红细胞4.12×10^{12}/L，白细胞5.2×10^9/L，中性粒细胞0.59，淋巴细胞0.40，单核细胞0.01，血红蛋白130g/L。

血沉（11月20日）：5mm/h。

大便常规（11月7日）：正常。

尿常规（11月10日）：正常。

胸片：两肺纹理较浓外无异常发现。

西医诊断：①夏季热？②营养不良Ⅰ度。③上呼吸道感染。

2. 中医辨证

望诊：精神尚可，面色苍白，唇淡红，咽红而肿，形体略瘦，胸腹有红色疹子出现，皮肤滋润，微汗，头发密，舌苔白薄。

问诊：患儿于1963年5月26日起发热至今未退，体温在38～40℃，以上午热高下午热低，发热时无畏寒，体多汗，病在夏季时曾出现口渴、多尿，夜卧不安，且渐现消瘦，但胃纳尚可，大便日1～4次，成形或稀糊状不等，近一周来有声声咳嗽，流清涕，病程中无恶心呕吐、惊厥，亦无鼻衄及其他出血情况。

闻诊：无殊。

切诊：脉细数。

中医诊断：少阳伏热挟感。

病机分析：患儿在断乳后，饮食不慎，伤于脾胃，运化失司，故不能营养全身，形成肺弱脾虚邪伏肝胆之象。五月间时值夏季，病久体虚，腠理开疏，营养欠佳，故不能适应夏季炎热气候，暑热乘虚而入，《黄帝内经》云："邪之所凑，其气必虚"。故患儿曾一度出现壮热，口渴，引饮尿多，无汗等夏季热之症状。但夏季热到秋凉应自愈，而该患儿身热持续虽久，但形体消瘦不剧，胃纳尚佳，病程变化不大，我们认为入院前复感风邪，故身热增高，咳嗽流涕。胸腹出现红疹，故病当属暑热余邪未净又加新感所致。

3. 中医治疗

第一阶段（11月8日至11月2日）：患儿伏热未清又挟新感，身热5月余未退，近日壮热，咳嗽，鼻塞流涕，胸腹发出红疹，舌红苔薄白，脉细数，根据"急剧治其表"的原则，治以辛凉解肌法为先。

处方：连翘5g　焦山栀3g　广郁金3g　桑叶5g　青蒿3g　黄芩5g　益元散6g　丝瓜络3g　米仁6g

百益镇惊丸1粒化服。

方解：连翘、桑叶清凉解肌透疹，青蒿、黄芩、焦山栀苦寒以清内热，郁金、丝瓜络理气通络，益元散、米仁清热利湿，使热下行，因小儿久热防其惊厥，故加百益镇惊丸。

第二阶段（11月13日至11月20日）：患儿服辛凉之剂，疹出邪尽，但

浙江中医临床名家·宣桂琪

身热略降，仍然未解（体温保持在38℃左右），时高时低，午后较低，并较11月11日体温又增高，故考虑到久热伤阴以致阳盛阴虚，阴虚生内热，骨蒸潮热之状，就采用养阴清热法，方以秦艽鳖甲汤加减。

处方：当归5g　青蒿5g　知母5g　炙鳖甲6g　益元散10g　丝瓜络3g　秦艽5g　白薇5g　杭白芍5g　茯神10g　郁金3g　炒白术3g

服药2剂热度不减反升，说明方证不符。经再次思考患儿病程日久，气阴虽伤，虚热也有，但至今身热不退，反复新感，精神胃纳尚佳，病当属实为主，乃邪伏少阳，故养阴清热之剂服之无效，改用柴胡饮加减，清肝胆之热。

处方：炒柴胡3g　黄芩5g　生白芍5g　青蒿3g　白薇3g　知母5g　炒白术3g　郁金3g　茯神10g　益元散10g

上方服用5剂热势渐退。

本方为柴胡饮去陈皮之燥，生地、甘草之腻，加青蒿、白薇、知母以清肝胆伏热，白术健脾运湿，郁金理气开郁助邪外出，茯神、益元宁心利湿，全方以清肝胆之伏热。

11月17日因吃桂圆、苹果后出现大便溏烂不化，挟有黏液，日解7~8次，故有食积，去知母、白芍，加炒麦芽10g，山楂炭6g消食导滞。

第三阶段（11月21日至11月28日）：患儿热度渐退，但仍未稳定，时有微汗自出，纳食尚可，大便已成形，舌红苔白，脉细数（11月25日以后脉细数转为脉细缓），症情渐见好转，继用原法清肝胆之热，加生脉散润肺养阴清热以期全功。

处方：南北沙参各6g　麦冬5g　五味子3g　潞党参5g　炒柴胡3g　黄芩5g　生白芍5g　炒冬术3g　牡蛎15g　碧桃干6g

方中柴胡、黄芩、白芍清肝胆之热，生脉散润肺养阴，南沙参与潞党参同用肺脾双补，气阴双调，另用冬术、牡蛎、碧桃干固表止汗。

4.讨论

患儿入院前5个月（5月份）曾患"病毒性肺炎"及"大肠杆菌性肠炎"，病后正气不足，腠理开疏。5月中旬气候转入夏季，暑邪乘虚而入，症见身热汗出，小便清长，口渴尿多，应属夏季热。入院时已属秋末，暑气已消，夏季热本应自愈，但热势未退，近一周新感故见咳嗽，流涕，颈部、胸腹出现红疹，根据"急则治其标"的原则采用辛凉解肌法，药后疹退咳除，但身热未退，应考虑久热伤阴，以致阳盛阴虚，采用秦艽鳖甲汤，养阴以清热，结果服药热不减而反升，经再三研究细想，患儿久热虽有气阴不足的情况，但热久精神胃纳仍佳，舌红苔白，苔白为湿、为食，固有湿食，从而形成伏热于内，以至热久不退，伏热多见于反复易感，内火偏盛，又挟湿食之体，无形之热与有形之湿、食相合，伏于少阳肝胆三焦，三焦为邪气出入的通道，邪热内伏少阳，疏解不能全清，清之也不解，故考虑柴胡饮加减，以清少阳之伏热。正如《成方切用》所云"柴胡饮，外有邪而兼忧火者，须以凉解，宜以此应之"。方中以柴胡为主，疏解伏热，和解少阳，黄芩苦寒，直折湿热，实为柴胡饮之主药。药后身热渐退，最后加养阴益气之生脉散扶正祛邪以收功。前后住院治疗20天，真正治伏热，有效者仅12天，可见中医治病，正确辨证论治是关键，辨证正确，用药合理，往往能收到神奇的疗效。

第四节 动静结合开神窍

"宣氏儿科"以治疗惊风驰名杭城。宣桂琪教授通过40余年临床不断的认识、分析，以辨证求因、审因论治的方式研究儿科新病种，尤其对神经系统疾病，如高热惊厥、癫痫的防治，多发性抽动症、多动症、下肢交叉摩擦症、高铅血症等病的治疗，主张在镇静中加以兴奋，在动态中求平衡，力求达到疗效好、不良反应小，充分发挥中医治疗的优势，提高此类患儿的智力发育，这是"宣氏儿科"治疗惊风采用的"动静结合"原则的具体体现。宣教授在全国率先开展小儿高热惊厥的中药防治研究和小儿多发性抽动症的临床探索，开设的惊厥门诊30余年来已成为浙江省治疗小儿神经系统疾病的主要医疗单位之一，在省内及全国享有较高知名度。本节主要介绍多发性抽动症、小儿多动症、小儿癫痫及小儿下肢交叉摩擦症的治疗经验。

一、多发性抽动症

小儿多发性抽动症是一种常见的慢性神经精神障碍性疾病，以运动性抽动和发声性抽动为特征，发病率为0.05%～3%，近年来有明显增加的趋势。在运动障碍的同时，常伴有思维、人格、行为的障碍，从而出现学习困难，缺乏对社会的适应能力，少数病例出现无法克制及自伤行为。本病西医治疗多选用氟哌啶醇、硫必利等，取得一定疗效，但仍存在复发率较高、长期用药不良反应较大等问题。中医药治疗该病，辨证用药，疗效确切，不良反应小，具有独特的优势。

（一）辩证分型

按照本病的病因病机及临床特征，宣教授将本病辨证分型为风邪留恋型，肺肾阴虚、心肝火旺型，阴阳失调、气滞痰瘀型三型进行辨治。

1. 风邪留恋型

本型患儿抽动以眨眼耸鼻、咧嘴怪相、摇头耸肩、四肢胸腹抽动及喉间异声等局部肌肉痉挛为主症，多由反复感冒或局部受寒所引发，多见鼻塞、流涕、打嚏、眼痒、咽红肿等症状，查体见可见鼻甲、扁桃体肿大等慢性炎症性病灶，舌红，苔薄，脉弦细数。治拟平肝祛风，镇静安神。临床以自拟"宣氏抽动方"加减治疗，疗效显著。药物组成为生白芍、生龙齿、生石决明、茯苓、天麻、生甘草、地龙、全蝎、郁金、菖蒲、板蓝根、炒银花、葛根、制胆星。方中生白芍、生石决明、天麻、葛根养阴平肝祛风；白芍、甘草酸甘化阴，缓急解痉；地龙、全蝎、葛根搜风解痉；郁金、菖蒲理气开窍以增安神熄风之效；制胆星涤痰；板蓝根、银花清热解毒。若外感明显，反复上呼吸道感染者，要咽鼻同治，选用辛夷、焦山栀、玄参、木蝴蝶、蚤休；四肢抽动者加伸筋草、桑枝。

2. 肺肾阴虚、心肝火旺型

本型患儿局部肌肉抽动反复发作，日久不愈，症状此起彼伏，多兼脾气急躁，情绪容易失控，五心烦热，睡眠不安，打人骂人等人格、行为障碍，舌红，苔薄，脉细数。治以养阴平肝，熄风安神，临床选用三甲复脉汤加减治疗。药用炙龟板、生牡蛎、鳖甲、生甘草、生白芍、阿胶珠、桂枝、生地、茯苓、益智仁、天麻、生龙齿、郁金、菖蒲、地龙、全蝎。方中龟板、牡蛎、鳖甲养阴平肝，重镇安神；白芍、阿胶、生地养阴养血；茯苓安神；益智仁开窍益智，增加自控能力；天麻祛风；桂枝祛风，配白芍、生甘草调治阴阳；地龙、全蝎虫类熄风；郁金、菖蒲理气开窍，整方偏于调治阴虚阳亢。肝火偏盛，脾气急躁者，可用夏枯草、焦山栀清心泻火；阴虚火旺者，加生地、百合。

3. 阴阳失调、气滞痰瘀型

本型患儿局部肌肉抽动反复发作，虽症状繁多，但幅度不大，兼精神恍惚，情绪抑郁等人格、行为、思维异常，舌淡，苔白，脉细。治以调治阴阳，理气化痰，祛风通络。临床以桂枝龙牡汤加减，疗效颇佳。药用桂枝、生白芍、生甘草、生龙骨、生牡蛎、炒党参、炒柴胡、炒枳壳、当归、葛根、地龙、全蝎、郁金、菖蒲、威灵仙、川芎。桂枝龙牡汤能调理内外及五脏，平衡阴阳；当归、党参补气养血；地龙、全蝎疏风通络；葛根、威灵仙、川芎解肌通络，缓解躯干、肌肉抽动；郁金、菖蒲理气开窍；柴胡、枳壳、芍药为四逆散，理气通达。心气不足，精神恍惚，时有不自主动作者，可合甘麦大枣汤，养心宁神，和中缓急；剖宫产及产伤、外伤者，当从血瘀论治，可加制丹参。

上述证型临床均可随证加减，若遇饮食不节，过食肥甘，舌苔厚腻，抽动日久不愈者，当从食积论治，以消食导滞，理气消瘀，可加生山楂消食化瘀；柴胡、枳壳、厚朴调理气机，以助痰消瘀化；多动难静、注意力不能集中，成绩欠佳者，乃肾气不足，髓海失养，需补肾益智，醒脑安神，加炙龟板、益智仁、远志。

（二）病案举例

病案一

患儿，男，8岁。首诊：2016年2月2日。

初诊：因抽动症发作半年余就诊，反复眨眼，耸鼻，喉间清嗓声，伴有鼻塞流涕，面色欠华，咽红而肿，胃纳可，喜食荤腥，剖宫产，幼时反复扁桃体炎，扁桃体肥大，舌红，苔薄腻，脉弦细数。

治则：平肝祛风，清热利咽，镇静安神。

处方：自拟宣氏抽动方加减。

生龙齿10g 生白芍5g 茯苓10g 天麻5g 全蝎2g 郁金5g 石菖蒲5g 桑叶6g 制胆星5g 辛夷5g 焦山栀3g 玄参5g 射干3g 板蓝根6g 蚤休5g 丹参6g 远志3g 生山楂10g 绵茵陈10g

21剂，每日1剂，分2次服。

二诊（2016年3月1日）：患儿药后眨眼好转，异声较多，咽痛，扁桃体Ⅱ肿大、充血明显，胃纳、二便无殊，舌红，苔薄黄，脉弦细数，拟原法出入，上方去射干，加僵蚕6g，天冬6，浙贝6g利咽化痰散结，继服21剂。

三诊（2016年3月29日）：患儿眨眼、异声明显减少，消化不良，舌红，苔黄腻，脉弦细滑，原方去天冬、浙贝，加槟榔5g，鸡内金10，川朴

5g，连翘5g，继服7剂。

后巩固半个月，抽动症状完全缓解，嘱其节制饮食，避风寒，随访10个月未复发。

【按】外风是引发抽动的重要原因之一，本例患儿反复上呼吸道感染，以扁桃体炎为主，属于风邪留恋，外邪为主，因此在平肝熄风镇静基础上，加以疏风清热，解毒利咽，散结消肿。全方以"宣氏抽动方"为基础，桑叶、焦山栀、板蓝根疏风清热；玄参、射干、蚤休、僵蚕、浙贝、天冬清热利咽，散结消肿；辛夷祛风解表通窍；再以茵陈、川朴、槟榔、连翘、山楂清热利湿消食。全方以平肝祛风为主，兼以利咽通窍，做到咽鼻同治，外邪祛而抽动止。

病案二

患儿，男15岁。首诊：2016年6月14日。

初诊：多发性抽动症反复发作5年余，以眨眼、异声、吸鼻、嘴角抽动、仰头、四肢抽动反复不愈，症状此起彼伏，幅度不大，脾气急躁，性格内向，言语不多，时有秽语，剖宫产，出生时有轻度缺氧史，多食快食，舌边尖红，苔薄腻，脉弦细滑。

治则：疏肝理气，调治阴阳。

处方：桂枝龙牡汤加减。

桂枝5g　生白芍6g　龙骨15g　牡蛎15g　天麻6g　茯苓10g　地龙10g　生地10g　炒黄连3g　制胆星6g　桑叶6g　辛夷5g　射干3g　板蓝根10g　葛根10g　川芎6g　威灵仙5g　伸筋草10g　郁金5g　石菖蒲5g

14剂，每日1剂，分2次煎汤温服。

二诊：患儿眨眼、异声、吸鼻减少，仰头、四肢抽动不多，情绪略有好转，舌红，苔薄，脉弦数，前方去黄连、威灵仙、伸筋草，加龟板10g，当归6g，远志5g，继服14剂。

三诊：患儿药后抽动明显好转，眨眼、吸鼻等抽动症状均较前减少，情绪明显好转，手足不温，舌红，苔薄，脉弦细数，治以原法出入。前方去地龙、川芎、当归、龟板、板蓝根，加炒柴胡5g，炒黄芩5g，姜半夏6g，炒枳壳5g，全蝎3g。继服21剂后抽动明显好转，偶有异声及上肢抽动，手足不温及情绪均好转，按原法继续服药3月余，抽动缓解，性格脾气转好，疗效满意。

【按】本例患儿抽动症状反复，病程缠绵难愈，抽动幅度不大，兼有性格、情绪、行为异常，出生时有缺氧史，辨证属阴阳失调，气滞痰瘀，选用桂枝龙牡汤加减，调和营卫，调理阴阳，又予桑叶、射干、板蓝根疏风清热利咽，辛夷祛风解表通窍，制胆星涤痰。整方平肝祛风，调治阴阳，理气通络，共奏标本兼治，事半功倍之效。

（三）体会

多发性抽动症是"宣氏儿科"传统学术思想应用于现代疾病治疗的成功典范。宣老师提出并强调"内因需从肝论治；外因突出风邪；重视食积致病；辨证论治注重食、痰、瘀；病久宜调治阴阳"的临床治疗原则。在治疗上，宣老师对于风邪留恋型注重清热利咽，疏风通窍以缓解鼻咽部炎症，改善过敏症状。近十年来宣老师发现久治不愈的病人除食积、痰滞、血瘀外，人体阴阳失调，风邪更易留恋难祛，临床以"桂枝龙牡汤"调和营卫，调理阴阳，大大提高了治愈率及减少了复发率。除了药物治疗外，心理卫生和家庭护理也十分重要。要给患儿宽松的环境，控制电子产品使用，注意节制饮食，避免寒冷刺激，参与适当的体育锻炼，提供一个宽松良好的生活和学习环境，同时也提高患儿治愈疾病的信心。

二、小儿多动症

小儿多动症是儿童时期常见的心理行为异常性疾病，又称脑功能轻微失调或注意力缺陷。主要表现为注意力不能集中，自控能力较差，不同程度的学习困难，活动过多，情绪容易冲动，有时具有一定的攻击性、破坏性，但智力正常或基本正常。本病好发于学龄儿童，以6～14岁为主，男性高于女性（4～9：1）。由于多动症患儿多动、捣蛋、成绩下降，可以造成儿童自卑，使其行为反其道而行之，对儿童的身心发育及社会带来较大影响。20世纪80年代以来本病发病率越来越高，因而现在越来越引起儿科工作者的重视。

1. 肾阴不足，肝火偏亢

症见多动难静，脾气急躁，言语过多，时有攻击行为，注意力分散，兼有五心烦热，夜间盗汗，面色潮红，大便干结，舌红苔薄，脉细数。治以益肾平肝，宁心开窍，方药以六味地黄丸合孔圣枕中丹加减。

熟地10g　枸杞5g　怀山药6g　丹皮3g　茯苓10g　远志5g　菖蒲5g　益智仁6g　生龙齿10g　广郁金5g　炙龟板10g　生白芍10g

【按】方中熟地、杞子、怀山、丹皮益肾养阴清火，龟板、白芍养阴平肝，龙齿、益智仁、远志、菖蒲、郁金、茯苓宁心益智开窍。

若肝阳偏亢者加生石决明10g；若睡眠不安者加酸枣仁10g，柏子仁10g；若盗汗者加煅牡蛎15g，浮小麦10g；若大便干结者加瓜蒌仁10g。

2. 心脾不足，心失所养

症见精神涣散、注意力不集中、成绩欠佳尤其明显，常兼有纳食欠佳，形体消瘦，面色欠华，舌红苔薄，脉细。治以养心健脾，益智开窍。方药以归脾汤合孔圣枕中丹加减。

太子参10g　生黄芪10g　当归5g　炒白术5g　生白芍5g　酸枣10g　益智仁10g　五味子5g　石菖蒲5g　制丹参6g　生龙骨10g　炙远志5g

【按】太子参、黄芪、当归、丹参、白芍、炒白术补气健脾，养血宁心；益智仁、菖蒲、远志、龙骨、五味子益智安神开窍。

若纳差者加炒麦芽、炙鸡金；若眠差者加夜交藤、合欢皮；若心烦者合甘麦大枣汤。

3. 痰浊中阻

症见多动难静，神思涣散，少言或多言，上课小动作多，对人所言，反应淡漠，化火者可脾气急躁，多食生湿生痰者，体态肥胖，舌红苔薄腻，脉滑数。治以化痰开窍，方药以温胆汤加减。

姜半夏5g　陈皮5g　茯苓10g　炒枳壳5g　广郁金5g　石菖蒲5g　炙远志5g　益智仁10g　炒麦芽10g

【按】痰浊中阻，用二陈汤、姜半夏、陈皮、茯苓化痰祛湿，配以益智仁、远志、菖蒲、郁金益智开窍，增加自制能力。

若痰湿内盛，化火扰心加黄连、淡竹叶、灯心、珍珠母；若体态肥胖、多食者加生山楂、茵陈消食利湿；若痰湿重、胸闷者加瓜蒌皮、炒川朴化湿宽胸。

小儿多动症的临床表现最大特点是动作过多，该安静时静不下来，但该动时又不能正确、完整地完成某一项活动或学习。静属阴，动为阳，故本病的特点就是阴阳失调，在治疗上调治阴阳，使阴阳平衡是一件十分重要的事情。阴阳平衡一方面表现为补其不足，去其有余，譬如肾虚肝旺者，以补其肾养其阴为主，清其火为辅，标本同治；另一方面要安其神，醒其脑，使动静结合，改善症状。如果单纯镇静安神，往往不能达到治疗多动症的目的，只有仿"孔圣枕中丹"的要求，一方面用龙骨、远志镇静安神，同时又用益智仁、菖蒲益智开窍，这是祖国医学调治阴阳，动静结合的一个代表。从现代医学来讲，使用开窍益智能使大脑皮层得以兴奋，从而增加自我控制的能力，达到治疗多动症的目的。

三、小儿癫痫

癫痫是儿科神经系统常见性疾病，在临床上典型的发作特征是突然昏扑，神志不清，两目上视，口吐涎沫，四肢抽搐，喉中有吼叫声，清醒后为常人，江浙一带又称"羊癫风"。中医也有"癫痫"一名，二者概念不尽相同。中医"癫痫"为西医"癫痫病"的一个类型，特指以全身强直-阵挛性发作为主要表现的一类证候，而西医"癫痫病"还包括单纯部分性发作（局灶性发作）、失神性发作或精神症状性发作等，这分别属于中医的"头痛""腹痛""癫狂""郁证"，在临床上不能不加以区别。

1. 风痫

症见突然发作，神志昏迷，手足抽搐特别明显，面色青紫，两目上视，口吐白沫，小便失禁，约数分钟方醒，舌红苔薄，脉弦细数。治以熄风导痰宣窍，方药以定痫丸加减。

灵磁石（先煎）10g　生龙齿（先煎）10g　天麻5g　钩藤（后下）6g　陈胆星3g　竹沥半夏5g　片竹黄5g　生牡蛎（先煎）15g　广郁金5g　石菖蒲5g　全蝎3g　白金丸（另吞）10g

若挟热烦躁者加川连3g。

【按】风痫在各种病因下的痫证中都可兼有，但以先天遗传、产伤及惊风后继发多见。在症状上以四肢抽搐最为常见。所以在治疗上以平肝熄风为主，涤痰开窍为辅。方中灵磁石、生龙齿、生牡蛎、全蝎、天麻平肝熄风；胆星、竹沥半夏、片竹黄祛痰；郁金、菖蒲理气开窍。体虚肝旺之体者极宜。

内火偏旺，心火甚者加川连3g；肝火盛者加龙胆草2g。

2. 痰痫

症见突然发作，两目直视，状如痴呆、失神，昏迷不醒，喉间痰涌，吐涎盈盂，手足抽动，舌苔薄白，脉弦滑。治当涤痰开窍，镇静熄风，方以礞石滚痰丸或导痰汤加减。

礞石12g　明天麻6g　琥珀3g　制胆星6g　川贝5g　姜半夏5g　石菖蒲

5g　辰茯神10g　炙远志3g　白芥子6g　广郁金5g　丝瓜络5g　地龙6g　当归5g

【按】痰痫也可见于各种原因的癫痫，但常见于孕时失养、产时缺氧或惊风后遗症中昏迷时间较长的患儿。在临床上除了手足抽动外，亦可见神识昏迷较长或似痴呆或两目直视、失神，大多可见喉间痰鸣，甚则吐涎盈盂之症。故方中以礞石、胆星、川贝、半夏、白芥子涤痰，佐以郁金、菖蒲开窍，琥珀、茯神、远志宁心安神（痰易蒙心窍），地龙熄风化痰，丝瓜络理气通络，当归养血舒筋，但痰需分清痰热与痰风。

如在风痫、痰痫基础上兼有热象，治疗时加用黄连、淡竹叶、龙胆草、焦山栀之类。

如患者发病有惊吓的原因，治疗上加重镇静安神，加用琥珀、远志、龙齿等。

3. 瘀痫

症见发作较为突然，发时头昏头痛，易大叫一声，昏扑倒地，神识不清，四肢抽搐，可见大便干结，形体消瘦，肌肤枯燥，面色泛青，舌红少津挟有瘀斑，脉细涩。治当活血化瘀，通窍定痫，方以通窍活血汤加减。

川芎6g　当归6g　桃仁5g　红花5g　白芍6g　生龙齿10g　茯神10g　蔓荆子10g　天麻6g　麝香0.1g　老葱1尺　制天虫6g　全蝎3g

【按】瘀痫一般多见于脑部外伤或产伤或痫病手术后仍发者，兼见瘀痫的部分体症者当优先考虑。但是根据中医"久病入络""久病必瘀"的学说，癫痫病久在治疗上都必需加以祛瘀，同时活血化瘀，可以改善脑血流循环，促使粘连缓解，瘢痕及病灶消除，因而活血化瘀在癫痫的治疗中越来越得到重视。方中桃红四物汤去熟地之滋腻以养血活血祛瘀，龙齿、茯神镇静安神，天麻、蔓荆子平肝熄风，麝香、老葱行气活血通窍，加强行瘀之力。

4. 虚痫

症见发作虽频，肢体颤动，但程度不剧，面色苍白，唇色无华，两眼发直，神情木呆，智力减退，舌淡苔薄，脉细少力。治以益气养血，定痫熄风。

党参6g　当归10g　琥珀15g　姜半夏5g　天麻3g　双钩5g　白芥子3g　石菖蒲3g　益智仁6g　制天虫6g　地龙6g　郁金5g

【按】癫痫一症反复发作，日久必虚，或癫痫未发时必当扶正。在临床上我们见癫痫日久，面色苍白，神疲乏力，智力减退者都可作虚对待。小儿癫痫在补虚时应注重补气血，适当补肾脾。一般情况下少温补肾阳，温肾时也需温而不燥，为益智仁、炙龟板、枸杞子也。方中党参、当归补气养血，益智仁益肾强智，琥珀镇静安神，半夏、白芥子化痰，天麻、钩藤、天虫、地龙平肝熄风，菖蒲、郁金理气开窍。

四、小儿下肢交叉摩擦症

小儿下肢交叉摩擦症，又称情感、交叉擦腿综合征或习惯性阴部摩擦，为小儿行为异常性疾病。这是一种异常的心理行为，是儿童通过擦腿引起兴奋的一种行为障碍。临床表现为发作时二眼凝视，双手握拳，两下肢交叉挟紧，摩擦外阴，发时面色潮红，出汗，也可紧贴大人身体扭动身体，或在床上俯卧摩擦外阴，稍大儿童也可摩擦桌椅，如大人制止这种动作，小儿就会哭吵。如发于1～3岁儿童，女孩明显多于男孩，长期不愈可导致面色萎黄，精神萎靡，身倦乏力，形体消瘦，甚至可以影响小儿的生长发育，故必须引起重视。该病患儿，多数平时兼见脾气急躁，五心烦热，夜间盗汗，外阴分泌物增多，阴唇色素较重，大便干结。

根据多年的临床经验，宣桂琪教授将本病分为初期、中期、后期进行辨证论治。

1. 初期（心肝火盛，肾阴不足）

症见下肢交叉摩擦，发时二目凝视，面色潮红，发后汗出，心烦少眠，哭吵易怒，口干而渴，口舌生疮，纳食欠佳，大便干燥，小便短赤，舌尖边红，苔薄黄，脉细数。治拟清心泻肝，佐以滋肾养阴，方药以导赤散合龙胆泻肝汤加减。

生地6g　竹叶5g　灯心1束　人中黄5g　龙胆草3g　丹皮3g　广郁金5g　石菖蒲5g　生龙齿10g　女贞子10g　知母5g　黄柏5g　生白芍5g　泽泻6g

【按】初期以消除病因为主，配合中药清心肝之火为重心，佐以养阴定窍，使火平阴复而病得以恢复或减轻。方中生地、竹叶、灯心、人中黄乃导赤散之意以泻心火，龙胆草、知母、黄柏、泽泻泻肝肾之火，生地、女贞子、白芍益肾养阴，广郁金、石菖蒲理气开窍，龙齿安神。

2. 中期（肾阴不足，相火偏亢）

症见下肢交叉摩擦频繁发作，发作不能自控，五心烦热，盗汗，自汗，脾气急躁，发后有时精神不佳，女孩外阴潮红，男孩阴茎易勃，持久不软，舌红苔少，脉细数。治拟益肾滋阴泻火，佐以镇静醒脑，方药以知柏地黄汤加减。

盐水炒知母5g　盐水炒黄柏5g　生地6g　萸肉5g　怀山药6g　茯苓10g　丹皮3g　生龙齿10g　广郁金5g　石菖蒲5g　益智仁6g　炙龟板6g

【按】在临床上以中期病人为多，以知柏地黄丸治疗，确为有效之良方。朱丹溪云："主闭藏者，肾也，主疏泄者，肝也，二者皆有相火，而其系上属于心。"故当补肝肾，泻相火，清心平肝。方中地黄、萸肉、怀山药、丹皮、茯苓为六味地黄丸去泽泻，补益肾水，知母、黄柏泄相火，加炙龟板、益智仁益智强肾，郁金、石菖蒲理气醒脑，与龙齿相伍，一镇一醒，以提高大脑的认知能力，从而提高对下肢交叉摩擦的控制能力。此方动静结合的配伍方法，宣氏儿科用于治疗惊风、抽动、多动、癫痫等神经及精神行为障碍性疾病，每能起到事半功倍之效。

3. 后期（肾阴亏损，气血不足，脾胃虚弱）

症见下肢交叉摩擦反复发作，多年未愈，发作较频，面黄形瘦，发育不良，虽有哭吵，但精神痴呆，不喜玩耍，睡眠不安，纳食欠佳，二便无殊，舌淡红苔薄腻。治拟补气养血，益肾强智，化痰开窍，方药以大补阴丸合补中益气汤加减。

生熟地各3g　萸肉5g　怀山药6g　生牡蛎15g　黄芪10g　当归5g　生白芍5g　益智仁6g　炙龟板6g　茯苓10g　郁金5g　石菖蒲5g　炒白术5g　姜半夏5g

【按】在后期治疗中，主要因下肢交叉摩擦，日久未愈，病由阴及阳，影响到生长发育，所以在治疗上，继续益肾强智，安神醒脑的同时，加入补气养血，扶脾化痰，以助恢复。方中生熟地、萸肉、怀山药、龟板滋阴养肾，益智仁、石菖蒲、郁金益肾强智开窍，黄芪、当归益气养血，白术、姜半夏健脾化痰。

第
五
章

学 术 成 就

第一节　宣桂琪学术思想

　　宣桂琪教授在继承"宣氏儿科"治疗惊风的学术精髓的基础上不断探索创新；在理论上，以《黄帝内经》《伤寒论》《金匮要略》《温病学说》为基础，并推崇《时病论》《医宗金鉴·幼科心法要决》；尤其推崇《时病论》六十大法，认为六十大法可通治时病，化裁也可治杂病。宣桂琪提出审察疾病，需四诊合参，做到极微极细，明确病位，针对病因截除病邪，提倡治未病防传变；用药上，提倡动静结合，寒温并用，调治阴阳，力求阴阳平衡，同时探索并开展阴阳水平线下的"阳亢"研究及提出新食积论；主张西医辨病与中医辨证相结合，同时大力开展新生儿、婴儿疾病的中医治疗。

　　宣师多年来一直致力于用辨证求因，审因论治的方法开展中医临床创新，顺应时代变迁及儿科疾病谱的变化，针对临床新增病种进行深入研究，丰富了流派学术内涵。宣师通过数十年临床不断的认识、分析，以辨证求因，审因论治的方式达到逐步完善，全面认识疾病的定义、分型、定证，研究有效方法，寻找有效良方。特别是针对抽动症，宣师从"外风"立论，到以平肝熄风治疗"内风"，再到以"桂枝龙牡汤"调和阴阳，再到"食积内滞"至迁延不愈，花了近40年的时间研究，较全面地认识了本病，完善各类分型，从而丰富了抽动症的治疗内容，大大提高了临床疗效。对于高热惊厥，以调理体质，消导积滞，活血祛瘀入手进行防治获得良效。同时也逐步深入完善了关于多动症、下肢交叉摩擦症、高铅血症、自闭症、脑瘫等疾病的认识，取得较好的疗效。

一、继承宣氏儿科治疗惊风经验，动静结合

宣振元先生以善治惊风闻名杭城，志泉先生在针刺推拿基础上，加强了中医辨治，多法并用，内外合治，尤为擅长中医药治疗重危病人，特别是传染病引起的惊厥昏迷。随着时代的变迁，到20世纪80年代后传染病大量减少，但出现不少新的神经系统疾病，如多发性抽动症、多动症、癫痫、下肢交叉摩擦症、高铅血症、自闭症等，并且近年来呈不断增加趋势。治疗此类疾病镇静安神是必用之药，但是一味镇静未必能达到安神的目的，反而会导致患儿精神萎靡，反应淡漠，智力下降等，如能加入理气开窍药如郁金、菖蒲之类，在镇静中加以兴奋，在动态中求平衡，往往镇静的效果好，而不良反应小，所以中医治疗此类疾病的最大优势之一就是不影响智力发育。这是"宣氏儿科"治疗惊风采用的"动静结合"原则的具体体现。宣老将此法运用于新病种，取得了满意的疗效。

多发性抽动症，初时以"外风"立论，现逐渐认识本病不仅与呼吸道局部感染有关，其他诸如营养失衡、社会环境压力、产程异常等诸多因素均可引起。中医病因可归纳为外风、内风、食积、血瘀等，因此宣老治疗本病在祛风平肝、镇静安神的同时，加以开窍、兴奋，以提高平肝熄风疗效。多动症病位以肾为主，《黄帝内经》云："肾为作强之官，技巧出焉"，若单纯镇静安神，往往疗效欠佳，宣老仿"孔圣枕中丹"之意提出益肾宣窍，用龙骨、远志镇静安神的同时又用益智仁、菖蒲益智开窍，从而增加自我控制的能力，取得良好疗效。下肢交叉摩擦症以知柏地黄丸益肾滋阴泻火的同时，辅以郁金、石菖蒲理气醒脑，与龙齿相伍，一镇一醒，以改善大脑的认知能力，从而提高对下肢交叉摩擦的控制能力。在治疗高铅血症、铅中毒引起的神经系统失调时，宣老认为："铅"为阴寒之邪，性濡滑沉坠，入人体后易伤阳气，造成脏腑功能失调，阳损及阴，故在补肾柔肝、和胃健脾、利湿解毒、软坚排铅等治疗原则上，辅以牡蛎、五味子、远志、菖蒲镇静安神，宁心益智开窍，动静结合，调治阴阳；自闭症为阴阳失调导致脑功能紊乱，患儿表现为有时兴奋，有时冷漠，故以桂枝龙牡汤调治阴阳。采用"宣氏小儿抗惊方"预防高热惊厥复发，通过调和阴阳，改善阴虚体质，大大减少了发病概率。针对上述疾病的治疗及研究为宣氏儿科的不断创新与发展提供了新的机遇与挑战，采用"宣氏儿科""动静结合"的配伍方法，兴奋镇静同用，治疗惊风、抽动、多动、癫

痫等神经及精神行为障碍性疾病，每能起到事半功倍之效。

二、审察疾病，四诊合参

小儿为哑科，因其哭吵，脉难为凭，历代重视望诊、闻诊，其实望诊闻声确实重要，切脉也不能忽视，而问诊最为客观可信，所以在临诊时必需四诊合参。望神色可辨病之轻重，观舌苔可见邪之消长，察舌色可知五脏之盛衰，有时诊舌还应注意动态变化。比如病毒感染，在发热过程中舌色由红变浅要注意邪热伤及气血，造成白细胞减少。见咳嗽，听其声能定病位、判病性，结合适当问诊、测舌、搭脉，准确辨别新感、久咳、内伤、肝咳、胃咳、寒、热或寒热夹杂，两者兼而有之。咳声不畅乃新感肺气不宣，咳剧痰少为肺热，咳多有痰为痰热，咳时气逆为木火刑金，婴幼儿咳嗽不多，痰声漉漉为风痰。咳嗽是小病，但要取得很好疗效，准确定位、定性是关键。对咳嗽反复日久或过敏性咳嗽的患儿，在临床如能细辨，日积月累熟能生巧，形成经验，快速准确的定位、定性、定量，确能指导临床用药，从而提高疗效。切脉诊病乃祖国医学2000多年积累的宝贵经验。脉理深奥难以为常人所接受，故世人有"脉糊涂"之说法，此乃无知者之托词，即使在现代医学十分发达的今天，了解及熟练地掌握切脉对诊病仍有很大的意义。比如小儿外感初起，如脉形浮，来时略带紧，数有力者，即使症状十分轻微，说明即将发热，在治疗上可提前用药。若外感初期发热，脉来而缓，与证相反，此为邪热扰胸，心阳受遏可能，故需注意外邪引及心脏，防止心肌炎，用药不宜太过寒凉，或可寒温同用，临床屡试屡效。问诊看似简单，但要在最短时间内问清病情，明确诊断，指导用药，不是一件容易的事情，你必需明确了解每一个疾病的主症、次症、分型特点及其疾病转变规律与先兆症状，同时还必需去伪存真，引导病人表达疾病真相。要做好问诊，必须先从"十问歌"做起，熟练后再过渡到对每一个病人有针对性的问诊，但都必需达到信息完整，可指导治疗。

三、诊治外感，祛邪务净

小儿"脏腑未坚""卫外不固"，极易感受外邪，而致高热，发病迅速，变化最快，但小儿"脏气清灵，随拨随应"，只要治疗及时得法，好转也快，宣氏儿科学术思想的精髓之一就是治外感热病，内服外治双管齐下，辨证用药治病宜快。或汗或清或下，有其证用其药，多渠道祛邪，不必十分拘泥卫，气、营、血之分，提倡超前用药，表里双解，必要时寒温并用，而安宫牛黄丸、紫雪、至宝丹、猴枣、苏合香丸为常用辨证之药，从而达到早期截除病邪，减少疾病进展，达到退热快，退热稳，治愈彻底的效果。

小儿外感高热的传变与感邪性质、小儿体质及挟痰、挟食、挟惊关系密切。小儿阴虚火旺为多。感邪后以风热为主，受寒后也易成为外寒内热，表里同病或"寒包火"之咳喘；挟食者，易生郁火，成为表里同病之扁桃体炎、化脓性扁桃体炎、口腔炎等；挟惊者，易生高热惊厥，只有了解疾病的发展规律，才能在治疗时提前介入，防止疾病转变，这实在是祖国医学治未病的内涵之一。

治疗外感疾病，在邪未净之时，即使正气已伤，也绝不轻易使用益气养阴扶正之品，以防"闭门留寇"之弊。因小儿外感之后，正气虽伤，只要邪去则正安。正气极易恢复，不必徒用补法。当然，正虚邪恋，病邪日久不清者又当别论。

四、治儿病需知调气

小儿之病多起于外感，或伤饮食，很少有七情所伤。但调气之法无论外感内伤仍属必用，用后事半功倍。外感之邪从体表、口鼻而入，三焦是邪气出入之通道。三焦总司全身气化，具有通调水道的功能；邪气壅阻三焦，气机不通，邪无出路，变证峰起。疏理气机可助邪外出，故治疗需加理气之品一二，如郁金、陈皮、枳壳、丝瓜络之类，能促使疾病早日康复。内伤疾病多伤于饮食，影响脾胃，化生痰湿，而致儿病丛生，或厌食，或吐泻，或痰喘，或食积……在病理上无不与水湿代谢有关，在治疗上离不开治脾、调中、化湿、消食、祛痰。要使这些治法达到目的，理气必不可少。如哮喘之为病，乃肺气上逆。肺主一身之气，肝主疏泄，故肝之气郁、气逆均可影响及肺，而导致哮喘的发作或加重。而哮喘发病又进一步影响肝之疏泄，加重肺气壅塞，生痰阻肺。在临床上不少哮喘患者因情绪变化而发病或加重者，往往采用三拗汤、麻杏石甘汤疗效不佳，而改用或加用理气调肝治疗往往能获效，在临床可选用四逆散、逍遥散合旋覆代赭汤治疗。湿热或水湿之病，理气可助湿之化，正如喻嘉言所云："气化则湿化，气行则湿行"。因而在方中加入陈皮、橘红、砂仁、木香、枳壳、大腹皮等药一二，可助脾健湿化，食消痰除，实为必需。食积者，停积中焦，气机升降失调，治疗需佐理气之品，方能化湿消滞。虚证予补益药时，佐以调气之品可推动补益之效，并能防滋腻碍胃，做到补而不滞。

五、阴阳水平线下的"阳亢"研究及提出新食积论

在调治阴阳，治疗疑难杂症的基础上，发现在肾病综合征、再生障碍性贫血、小儿白血病等疾病过程中，大多数病人存在不同程度的阴阳气血不足，也就是均处在阴阳水平线之下，但在这种情况下也能出现"阳亢""邪实"的一面。在治疗上要尊重"阴阳平衡"的原则，在补虚的同时必须考虑平其亢，祛其邪，力争阴阳平衡，从而达到病愈的目的。比如讲肾病综合征当处在全身浮肿、尿蛋白阳性时，属中医"阴水"范畴，脾肾阳虚，阴血阳气俱不足，阴阳均在正常水平线以下，如经激素治疗或感受外邪，前者出现面赤潮红、痤疮、汗出等"阳亢"之症，后者出现身热、咽红、咳嗽等邪实之状，在治疗上要根据阴阳气血不足的情况，有一分虚补一分，有一分亢平一分，有一分邪祛一分，提倡寒温并用，补泻同施，以调治阴阳，阴阳平衡疾病也除。这就是阴阳水平线下"阳亢""邪实"的调治方法。

小儿食积是一个病名，可以出现纳差、腹痛、便溏等症，它也是一个病因，是多种疾病产生的原因之一。通过40余年来临床大量病人观察结果，发现食积不仅可以造成呕吐、泄泻等消化系统疾病，更是影响呼吸系统、神经系统疾病的产生、转归及预后的重要原因之一。因而对食积的重视可以提高临床疗效。如阴虚火旺之体感受外邪，极易形成表里同病成为感冒、咳喘、乳蛾，如无食积，只需表里双解，无形之热易清；如挟积食，无形之热与有形之积胶滞，极易形成伏热郁火充斥三焦，郁火上冲于舌则生口疮，伏热上冲与邪热相搏于咽，咽腐肉烂，而成烂乳蛾，此时邪热难解，伏火难清，必需在表里双解的同时，或消食或导滞，并加用芳香疏宣之品，如藿香、薄荷之品，仿凉膈、泻黄之意，以助伏热郁火之达，邪热之清。不然按常规治疗很难获得速效。近10余年来在治疗多发性抽动症中，发现部分患儿面色黝黑，形体肥胖或消瘦，舌苔腻厚，经分型治疗，抽动虽有好转，但久治不愈。日积月累，发现这部分患儿个个长期多食肥甘，故考虑与食积有关，但经消食后也未见好转，方才想到食积于内以致气机不畅，气血瘀滞，故面色黝黑。杭州民间有句俗语："呆屎塞心肝"，就是形容过度饱食要影响心肝，心主神明，肝主疏泄谋虑这点，心肝与西医的神经系统大脑功能的关系

十分密切，从而发现食积不但是产生疾病的病因，也影响疾病的预后。因而嘱患儿节制饮食，少食肥甘，在治疗上再加消食理气，活血祛瘀之品后，大部分患儿很快痊愈，从而大大提高了难治型抽动症的疗效。当然这个理论还待实验室的论证。

六、西医辨病与中医辨证相结合

西医辨病加中医辨证的用药模式起于20世纪50年代中期，它是老一辈中医人在很多有志于中医事业的西医同道的帮助下，开创的临床及理论研究方法。这种模式目的明确，反映病情更为科学、准确，具有可比性、可重复性，有利于对症下药，便于总结、推广，从根本上消除病灶，提升自身的抗病能力，从而达到治标治本的功效。

宣老师在走入工作岗位后，长期与西医同仁共同开展工作，在父亲宣志泉和杨继荪老院长的影响下，一面不断提高西医知识，一面又广泛运用中医辨证论治，两者有机结合，做到分型简单，重在加减，比传统辨证论治疗效更高。以支气管哮喘一病为例，中医对哮喘有很丰富的治疗内容，确有疗效，但随着现代医学的发展，近几十年来提出了食管反流型哮喘、运动型哮喘、情绪型哮喘，这些哮喘按寒哮、热哮辨治很难取效。通过反复研读《伤寒论》及长期临床实践，宣老师发现在麻黄汤、小青龙汤、四逆散、旋覆代赭汤、三子养亲汤、射干麻黄汤基础上，结合西医知识，佐以解痉平喘、清热解毒、祛风脱敏、活血祛瘀、疏肝理气、消导积滞等方法，能加强治疗针对性，显著提高疗效，从而西为中用，充实了哮喘中医治疗内容。根据西医的辨病结果进行中药的立方用药，不仅能够使中医判断更为准确，用药立方更为科学，药量更为精准，同时还减少了西药的不良反应，使中药用药更为科学。

西医辨病，诊断明确，治疗针对性强，疗效便于总结，经验容易推广；中医辨治具有灵活性，治疗个体化，不离开中医治病的优势，二者取长补短，有机结合，这是对中医的发展，反之则易造成中医西化，失去祖国医学众多传统的优势，甚至弊害无穷，使滥用中药越演越烈。比如讲玉屏风口服液可以提高免疫功能，并有临床及实验室的支持，但是免疫功能低下可因阴虚火旺引起，也可以在卫气不足的情况下发生，前者是绝对禁用，后者如兼内火者，必需在内火稍清之后，方可运用，或者气阴双调，不然贻害无穷。

而目前治感冒不辨证，滥用中成药已成普遍之势，至少可以说浪费了大量宝贵的中草药资源。正确的西医辨病与中医辨证相结合是运用西医先进的诊断技术，明确的诊断标准，结合中医传统辨证论治的优势，必要时吸收部分西医的病理变化及药理作用，指导用药，验证临床。比如一个消化不良，以腹泻为主的患儿一般属中医伤食泻，但它可以酿成湿热而且成湿热泻；在婴幼儿因脾常不足常可转化为脾虚泄泻，在临床均需一一辨清，很难用单一处方统治。目前在临床处方用药中，常运用如抗菌消炎、降谷丙转氨酶（GPT）、抗过敏、降糖、降脂、提高免疫功能等医术语指导中药施用，但病有寒热虚实，药有温凉补泻，必需按照辨证施治的原则选择用药，这样才能比原有的传统辨证论治提高针对性及治疗效果。

七、辨证求因，审因论治

正如前文所述，随着时代变迁，自然生活环境的变化，生活质量的提高，医学的发展，临床病种发生了很大的变化。在一些病种消失的同时又产生了一些新的病种，而有些疾病在祖国医学中并无详细记载，在治疗上无从参考，这就要求我们临床医师与时俱进，不断探索研究。通过辨证求因，审因论治的方法，遵循"有其证用其药"的原则，由浅入深，广泛运用中医理论知识于新病种的研究。

多发性抽动症是中医儿科新认识的疾病，病因、症状十分复杂，治疗十分艰难。1978年宣老师用银翘散加减治愈一例抽动症患者，从此开展对本病的研究。在这40多年期间，抽动症的病因及表现随着时间推移发生了变化，而我们对它的认识也逐渐全面。目前的抽动症与过去的抽动症产生的原因既有类似的一面，又有明显的区别。相同的如病因都有链球菌感染，微量元素失调、遗传、产伤等；不同的由于社会环境、饮食变化、呼吸道感染等综合因素，从而导致抽动症病人剧增，而症状较过去严重，兼有人格、行为异常的患儿比例大大增加。从以"外风"立论到阴阳双调，通过对大量病人的观察与治疗，在辨证上得到比较完整的认识，在治疗上取得较好的疗效，逐渐使我科成为全省中医治疗本病最为集中的地方，并吸引了全国各地的病人前来诊治。

"高铅血症""铅中毒"是历代中医古籍中从未出现的病名，但根据高铅血症出现的多动、难静、记忆力减退、成绩下降等症状，结合中医肾与脑的传统理论，首次提出了铅为阴寒邪毒，入体伤肾及肝，损脑减智，创造了颇具特色的"中药降铅颗粒"。该药具有补肾益脑，解毒开窍功效，中药作用独特，临床运用能明显降低铅中毒儿童血铅水平，且不影响其他元素，如血钙、血锌水平，充分体现了中医辨证论治，祛邪不伤正的优势，同时亦补充和完善了相关中医药理论。

在长期的临床第一线，我们还用相同的办法开展了众多新认识疾病的研究，均取得了较好的临床疗效。如知柏地黄汤加减治疗下肢交叉摩擦症，桂枝龙牡汤加减治疗腹型癫痫、自闭症等。从而也可以看出辨证求固，审因论治是开展中医临床创新的一种行之有效的方法。

八、大力开展新生儿、婴儿疾病的中医治疗

新生儿、婴儿疾病的治疗是中医儿科学的瑰宝，历史悠久，它对中华民族的繁荣昌盛做出了贡献，是宣氏儿科学派的一大特点，需要我们后辈继承和发扬。近30年来，因新生儿、婴儿疾病的发病率减低，现代医学的发展，以及患儿服药不便，临床应用逐渐减少，使中医治疗的优势日渐萎缩。实际上中医儿科治疗新生儿黄疸、鹅口疮、夜啼、婴幼儿腹泻、咳喘等常见病，具有较好疗效，而且对一些如新生儿肝炎综合征、新生儿败血症、新生儿破伤风、胎惊、脑瘫、巨结肠、肠梗阻、肠套叠、毛细支气管炎、急性喉炎等危急病人处理，及时得当也可获得可喜疗效，尤其在中西医结合治疗中，可以充分发挥中医治本的优势而提高疗效，缩短治疗时间，增加治疗安全性。如在20世纪八九十年代以"胎惊"理论治疗新生儿败血症，取得较好的疗效。部分巨结肠患儿也可采取中药治疗，可避免手术之痛。目前由于社会环境的变化，脑瘫、脑发育不良、婴儿痉挛症等神经系统疾病的发病率并不低，西医多采取康复治疗及功能训练，若配合中药益气养血、生精填髓、涤痰通络、活血祛瘀、平肝熄风等法，则能提高临床治疗效果。婴儿消化不良，因其独特的生理病理特点，其发病过程及转归与儿童脾常不足引起的消化不良有明显区别。前者易转变为婴儿肠炎、婴儿细菌性痢疾，需引起医者的足够重视。而在治疗上婴儿也有独特的一面：化湿不能过分使用香燥之药，清热不能过于苦寒，即使内有湿热，亦需适当扶脾、益脾方能获效。为了继承发扬宣氏儿科的这一特色，近30年来我们有目的地对上述疾病开展治疗，并搜集资料加以充实，使之更为完善，以防失传。

九、治疗抽动症以"外风"立论，从肝论治，重食积，调阴阳

多发性抽动症是"宣氏儿科"学术思想应用于现代疾病治疗的成功典范。宣桂琪教授对本病有独到的学术见解和丰富的临床经验，提出并强调"内因需从肝论治；外因突出风邪；重视食积致病；辨证论治注重食、痰、瘀；病久宜调治阴阳"的临床治疗原则，特别关注家庭护理和心理疏导的重要性，取得较好疗效。

对于抽动症的病因宣老认为内因为五脏功能失调，尤其与肝的关系最为密切，他脏致病皆影响及肝，肝风内动而致抽动发作；外因主要在于外风、食积、血瘀。外风致病：临床半数以上的患儿有外感症状（上呼吸道感染史，鼻咽、呼吸道慢性炎症等）或属易感儿，多因外感诱发或加重，导致风邪留恋，抽动反复难愈。食积、气滞既是产生多发性抽动症的病因之一，同时也影响到疾病的发展与预后。例如，有些患儿喜食油腻荤腥、垃圾食品，多食快食挑食，形体肥胖，往往导致微量元素失衡，如高铅低锌，也可能引起脑功能紊乱、多巴胺分泌失调而发为抽动；若食积长期不化转为痰湿，影响气血运行，导致气滞血瘀，气血不足，从而反过来又导致多发性抽动症久治不愈。产伤、外伤从中医角度来看，属于血瘀。瘀血内阻，经络不利，抽动不止。抽动症初期以实证为主，日久虚中挟实。其中之虚多为各人的体质薄弱或病久所致气血之虚，并非产生疾病的本质所在。以单纯的消食是难以痊愈的，必以消食导滞，理气通络，再以节食，加四逆散、生山楂、广郁金、石菖蒲等才渐可好转。风邪挟痰流注经络，是肌肉抽动日久不愈的主要病因，此时需祛风，同时加以调气涤痰。如加柴胡、炒枳壳调气；菖蒲、胆星涤痰；威灵仙、川芎活血通络，并嘱避免汗出当风，方可痊愈。近十余年来宣老发现久治不愈的病人除前面提到的食积、痰滞、血瘀之外，患儿阴阳失调，风邪更易留恋难去，也是多发性抽动症反复发作不愈的病机之一。此类病人临床若素体偏热可合用甘麦大枣汤、百合地黄汤，若素体偏寒则选用桂枝龙牡汤调治阴阳。

除了药物治疗外，宣老还特别强调患儿的心理卫生和家庭护理。要给患儿宽松的环境；控制面对电子屏幕时间；控制饮食，不可暴饮暴食，不吃宵夜；避免寒冷刺激，不宜游泳，不食冷饮，空调温度不宜过低；减少感冒，以免诱发或加重抽动的发作。平时积极参与适当的体育锻炼。老师和家长应

该积极配合，提供一个宽松良好的生活和学习环境，同时也提高患儿治愈疾病的信心。

十、重视中医临床带教，培养后备人才

浙江省中医院儿科组建于建院之初，每个阶段都汇集了德才双馨的中医精英和医术精湛的西医医师。中医学薪火相承，中西医学相辅相成，和谐结合，攻克了许多危重及疑难杂症，也留给后辈很多优良传统。在临床中秉承中西医共同查房这一传统，在每次查房之前均做好认真准备，仔细了解病情，查阅相关资料，坚持以中医特色带教至今，将学生、研究生、进修医生从书本引入临床实际。2013年成立了"宣氏儿科"流派工作室，每月开展小讲课，系统讲解"宣氏儿科"的主要学术思想及用药经验，发挥宣氏儿科特色，培养了多名传承人，第四代团队现已逐渐形成，为宣氏儿科的发展和壮大奠定基础。

第二节　审证求因治感冒

感冒在儿科临床最常见，它可以是一切肺系疾病的起源，感冒失治可以衍生为咳嗽、肺炎喘嗽、哮喘等。因此多将感冒列在肺系疾病的首位，并且分为风寒、风热、暑邪、时邪四型及夹痰、夹滞、夹惊三个兼证，条理清晰，理法方药明确，看似感冒的诊治非常简单。然而课本罗列的是最典型的临床证候分型，感冒的临床症状十分复杂，因人、因时、因地、因个人体质等均有不同。医者若照本宣科，能把握方向，但不能完善细节，也就不能治好感冒这个"小病"。我们要综合运用中医理论知识，结合小儿病理生理特点，熟悉中药方剂的合理配伍，才能真正治好感冒。

一、辨证求因

感冒，病虽"小"，但诸证繁多，要做到辨证准确，就要对每一个症做更详细的分析，达到定位、定性明确。

发热是感冒的常见症状，体温高一般为邪重，热重；发热轻一般为感邪轻；伴恶寒，则感受寒邪；无汗为外感风寒；微汗为外感风热或兼寒；汗多则多为风热；兼有头痛为风寒或热盛；头晕头胀多风热。

鼻部症状中若鼻塞涕清为风寒，涕黄为风热。咽部若见咽痒为风寒，咽红而肿痛则为风热。

咳嗽，这一简单证候若细细分来可有咳嗽不爽、干咳、刺激性咳嗽、咳逆、咳嗽有痰、痰鸣、顽痰、咳轻、咳重之分。咳嗽不爽，则感邪时短，外感风寒为主；咳嗽剧烈，则肺气失于清宣，肺热，痰不易咳；干咳为肺热；刺激性咳嗽，咳甚作呕，可见于外有风寒，内有郁热的寒包火咳；亦可见于木火刑金。小儿阴常不足，阳常有余；脾常不足，肝常有余，阴虚火旺体质的患儿易发生，治疗上要注意清火，清肺。喉间痰鸣，则为脾虚蕴痰或风痰蕴肺；顽痰，可迁延数月不愈，多为肺脾两虚。脾为生痰之源，肺为贮痰之器。肺脾两虚，聚湿生痰，久恋气道，缠绵难愈。

感冒常伴随消化道症状，可见纳食减少，若苔厚腻者，为挟有积食；苔薄白，为脾失健运；大便溏烂，为外感，饮食不节；伴长期苔根厚腻，为有宿食；苔薄腻为挟湿；久雨方晴时节外感风邪，可见便烂；脾虚者感邪，亦可见便烂。临床使用抗生素后也会出现腹泻的症状。阴虚火旺体质及饮食积滞者感邪，热积内滞者，均可见便秘。尿短赤，为风热或阴虚火旺体质之人；尿清长，可见于风寒，肺脾气虚者亦可见。

此外，感冒的辨证还需考虑以下几点：

1. 感邪时间与气候变化

一年四季，感邪的时间不同，感冒的症状、性质亦有不同。春季以感受风邪为主，多见风热感冒；夏季易挟暑、挟湿，以高热及胃肠道症状为主；秋季则易挟燥；冬季易感风寒。

2. 感邪者体质不同，症状亦不同

阴虚火旺者，感受风寒后，易即化火出现风热感冒的症状，或寒包火咳（咳剧，痰出不爽）；感受风热，则表里同热。肺脾气虚者，感受风寒后易出现咳喘、腹泻。

3. 要分清感邪的性质

一须分清风寒、风热感冒；二须分清风寒、风热的比例；三须分清表里定位。症状上可从恶寒轻重、涕清涕浊、有汗无汗、咳嗽的性状、咽部充血情况及二便性状、舌脉表现来分析。发热、恶寒、无汗、头痛、涕清，舌淡红，苔薄白，脉浮紧或指纹浮红为风寒表证；发热重、恶风、有汗或少汗、头痛鼻塞、涕浊、咳嗽、咽红肿痛、口干，舌红苔薄黄，脉浮数或指纹浮紫为风热。

浙江中医临床名家·宣桂琪

4. 了解医学史

因历代社会条件、生活环境不同，各代医家对疾病认识存在局限性，随着社会的发展，中医学理论日臻完善。对于感冒这个小病亦是如此。比如东汉末年，战乱频发，百姓生活疾苦，多受饥寒，外感风寒，多为麻黄汤证。而在如今江浙一带，生活优越，基本不存在温饱问题，即使是孩子也往往存在营养过剩的情况，遇邪易从热化，所以感受风寒，也几乎用不上麻黄汤。

二、审因论治

治疗感冒的成方不多，近代以宣法为主，往往在临床上具有更大的灵活性。代表作如雷少逸的《时病论》。

风寒感冒用辛温解表的荆防败毒散加减；风热感冒用辛凉解表的银翘散加减；暑邪感冒用清暑解表的新加香薷饮加减；时邪感冒用清热解毒的银翘散合普济消毒饮加减。治疗大法以清、宣为主，多见疏风解表，清热宣肺及兼治挟证，也可以简单地理解为"有其证用其药"。

1. 解表法

感邪有轻有重，性质有寒有热。外感初起，恶风形寒，头胀鼻塞，寒热征象不明显时，用荆芥、薄荷辛宣轻疏；风寒重者，形寒头痛明显，无汗，用荆芥、防风辛温发汗；感冒轻症，可用葱豉汤。婴儿可用葱白煎水喂服。

暑热挟风者，仍宜轻宣清疏，加入藿香、佩兰芳化祛湿，一般疏表药选用一二味即可，以免伤阴。柴胡、葛根通常情况下在儿科少用，因小儿生理特点为阴常不足，阳常有余，柴胡易劫肝阴，葛根性升提而助阳，故此二药可加重阴阳失衡。若易感儿长期低热，为邪在半表半里者，适用小柴胡汤。若外感"太阳病，项背强几几"见症时，可用葛根，但需中病即止。

2. 清热法

本法用药多为辛凉解表剂，用来治疗风热之邪，或虽为风寒感冒但已有发热，用以帮助缓解症状，常用连翘、银花，夏季常用青蒿、六一散清暑热。焦山栀、黄芩这类苦寒药在里热已成时才用，早用有引邪入深之虞。

清热法在感冒治疗中不是主要的，重在疏解之法。若不疏解，则单用清热效果并不显著。风热感冒中，用鲜芦根既能清热，又能生津润燥；瓜蒌既能清热，又能宽胸散结；对大便秘结者，既能通便又可畅通三焦气机，助邪外出。

3. 宣肺法

宣肺法是指宣畅肺气来治疗鼻塞、咽痒、咳嗽等症，同时宣肺也能帮助解表，二法在儿科感冒中较成人常用。一般咳嗽可加杏仁、象贝、大力子、前胡、桔梗、化橘红。其中桔梗宣肺化痰利咽，在桑菊饮、桔梗汤、止嗽散中都有用到，但桔梗有升提作用，易致呕吐，婴幼儿慎用。橘红理气化痰，行气助邪外出；痰湿重者，加姜半夏；痰热者，用竹沥半夏。感冒初起忌用止咳药，如枇杷叶等，易敛邪不解。

4. 兼治法

兼治法是指对感冒兼挟证的治疗。解表宣肺结合适当的清热是感冒的基本治疗大法，但兼证也需兼顾。

鼻塞流涕者，加辛夷、苍耳子，苍耳子有小毒，注意用量及时间；头痛者加疏风药，如蔓荆子；四肢酸痛者加桑枝疏通经络；咽喉肿痛者，加清热利咽药，如焦山栀、玄参、山豆根、马勃等，山豆根有小毒，儿科法定用量不能超过5g，舌苔不厚腻者可加甘草，调和诸药，缓解药毒。大便干结者加枳壳，瓜蒌皮、仁；舌苔厚腻，食滞者，加莱菔子；伴高热时亦可用大黄，泄下热结，但宜中病即止，以免过用伤阴。胸脘痞闷者，理气调中，加郁金、香附、苏梗、枳壳；纳差者，加鸡金、炒麦芽；食积者，消积化滞，加槟榔、厚朴或佩兰；便溏者，加鸡金、茯苓。

三、感冒的转归

中医历来重视未病先防，谓"上工治未病"。感冒是轻症，但因体质、年龄的不同，感邪的性质有异，原有疾病的区别，感邪后转归也有不同。治疗感冒时需辨清，这也是"治未病"的一个内容。

1）婴幼儿感冒，由于肺易虚，脾常不足，容易转为痰喘、腹泻。前者需加化痰，如二陈汤；后者宜扶脾利湿，可加陈皮、茯苓、鸡金、麦芽。

2）过敏体质，在表易鼻塞打喷嚏，咽红而痛，需祛风通窍利咽，加辛夷、大力子、射干、紫草、蝉衣；在内易成哮喘者可加三拗汤、麻杏石甘汤。

3）体虚肝旺者，容易成为易感儿。反复感冒、咳嗽不愈，发病后易成风热感冒，或外寒内热的咳嗽。前者用桑菊饮，选药需避苦寒（如黄芩；有三焦之热者方可用山栀），需加生津润燥之药，如葛根、花粉、玄参；后者用麻杏石甘汤。

4）挟食者，易厌食、食积，易腹泻。有内火者，易扁桃体肿痛及口舌生疮。厌食、食积者，需消食开胃，加炒枳壳、炙鸡金、焦楂曲、炒麦芽、茯苓、佩兰。腹泻者加川朴、藿香、茯苓、鸡金、陈皮，后者可表里双解，仿凉膈散之意。

5）挟惊者，有高热惊厥史者，解表清热的同时加蝉衣、钩藤、茯苓、竹叶以轻宣、平肝、安神，重者加天麻以预防之。

治疗任何一个疾病，首先抓住病因病机，辨证施治来消除主证，其他兼证亦可随之而解。所以要正确做好辨证求因，审因论治，选方用药。如果不分寒热，见一证用一药，就会造成处方混乱，用药效差，这是初学者最易犯的错误，在临床上必须注意。同时感冒是轻浅之病，小儿的身体成而未全，形而未健，用药宜轻宣，不宜量重。尤其是毒性药，如山豆根、辛夷、苍耳子、板蓝根等，某些有针对性的药物，毒副作用又小的，可适当增加剂量。

课本知识是对实践的总结、提炼，是纲要性的，标本性质的。而在实际临床中，虽然只是一个感冒，症状也是千变万化的，即使是同一个人，在不同的时间、季节，不同的地域，不同的心情，不同的诱因下症状也不相同。本文旨在通过宣桂琪教授多年临证经验的总结，就感冒这个常见病的诊疗，给出理论联系实际的思路，为初学者指点迷津。

第三节　善从食积调儿病

"食积"是个病名，也是一个病因，对小儿疾病的发生、发展及预后均有重大影响，因而必须引起儿科医师的高度重视与全面认识。现就宣桂琪教授临床所得，归纳如下：

食积是指食滞不消，日久成积。《诸病源候论·小儿杂病诸候》有"宿食不消候""伤饱候"之记载。明朝《症因脉治》可见"食积咳嗽""食积喘逆"，可见当时已认识到食积是产生咳喘的原因之一。清代沈金鳌认识到"小儿之病，多乳食不化，即或六淫相干成疾，亦必兼宿食"，从而可以看出食积是小儿多种疾病的兼挟症。

一、食积产生的原因

小儿脏腑娇嫩，形气未充，脾胃虚弱，筋骨未坚，处于"稚阴稚阳"

阶段，同时生机蓬勃，发育迅速，因此小儿较成年人需要更多的水谷精微物质。然而小儿"脾常不足"的生理特点使小儿极易为乳食伤害，发生食积，尤其是易感、多病的患儿更易伤食。

1）与小儿喂养失宜，尤其是过多饮食有关。脾胃不堪重负而发生食积，故《诸病源候论》有"伤饱候"一症。此种食积是目前众多疾病的产生原因之一，必须引起我们的高度重视。

2）过食生冷，生冷入胃，伤于脾胃，寒阻中焦，中焦不利，日久生热，湿热中阻，诸证群起。

食积可以引起脾胃病，如呕吐、泄泻、腹痛等疾病在教科书上已作详细讲解，本文主要就食积引起的消化道疾病，如慢性胃炎、食管反流、咳喘、失眠、多发性抽动症……的症状、治疗作一探讨，同时对食积影响疾病的发展作一论述以引起各位同仁的关注。

二、食积是产生多种疾病的原因

1. 慢性胃炎

症见脘腹作痛，食后尤甚，嗳气，嘈食多酸，纳食欠佳，面色欠华，夜卧不安，大便不化或干结，舌红苔薄黄或黄腻，脉弦滑数。治拟清化消滞和中（气滞郁热型为多）。

炒枳壳5g　制川朴5g　陈皮3g　姜半夏3g　炒黄芩3g　蒲公英12g　制元胡5g　茯苓10g　焦六曲6g　制香附5g　佛手片3g　炙鸡金6g

口苦口干（阳明胃热）者加花粉、石斛；便秘者加全瓜蒌；积滞者加槟榔。

2. 食管反流

症见恶心，呕吐，胸骨柄后有烧灼感，夜卧不安，有的可兼咽痛充血、干咳等咽喉部症状，舌红苔薄黄或黄。治拟辛开苦降调中，方用温胆汤加减。

炒黄芩3g　姜半夏3g　茯苓10g　炒枳壳3g　姜竹茹3g　陈皮3g　炙鸡金6g　炒六曲6g　苏梗5g　煅瓦楞子12g

兼有咳嗽加玄参5g，杏仁5g，象贝5g。

3. 食积咳嗽

症见一是咳嗽反复发作，二是咳嗽一发日久难愈。在易感儿中见舌苔较厚，消化不良者就属于本型咳嗽，而伴体虚肝旺者尤多。正如《黄帝内经》所云："五脏六腑皆令人咳，非独肺也。"治拟一清其热；二祛其痰；三消其食。

可在清肺化痰中加入三子养亲汤、川朴、杏仁、槟榔、鸡金、焦楂曲等，往往能起到事半功倍的疗效。

4. 哮喘

明朝《症因脉治》有"食积喘逆"一说。《医宗金鉴·幼科心法要诀》云："食积尤痰热熏蒸，气促痰壅，咳嗽频。"因而食积是引发哮喘的原因之一。现代医药研究证实，食管反流可以使胃内容物通过下端括约肌频繁地收缩逆流到食管部位，食物进入气管从而引起哮喘，从中医来讲是食积内滞化生湿热，以致胃失和降，肺失肃降而为咳喘。

症见咳嗽，气急痰多，哮鸣有声，同时兼有恶心呕吐，脘腹作痛，舌红苔黄，并有反复发作之势，大多发于多食之后（在临床上，哮喘反复发作，兼有消化不良，恶心呕吐，脘腹不适者，容易兼有本型）。治疗上可以兼用降气化痰平喘之法。轻者用温胆汤；重者用旋覆代赭汤。

旋覆花6g　代赭石（包）10g　姜半夏5g　炒黄芩5g　炙桑白皮6g　杏仁5g　炙苏子5g　大力子5g　炒莱菔子5g　炒枳壳3g　炙鸡金6g　地龙6g　炙款冬5g　蒲公英12g　陈皮3g　茯苓10g

5. 多发性抽动症

多发性抽动症原因十分复杂，目前达成共识的一是感染，二是微量元素缺乏，三是产伤缺氧。

微量元素缺乏与食积有一定的联系。因过多饮食、挑食导致营养失衡，此多彼少促使本病的发生。特别近十余年来发现挟有食积者服药后（平肝祛风，镇静安神）虽有好转，但日久不愈。这最主要是食积于内，可以化生痰湿，流注经络，或者食积于内，以致气滞血瘀。前者临床上多见体态肥胖，后者可见面色瘀黑。在治疗上前者加入化痰之品，如二陈汤、制胆星、天竺黄、制天虫化痰通络。后者加入四逆散、当归、丹参理气活血，并嘱病人注意不能过多饮食，特别是垃圾食品，病情大部分得到了较快的治愈。

杭州民间有句俗语"呆屎塞心肝"是对本病的形象概括，说明饮食过量，超出了患儿的消化能力，影响到脾主运化、肝主疏泄，导致体内气机不畅，心主神明，肝主疏泄，疏泄不畅，气运受阻，心神失养，因而神志活动受限，心肝同病，抽动不能自愈，而其他多动症、自闭症、癫痫都可以出现此种情况。

三、食积影响小儿疾病的转归与预后

1. 对外感疾病的影响

外感六淫是小儿多种疾病的发病原因，如上呼吸道感染、支气管炎、肺炎、扁桃体炎、化脓性扁桃体炎、口腔炎、鹅口疮等，这些疾病如无食积，发病后症状较轻，宜清宜治；如挟有食积，形成"伏火""郁火"，则热难清、痰难化，病程较长，难于较快痊愈，这主要是无形之热与有形之积相挟，则使热难清，在临床上必须引起重视。现简述如下：

（1）反复上呼吸道感染：平时常见于阴虚火旺之体或过敏体质者，如无食积，感冒后易停留于鼻塞流涕或稍咳嗽，若挟有食积（多见于多食者孩或慢性胃炎者），则发病更易咳嗽较重、发热较高、病程较长。对此种患儿，只能在治疗上呼吸道感染的同时注意消食与调和中焦，用药一段往往能较快改善症状（比如退热快、咳嗽轻），防止再度发病。

一般加用枳壳、鸡金；有胃中湿热者，加黄芩、半夏。

（2）急性扁桃体炎、化脓性扁桃体炎：在临床上，我们都认为是外感风热邪毒所致，实际上本病与食积有很大关系。平时有食积或中焦湿热者，感受风热邪毒，充斥三焦，遂成三焦郁火，上冲于喉与外邪相搏，以致咽喉红肿，血腐肉烂而成本病。

因而在治疗上，一定要表里双解，清热解毒，尤要重视清三焦之热，可采用银翘散、白虎汤、凉膈散加减。便秘者一定要通便，轻者润肠通便，重者用承气汤之类，使邪有出路，食滞亦消。

（3）口腔炎：多见于体虚肝旺之体，或病后余邪未净，又加心脾郁热所致，此时一般单用清热泻火之品疗效欠佳，必须在清邪伏火的同时加以疏散，取泻黄散之意，食积甚者加藿香，阴虚火旺者加薄荷，以芳香醒脾、疏散伏火，往往能达到事半功倍之效。这正如农村烧草木灰，一堆燃烧的草堆上有泥土覆盖，如要它熄灭，必须扒开火堆再浇上水，则火能很快熄灭，在此藿香、薄荷的芳香，就如扒开火堆的作用，以助寒凉药的清热作用。

2. 对神经系统疾病的影响

食积是诸多神经系统疾病的产生原因之一，同时影响这些疾病的转归与

117

预后。现述于下：

（1）小儿高热惊厥：属于"感冒挟惊""急惊风"的范畴，它的发作与发病前是否有食积郁热有关。有则易感受外邪，且外邪易于入里化热。又小儿肝常有余，柔不济刚，内有食积，外有邪气，两者合而引发高热，心肝火动，热极生风，则表现为惊风抽搐。故《活幼珠玑》云："急惊者，小儿元气素实，或因惊恐，或因风寒，或因饮食而致。"《婴童百问》说："盖因内有实热，外夹风邪，心经受热则惊，肝经生风而发搐。"山东中医药大学对高热惊厥的防治重在消积导滞。我院对小儿高热惊厥体质分析，虽然以阴虚火旺有关，但脑电图异常者，大部分兼有痰食。有痰食者，大多为复杂型高热惊厥，治疗难度增大。

在临床上防治小儿高热惊厥，一是养阴平肝，改善小儿易感体质；二是消除痰食；三是活血化瘀，改善脑电图异常。

（2）多发性抽动症：食积是多发性抽动症的病因之一，又是抽动症反复发作日久不愈的病根。如果食积转化为痰湿，影响气血运行，导致气滞血瘀，气血不足，更可产生高血脂、脂肪肝、肥胖症等，从而反过来又导致多发性抽动症不能治愈。

多发性抽动症因微量元素失调而发病，如低锌、高铅等，现已成为共识，而从中医的角度来看很多微量元素失调的病人大多与多食有关。眼下由于父母的溺爱，过多的高脂肪、高蛋白及众多垃圾食品，而又加挑食、偏食以致微量元素严重失调，影响多巴胺分泌失调，从而导致抽动发生。

现代医学研究说明消化道本身具有肠神经系统，可以不依赖中枢神经系统，而独立行使功能，称之为"肠之脑"。中枢神经系统、自主神经系统和肠神经系统通过神经-体液免疫机制联系起来，称为"脑肠轴"。肠神经系统的反射传到中枢神经系统，同时又受中枢神经系统的调节，称为"脑-肠互动"。食积可能通过此种途径影响中枢神经系统，从而导致本病的发生并影响其发展。祖国医学"胃不和则卧不安"，杭州民间俗语"呆屎塞心肝"说明我们祖先早就认识到多食、食积可以影响脾之运化、肝之疏泄，心失所养，从而出现心肝不利之症。

从上所述可以看出，多食、食积是导致多发性抽动症的原因之一，必须引起高度重视。一旦多食、食积产生痰湿影响气血运行，气滞血瘀，甚至出现气血不足之症，从而使本病难以治愈。前者因痰湿可以产生肥胖、脂肪肝、肝功能损伤；后者可以产生高脂血症。在治疗上前者可以加二陈汤、茵陈、决明子、平地木；后者可以加柴胡汤、生山楂、当归、丹参、川芎、黄芪，理气活血而获效。

第四节　博古通今创妙方

宣桂琪教授自初学中医至今广泛阅读经典、名家著作，真正做到"循序而渐进，熟读而精思"。在潜心钻研古方、总结"宣氏儿科"前辈经验的基础上，结合多年临床研究创制了多张有效经验方，并且至今仍在不断地根据临床效果探索和改进。现介绍如下：

一、宣氏抽动方

组成：生龙齿10g，生石决明10g，地龙6g，全蝎2g，生白芍6g，茯苓10g，天麻5g，生甘草3g，郁金5g，菖蒲5g。

功能：平肝祛风。

主治：小儿多发性抽动症肝风内动证。症见挤眉弄眼，耸鼻耸肩，嘴角抽动，点头摇头，清嗓异声，胸腹及四肢抽动等。

用法：每日1剂，水煎80～150毫升，分2次服用。1～3个月为一疗程。

方解：宣桂琪教授认为小儿多发性抽动症，无论什么原因引起，其病机无外乎肝风内动。病位主要在肝，病性多属虚实夹杂。方中生龙齿性凉，味涩、甘，归心、肝经，具镇静安神、清热除烦之功效；生石决明性微寒，味咸，具清肝平肝、滋阴潜阳之功，二者共为君药，平肝潜阳、镇静安神。地龙、全蝎平肝祛风，搜风解痉为臣药，以达治风之标。白芍配石决明柔肝平肝，增强石决明平肝潜阳之功效，白芍配甘草又能酸甘化阴，缓急解痉，为佐使药。天麻平肝潜阳，祛风通络；茯苓健脾；郁金、菖蒲理气开窍以增安神熄风之效，共为佐使药。诸药合用，共奏健脾平肝、祛风潜阳之功。全方特点在于针对病机、兼顾标本。

加减：若风邪留恋，清嗓子明显者加用玄参6g，射干3g，板蓝根6g；若风邪留恋，摇头、扭脖子明显者加用葛根6g，伸筋草6g；若风邪留恋，鼻塞、吸鼻明显者加用桑叶6g，辛夷6g；若肝火偏盛，脾气急躁者可加焦山栀3g，夏枯草3g；饮食所伤，舌苔厚腻者可加生山楂6g，花槟榔5g；若伴多动难静，成绩欠佳者可加制首乌5g，益智仁6g。

临床应用：本方对于肝风内动型多发性抽动症患儿均可加减使用。辨证要点：挤眉弄眼、耸鼻耸肩、嘴角抽动、点头摇头、清嗓异声、胸腹及四肢抽动等，舌红，苔薄，脉弦细数。

典型病例

患儿，男，5岁，2016年2月2日因抽动症发作半年余就诊。患儿反复眨眼，耸鼻，喉间清嗓声，伴有鼻塞流涕，面色欠华，咽红而肿，胃纳可，喜食荤腥，剖宫产，幼时反复扁桃体炎，扁桃体肥大，舌红，苔薄腻，脉弦细数。诊断为多发性抽动症，证属风邪留恋、肝风内动型。治以平肝祛风，清热利咽，镇静安神。处方如下：

生龙齿（先煎）10g　生石决明（先煎）10g　生白芍5g　茯苓10g　地龙6g　全蝎2g　郁金5g　菖蒲5g　天麻5g　桑叶6g　辛夷5g　焦栀子3g　玄参5g　射干3g　板蓝根6g　丹参6g

根据患儿症状变化，随证加减，巩固十周，抽动症状完全缓解，随访10个月未复发。

二、宣氏归宁汤

组成：首乌6g，益智仁6g，龟板6g，龙齿10g，郁金5g，石菖蒲5g，生白芍6g，茯神10g，炙远志5g。

功能：益肾开窍，育阴潜阳。

主治：肾精亏虚，阴虚阳亢型注意力缺陷多动障碍综合征。证见多动难静，言语冒失，脾气急躁，注意力不集中，成绩欠佳，舌红少苔，脉弦细。

用法：每日1剂，水煎100～150毫升，分2次温服。8～12周为一疗程。

方解：宣桂琪教授认为小儿多动症多由肾精亏虚，水不涵木，肝阳偏亢所致，属本虚标实，治疗当从滋肾平肝，育阴潜阳入手。方中制首乌性甘润，入肝肾经，可生精益髓补肝血，味微温；益智仁味辛，入肾经，既有益肾固精之功，又有开窍宁神之效，与制首乌共为君药以补肾精亏虚之本。龟板性甘寒，归肝、肾经，长于滋补肝肾之阴，兼能潜阳；龙齿，性甘平，入肝、肾经，可益阴潜阳安神。龟与龙两者皆灵物，一则入肾而宁其志，一则入肝而安其魂，共为臣药，不仅助君药以益肾，又平肝潜阳安神，以治"阳亢"之标。郁金，能解郁开窍，且性寒，既入气分，又入血分，在清心火之时又可行气活血；石菖蒲，味辛温，芳香走窜，不仅可开窍醒神，又有安神益智，聪耳明目之功；生白芍气寒味苦酸，可养血敛阴，平抑肝阳；茯神味甘淡，善渗泄水湿，使湿无所聚，痰无由生，上四味共为佐使。诸药配伍，共奏补益肾精，滋阴潜阳，醒神开窍之效。

加减：急躁易怒，冲动任性者，加制胆星5g，天竺黄5g以清痰火；记忆力欠佳，学习成绩低下者，加用枸杞子6g，桑椹6g，覆盆子6g以固精充髓；不易入睡，多梦易醒者，加五味子5g，酸枣仁6g养血安神；消化不良，大便偏干，舌苔厚腻者，加用槟榔5g，山楂6g以消食导滞。

临床应用：生首乌目前临床报道其肝、肾毒副作用较多。制首乌经过九蒸九晒炮制后，不良反应明显减少，我们在临床应用过程中未发现其明显的毒副作用，可能与临床应用的剂量有关，宣桂琪名中医在临床应用制首乌时，一般剂量控制在6g以内。应用时间超过3个月者，应定期复查肝、肾功能。

典型病例

患儿，男，9岁8月。发现多动难静1年余。1年余前，家长及老师发现患儿多动难静，脾气急躁，上课时注意力不集中，易打扰别人，时有打架，智力尚可，但成绩一般，曾外院诊断为"注意力缺陷多动障碍"（多动-冲动型），间断服用专注达治疗，但停药后上述诸症未见明显改善，足月平产，胃纳一般，睡眠尚可，二便无殊，舌红，苔薄脉弦细数。治以平肝益肾，醒脑开窍。处方如下：

制首乌6g　益智仁6g　龟板6g　龙齿（先煎）10g　石决明10g　煅磁石10g　郁金5g　菖蒲5g　生白芍6g　茯神10g　枸杞子6g　丹参6g

上方为基本方，随症加减，服用2个月后，老师及家长反映患儿渐能安静，注意力较前集中，上课打扰别人及与同学吵架、打架次数较前明显减少。

三、宣氏防惊方

组成：南北沙参各6g，生白芍6g，生石决明（先煎）10g，炒白术6g，茯苓10g，郁金5g，石菖蒲5g。

功能：养阴平肝，健脾开窍。

主治：小儿热性惊厥阴虚火旺、脾虚肝旺证。症见平素反复易感，脾气急躁，手足心热，盗汗明显，夜寐不安，有热性惊厥发作史。

用法：每日1剂，水煎80～150毫升，分2～3次温服。4周为一疗程。

方解：宣桂琪教授多年临证发现，阴虚火旺之体是热性惊厥反复发作的内在因素，在此基础上感受风邪，入里化热，扰动心神，引起惊厥发作。此病病位在心，与肺、肝、脾亦有关系，病性当属本虚标实。方中南北沙参，甘、微寒，归肺、胃经，养阴生津，二者共为君药，益肺胃之气而无生火之弊，可增强患儿抵抗力。生白芍，苦、酸、微寒，归肝、脾经，养血柔肝，平抑肝阳；生石决明，咸、寒，归肝经，平肝清肝；炒白术，甘、苦、温，入脾、胃经，健脾益气；茯苓，甘、淡、平，入心、脾经，健脾宁心，上四药共为臣，生白芍配石决明则肝木得平，炒白术配茯苓则脾土得健，四者相合，肝木不亢、脾土不虚，心神自宁，惊厥不作。郁金，辛、苦、寒，归心、肝经，能清心解郁开窍；石菖蒲，辛、苦、温，归心、胃经，可开窍醒神益智，二者同为佐使，增强清心宁神开窍之功。全方共奏养阴平肝、健脾开窍、宁心防惊之效。

加减：平素扁桃体炎反复发作、乳蛾红肿者，酌加玄参6g，射干3g，板蓝根6g；脾气急躁、手足心热者，酌加焦山栀3g，丹参6g，地骨皮3g；夜寐不安、易惊者，加酸枣仁6g，炙远志5g，合欢皮6g。

临床应用：对于热性惊厥反复发作，辨证为阴虚火旺、脾虚肝旺的患儿，在病情平稳、邪去未发之时，本方可加减使用。

典型病例

患儿，男，2岁3月。既往10月龄后反复呼吸道感染，每次发热均伴有惊厥发作，持续时间3～5分钟不等，曾脑电图检查提示临界状态。2016年12月30日初诊，10天前再发高热惊厥1次，刻下症见形体偏瘦，面色欠华，鼻梁现青筋，平素脾气急躁，夜寐欠安，盗汗明显，胃纳一般，大便偏干，乳蛾红肿，舌边尖红，苔薄，指纹红紫。根据患儿病史、临床症状、脑电图诊断为复杂性热性惊厥。中医辨证属阴虚火旺、脾虚肝旺证。治宜养阴平肝，清心宁神，健脾开窍，予宣氏防惊方加减，具体如下：

南沙参6g　北沙参6g　生白芍6g　石决明（先煎）10g　郁金5g　石菖蒲5g　天麻4.5g　钩藤（后下）9g　炙远志5g　丹参5g　炒白术6g　茯苓10g

上方酌情加减治疗1个月后，患儿脾气急躁好转，鼻梁青筋不现，夜寐转安，胃纳变馨，后复查脑电图未见明显异常，随访至2018年3月，患儿外感次数明显减少，1年来呼吸道感染2次，发热时惊厥均未再发作。

四、宣氏喉咳汤

组成：防风3g，桔梗5g，甘草3g，僵蚕6g，玄参6g，射干3g，天冬5g，橘络2g。

功能：疏风利咽，润肺生津。

主治：小儿喉源性咳嗽诸证。症见咳嗽日久，阵咳或呛咳，干咳无痰或少痰，咽干而痒，可兼有鼻塞流涕、咽痛等。

用法：每日1剂，水煎150毫升，分2次服。

方解：宣桂琪教授认为小儿喉源性咳嗽是在肺肾阴虚、心肝火旺的体质基础上，复感风邪，日久生内火、郁热、痰湿而发病，病位在五脏。故强调在治疗时须表里同治，寒热并用。方中防风祛风疏散久恋之邪，桔梗、甘草宣肺祛痰利咽，僵蚕祛风化痰散结，以上四味共为君药，有疏风祛痰，散结利咽之效。玄参凉血滋阴，泻火解毒；射干清热解毒，消痰利咽，两者共为臣药，加强清润利咽之功。天冬甘寒质润，下能润燥而养阴，上能清肺而化痰，使郁热清而不伤阴；橘络通络理气，祛痰活血，防止药物过于凉润滋腻而痰湿难清，两者共为佐使药。全方共奏疏风利咽，润肺生津之功效。

加减：咽痛甚者，加马勃2g，金果榄3g；扁桃体红肿者，加板蓝根10g；咽痒、鼻痒、过敏体质者，加蝉衣5g，紫草5g；咳嗽日久者，加乌梅5g；痉咳者，加葶苈子4.5g，地龙5g；急躁易怒者，加焦山栀3g，夏枯草3g。

临床应用：本方不论风寒、风热、风燥之喉源性咳嗽皆可加减应用。

典型病例

患儿，男，6岁。反复咳嗽3月余。曾口服头孢类、阿奇霉素、开瑞坦等均无明显效果，于2015年1月就诊于我院，就诊时患儿晨起及夜间阵咳，时轻时重，干咳少痰，咽干而痒，咽红而肿，伴鼻塞流涕，胃纳尚可，夜寐安，二便无殊，舌红，苔薄白，脉浮细数。平素易感，有婴儿湿疹史、喘息史、过敏性鼻炎史。查胸片、血常规+CRP均无异常。诊断为喉源性咳嗽。辨证属风邪留恋。治以疏风利咽，清热化痰，润肺生津，予喉咳汤加减。处方如下：

防风3g　桔梗5g　甘草3g　僵蚕6g　玄参6g　天冬5g　橘络2g　炙桑白皮6g　浙贝6g　炙苏子5g　大力子5g　炒葶苈子4.5g　炒银花10g　炙冬花6g　板蓝根10g　辛夷5g　焦山栀3g

浙江中医临床名家·宣桂琪

共5剂，每日1剂，水煎分2次服。

二诊：患儿咳嗽减少，少痰，咽痒、鼻塞、流涕症状缓解，咽稍红，双侧扁桃体Ⅰ度肿大，二便无殊，舌红苔薄白，脉细数。上方去炒葶苈子、大力子、炒银花，共5剂，服法同上。药后患儿诸症均消。

第五节　善用药对获良效

中医药对是指两味药成对相配，多有协同增效或减毒作用。药对大部分出自《伤寒论》等的经典方及一些古代名方中；另外也出自临床医生的医学经验。

一、功效相对的药对

两种药物性质相对，气味不同，功能有异，比如气与血，寒与热，补与泻，散与收，升与降，经过配伍改变了原来的功效，取得新的药效。

1. 桂枝、白芍（气血）

桂枝：气分药，温经散寒。

白芍：血分药，养血缓急。

气血相配，出自《伤寒论》桂枝汤、小建中汤、桂枝龙牡汤。

桂枝汤：调和营卫，治疗营卫不和，表证中风，发热自汗，伤寒中风表证。

小建中汤：建中缓急。

桂枝龙牡汤：治疗阴阳失调引起的多种神经系统疾病，对体温中枢有调节作用，对内伤疾病的发热有调节作用，能调整脏腑失和。

2. 人参、丹参（气血）

人参：益气养心，补气养血。

丹参：养心活血，用于心血不足的失眠、心悸怔忡。

二参丹：养心和血。

3. 金铃子、玄胡（气血）

金铃子：理气止痛。

玄胡：调血止痛。

金铃子散：理气活血止痛，主治上腹痛。

4. 山栀、丹皮（气血）

山栀：走气分而泻三焦之火。

丹皮：泻血分之热。

两药配伍清肝热，凉肝血，如丹栀逍遥丸；还可治反复发作的咽炎。

5. 黄连、吴萸（寒热）

黄连：清中焦湿热，清心肝胃之火，解毒。

吴萸：散寒止痛，降逆止呕。

左金丸：寒热相配，清肝和中，治肝胃不和，嘈杂吞酸，胸胁胃脘痛。

6. 黄连、肉桂（寒热）

黄连：清热燥湿，泻火解毒。

肉桂：温肾，引火归源。

交泰丸：寒热相配，交心肾，治失眠怔忡，心火亢盛。

7. 黄连、干姜（寒热）

黄连：清胃火。

干姜：温中。

泻心汤意：辛开苦降，除邪结于胸，主治恶心呕吐。

8. 柿蒂、丁香（寒热）

柿蒂：苦、涩，平，降逆止呃。

丁香：温中降逆，散寒止痛。

丁香柿蒂汤：温气降逆，主治虚寒呃逆。

9. 石膏、细辛（寒热）

石膏：清胃火。

细辛：散少阴之邪。

二辛散：消牙龈肿痛，清胃火入少阴。

10. 黄连、木香（寒温）

黄连：清热燥湿。

木香：理气止痛。

香连丸：清热止痢，主治湿热痢疾，腹痛，大便溏烂，夹有黏液。

11. 黄芩、厚朴（寒燥）

黄芩：清热燥湿，泻火解毒，安胎止血。

厚朴：芳化燥湿。

苓朴汤：化脾胃之湿热，清暑温、湿温，邪在中焦，补消同用。

12. 黄柏、苍术（寒燥）

黄柏：清热燥湿，泻火除黄。

苍术：燥湿健脾，祛风散寒。

二妙丸：清热燥湿，治下焦之湿热，用于湿热脚气，痿症，湿疹。

13. 白术、枳实（补消）

白术：健脾补中。

枳实：理气消积。

枳术丸：补消同用，扶脾消积。

14. 黄芪、防风（补散）

黄芪：生黄芪走表，益气固卫。

防风：祛风。

玉屏风散：一补一散，益气固卫，治体虚感冒，祛除留恋风邪。小儿纯阳之体，随拔随应，注意补气药的运用，气有余便是火。

15. 白芍、柴胡（补散）

白芍：养肝平肝，兼制柴胡之伤阴。

柴胡：疏肝清热。

小柴胡汤、四逆散：和肝泻热，清除肝热，加枳壳以理气。

16. 鳖甲、青蒿（补清）

鳖甲：养阴清热，软坚散结。

青蒿：清暑热，透潮热。

青蒿鳖甲汤：滋阴清热，主治骨蒸潮热，温病后期，虚热不退。

17. 芝麻、桑叶（补清）

芝麻：滋肾养肝。

桑叶：平肝清热祛风。

桑麻丸：滋肝肾，平肝阳，主治头晕。

18. 白矾、郁金（敛散）

白矾：化痰涤痰。

郁金：理气开窍。

白金丸：涤痰开窍，主治癫痫。

19. 柴胡、前胡（升降）

柴胡：和解少阳，祛邪外出。

前胡：降气化痰，疏散风热，配宣肺药有宣肺化痰之功。

败毒散：祛邪止咳。

20. 桔梗、枳壳（升降）

桔梗：宣肺化痰排脓。阴虚火旺者慎用。桔梗上浮，对胃有刺激。

枳壳：有升有降，舒张平滑肌。

杏苏散：调胸膈气滞，排痰。

21. 黄连、半夏（辛苦）

黄连：苦寒，降火。

半夏：辛温，辛散温通，化痰燥湿。

泻心汤：和中止呕，辛开苦降，治疗呕吐。

22. 乌梅、生地（酸甘）

乌梅：涩肠止泻，安蛔止痛。

生地：养阴益肾。

生梅汤：酸甘化阴，消渴，脱敏，主治过敏性疾病。

23. 乌梅、黄连（酸苦）

乌梅：酸，涩肠止泻，安蛔止痛。

黄连：苦，苦寒，降火。

乌梅丸：泻烦热，安蛔。既能止痢（圣惠方、乌梅丸），又能治蛔厥（《伤寒论》乌梅丸）。

24. 当归、白芍（动静）

当归：补血调经，活血止痛，润肠通便。

白芍：养血敛阴，柔肝止痛，平抑肝阳。

四物汤：养血和血，用于一切血虚之症，月经不调。

二、功效相同的药材

两种功能相同的药物配伍，互相发挥特长，增加疗效。如理气化湿，通阳发汗，发表清里，相使相辅，用为佐使药。

1. 苍术、厚朴。

苍术：燥湿健脾，祛风散寒。

厚朴：燥湿化痰，下气除满。

平胃散：燥湿行气，用于湿阻中焦，脘腹胀痛，泄泻，需与理气、消食、利湿同用。平胃散与茯苓、车前、米仁同用，注意病症以湿为主，尚未化热，苔白腻。若苔糙或黄，宜加甘寒养阴之花粉、石斛、芦根。

2. 豆豉、葱白

豆豉：解表除烦，风寒、风热均可用。

葱白：发汗解表，散寒通阳。

葱豉汤：散寒通阳，用于感冒轻症。

3. 半夏、陈皮

半夏：燥湿化痰，降逆止呕。

陈皮：理气化痰。

二陈汤：理气健脾，燥湿化痰，用治寒痰湿痰，伤食引起的呕吐。

4. 杏仁、浙贝

杏仁：泻肺化痰，宣肃肺气，润肠通便，肃降兼宣发。

浙贝：清热散结化痰。

桑杏汤：清热化痰，散结消痈，顺气化痰，主治风热、痰热咳嗽，通过配伍亦可用于寒痰。

5. 知母、川贝

知母：清热泻火，生津润燥。

川贝：清热化痰，润肺止咳。

二母散：润肺化痰，用治虚劳咳嗽，肺热咳嗽。

6. 枳实、竹茹

枳实：破气除痞，化痰消积。

竹茹：清热化痰，除烦止呕。

温胆汤：和胃止吐，主治伤食、胃热呕吐。

7. 木香、槟榔

木香：行气止痛，健脾消食，止痢。

槟榔：理气杀虫消食。

木香槟榔丸：行气导滞，用于食滞之脘腹胀满、便秘；泻痢。

8. 人参、蛤蚧

人参：大补元气，补脾益肺肾。

蛤蚧：补肺益肾，纳气平喘，助阳益精。

人参蛤蚧散：补气纳气平喘，主治肺虚咳嗽，肾虚气喘。

9. 黄芪、防己

黄芪：补脾肺之气，生血利水。

防己：利水。

防己黄芪汤：益气行水，主治水肿，（行皮水）脾虚水肿。

10. 人参、附子

人参：补气，大补元气，用于亡阳、气脱之症。

附子：回阳救逆，散寒止痛，补火助阳。

参附汤：温补元气，回阳救逆。

11. 黄芪、附子

黄芪：补脾肺之气，生血利水。

附子：回阳救逆，散寒止痛，补火助阳。

芪附汤：温固卫气，主治大汗淋漓，亡阴之阳。

12. 白术、附子

白术：健脾益气，燥湿利水，止汗。

附子：回阳救逆，散寒止痛，补火助阳。

术附汤：温补中气，主治脾阳之泄泻，水肿，痰饮。

13. 附子、茯苓

附子：回阳救逆，散寒止痛，补火助阳。

茯苓：渗湿利水，健脾和胃，宁心安神。

两药相和，温肾利水，治脾肾阳虚之水肿，泄泻，小便不利。

14. 黄柏、知母

黄柏：清热燥湿，泻火除黄，解疮毒，泻下焦湿热。

知母：清热泻火，生津润燥，制黄柏之苦燥。

两药相合，清下焦湿热，主治阴虚火旺之潮热盗汗、遗精，下焦热毒。

15. 人参、党参、黄芪

人参：补气作用最强，益气固脱，安神增智，补气助阳。

党参：补气较平和，补肺脾之气，兼能补血。

黄芪：补元气之力不及人参，长于补气升阳，益气固表，托毒生肌，利水退肿。

人参、黄芪补气生津，补气生血，常相须为用，可增强药效。

三、功效相似的药材

功效与作用相似的，加强药效，使脏腑之间功能得以联系加强

1. 黄芪、党参

党参：补五脏之气。

黄芪：补中气，补卫气。

两药相合，补一身之气。

2. 附子、肉桂

附子：回阳救逆，温经散寒，补火助阳。

肉桂：温肾通阳。

两药合用，增加补阳功效，温心脾肾之阳，回阳救逆。

3. 山药、扁豆

山药：补脾补肾。

扁豆：补脾，升胃气。

两药合用，用于脾虚腹泻；小儿用扁豆衣，升提脾气。

4. 沙参、麦冬

沙参：养阴清肺。

麦冬：养心养肺养胃之阴。

两药合用，润肺生津，用于阴虚肺燥。

5. 柏子仁、枣仁

柏子仁：养心安神通便。

枣仁：养心益肝安神。

两药合用，养心安神作用相加，便溏者慎用。

6. 杜仲、川断

杜仲：补肝肾，强筋骨，安胎。

川断：补肝肾，强筋骨，疗伤续骨。

两药合用，补肾强腰作用加强，用治肾虚腰膝酸痛诸证。

7. 麻仁、瓜蒌仁

麻仁：润肠通便，滋养补虚。

瓜蒌仁：清热润肠通便。

两药合用，润肠通便，用于肠燥便秘。

8. 金樱子、芡实

金樱子：固精缩泉。

芡实：益肾固精收涩。

水陆二仙丹：固精，主治遗尿。

9. 赤石脂、禹余粮

赤石脂：甘温，涩肠止泻。

禹余粮：甘平，涩肠止泻。

两药相合，治虚证久泻，或暴泻暴痢滑脱。

10. 谷芽、麦芽

谷芽：助消化不伤胃，健脾开胃，用于外感后食欲不振。

麦芽：健脾消食，消米面食，生麦芽回乳。

两药合用，助消化，多用于热病后食欲不振。

11. 升麻、柴胡

升麻：升提，解表，透疹。

柴胡：清热疏肝。

补中益气汤：甘温除大热。

12. 旋覆花、代赭石

旋覆花：降气，止呕，"诸花此物独降"。

代赭石：平肝潜阳，重镇降逆。

两药合用，主治胃气上逆之呕吐，肝气犯胃，与龙牡、白芍同用；降肺气，主治小儿哮喘。

13. 海藻、昆布

海藻：消痰利水，软坚消肿。

昆布：消痰利水，软坚消肿。

两药作用相同，合用增强消痰核，软坚散结作用，治疗淋巴结肿大，腮腺炎，睾丸炎，乳核增大。

14. 三棱、莪术

三棱：破血行气，消积止痛，从血药治血，从气药治气。

莪术：消痞止痛。

两药合用，活血祛瘀消痞，血虚者慎用。

15. 茯苓、赤苓

茯苓：渗湿利水，健脾和胃，宁心安神。

赤苓：行水，利湿热。

两药合用加强利水之功。

16. 当归、川芎

当归：补血调经润肠，用于血虚诸证。

川芎：活血行气，祛风止痛。

两药合用，养血活血，用于一切血虚兼瘀者，佐行血药更助补血。

17. 桃仁、红花

桃仁：活血祛瘀，润肠平喘。

红花：活血调经，祛瘀止痛，辛散温通。

两药合用祛瘀之力大增。

18. 蒲黄、五灵脂

蒲黄：化瘀止血。

五灵脂：活血止痛，化瘀止血。

失笑散：化瘀止血，活血止痛，用于血瘀较重的跌打损伤、经痛、胸痹，肝硬化者慎用。

19. 银花、连翘

银花：清热解毒，透表。

连翘：清热解毒，亦有清心的作用。

两药合用，清热解毒作用加强。

20. 藿香、佩兰

藿香：芳化，解表，止呕。

佩兰：芳化，醒脾。

两药合用，芳香化湿，主治湿邪内阻，暑湿表证，呕吐。

21. 黄连、黄芩

黄连：清热燥湿，泻火解毒，清胃、心、大肠之火。

132

黄芩：清热燥湿，清肺、胃之火。

两药相合，清热泻火，用于中焦湿热，仿泻心汤法；用于下焦湿热，仿葛根芩连汤法。

22. 桑叶、菊花

桑叶：疏风清热，清肺润燥，又能清肝热。

菊花：疏风清热，清肝明目。

两药合用，疏风清热，用于风热感冒咳嗽，如桑菊饮；肝阳上亢之头晕目眩（高血压）。

23. 羌活、独活

羌活：解表散寒，祛风胜湿止痛，解表之力较强。

独活：祛风湿，解表，止痛。

两药合用、可治外感风寒挟湿之头痛、身痛，方为羌活胜湿汤；风寒湿痹，肢体关节疼痛，止痛效佳。

24. 川乌、草乌

川乌：祛风湿温经止痛。

草乌：作用同川乌，毒性更强。

两药同用，祛风散寒胜湿，止关节痛，主治风寒湿痹，用量1.5～3g，毒性药，久煎，儿童慎用。

25. 青皮、陈皮

青皮：疏肝行气化滞，入肝胆，性猛峻。

陈皮：理气健脾，燥湿化痰，入肺脾。

两药合用，疏肝理气止痛，用于气滞引起的脘腹疼痛（三皮汤），食积腹痛（加消食药）。

26. 苏梗、藿梗

苏梗：解毒，宽胸利膈，顺气化痰。

藿梗：化湿止呕解暑。

两药合用，和中降逆，治感冒挟湿，暑温湿温，呕吐。

27. 天冬、麦冬

天冬：养阴润燥，滋肾阴，清肺生津。

麦冬：养阴生津，润肺清心。

两药合用，滋养肺肾，治肺肾阴虚之咳嗽、潮热。

28. 芦根、茅根

芦根：清肺卫气分之热，清热泻火，生津止咳。

茅根：清肺胃之热，凉血利尿。

两药合用，清肺胃热，治胃热呕吐，肺热咳嗽，尿痛。

29. 砂仁、蔻仁

砂仁：行气化湿，温中止泻。

蔻仁：行气化湿，温中止吐。

两药合用，健脾胃，化湿，止吐泻，用于寒证吐泻，中焦湿阻，气滞、食积引起的吐泻。

30. 神曲、山楂

神曲：消食和胃，清酒食，解表透邪。

山楂：消食化积散瘀，消油腻食滞。

两药合用，消谷肉食积，治疗食积引起的腹满胀痛，纳减苔腻。

31. 南沙参、北沙参

南沙参：养阴清肺，清胃生津，补气化痰，略补肺脾之气。

北沙参：养阴清肺，益胃生津，兼清肺热。

两药合用，治疗肺阴虚之咳嗽，咽痒声哑；胃阴虚，口燥、咽干、便干。

第六节　宣氏膏方解痼疾

膏方通常是医生根据病人的体质因素和疾病性质，按照君臣佐使的配伍原则，选择单味药或多味药物配方组成的方剂，并将方中的中药饮片经多次煎煮，滤汁去渣，加热浓缩，再加入辅料，如冰糖、黄酒、阿胶、龟板胶等收膏，制成一种比较稠厚的半流质或半固体的制剂。膏方易于储藏，而且便于长期服用，尤其在冬季天气寒冷之时服用，更为合适。故膏方自古以来作为防病治病，强身健体的有效方法，深受人们的喜爱。

中医历来认为，小儿为"纯阳之体"，生机蓬勃，发育迅速，所以有不宜过早服用补品之说，故文献中少有记载有关小儿膏方的内容。但是，小儿脏腑娇嫩，形气未充，再加上饮食不知自节，寒温不能自调，易感受外邪，内伤饮食，导致正虚邪恋，疾病反复，也需要调补。本文针对小儿正虚邪恋之疾，如反复呼吸道感染、哮喘、过敏性鼻炎、慢性咳嗽等顽症痼疾等，在冬令时节，恰当地运用膏方，于滋补之中寓以调治。介绍宣氏儿科的学术经验如下。

一、膏方的发展历史

从中医古籍来看，《黄帝内经》《神农本草经》就有煎膏的记载。东汉末年，张仲景在《金匮要略》中的大乌头膏、猪膏发煎，是内服膏方的最早记载。南北朝时，陶弘景在《本草经集注》中对膏方的加工作了详尽的说明，为现代膏方奠定了基础。到了唐代，膏方由治疗向滋补养生方向延伸，大多以"煎"冠名，如"地黄煎""枸杞煎""鹿角胶煎"等。宋金元三代，膏方的叫法由"煎"向"膏"过渡，有补阴强身的"琼玉膏"，内服治病的"助胃膏""钩藤膏"，治疗消渴之症的"藕汁膏"等。到明清时期，医家大都开始注重用血肉有情之品调补身体；膏方的制作方法，煎汁，加糖、蜜或胶类收膏，已成为共识；膏方也成为治疗疾病，养生保健的常用手段，其中许多膏方沿用至今，如"益母草膏""茯苓膏"等。清朝后期，冬令膏盛行，当时皇亲贵戚、达官贵人等，冬令有服用膏方调补身体的习惯。从清廷《清太医院配方》《慈禧光绪医方选议》中可以看出，膏方在宫内运用的面广量多。晚清的《张聿青医案》中列有膏方专卷，反映了当时膏方的盛行和医家对其重视的程度，为膏方的发展起到了重要作用。到了民国，冬令滋补膏方由京城逐渐向江南流传，江浙沪一代的达官贵人、军阀阔太等也渐盛冬令滋补的风气。其中最出名的以秦伯未先生为代表，著有《膏方大全》一书，书中以医案的形式总结了膏方的基本概念、原则及临床经验，开启了现代临床膏方的先河。

中华人民共和国成立以后，尤其是"文化大革命"时期，膏方作为"封资修"的产物，是为"富人服务"，而加以批判，很少有医家开方，膏方也渐渐地衰落。直到改革开放以后，大约在20世纪80年代中后期，浙江省中医院的杨继荪、葛琳仪和徐志瑛等名中医率先开展了冬令膏方。同时，儿科的几位高年资中医师也开始关注小儿膏方。根据膏方"不专与滋补，尚可调治太过与不及"的特点，针对小儿的生理病理特点，开展了临床研究。经过近30年的临床实践，通过膏方合理调补，增强小儿体质，促进生长发育，调治正虚邪恋之疾，已达成共识。小儿膏方虽然起步较晚，但随着临床应用日渐成熟，独具特色，已成为膏方应用不可或缺的组成部分。

浙江中医临床名家·宣桂琪

二、小儿膏方常用治法

（一）治虚之法调补"不及"

1. 治肺之法

肺主皮毛，开窍于鼻，咽喉为肺胃之门户。小儿呼吸道之疾均与肺常不足有关。小儿肺常不足又以肺阴虚、气阴不足和卫气不固为主。

肺阴虚主要见于哮喘、过敏性鼻炎、慢性扁桃体炎等疾病；临床表现有五心烦热，盗汗，面色潮红，大便干等症。气阴不足者还有盗汗、自汗，易于乏力，面色㿠白等症，过敏性鼻炎易见。卫气不固者表现以自汗为主，易于感冒，鼻塞打喷嚏，多见过敏性鼻炎日久者。

补气以生脉散为主，补阴宜用沙参麦冬汤，卫气不固者可用玉屏风散。常用药：南北沙参、太子参、麦冬、地骨皮、知母、五味子等；卫气不固者宜生黄芪、防风、生白术等。

2. 治脾之法

小儿脾常不足可见纳差，消化不良，面色萎黄，大便不化等。常用健脾醒胃之法，以枳术丸、四君子汤为代表方。主要药物为炒枳壳、炒白术、太子参（便溏者用炒党参）、茯苓、甘草等。

此外，还可见脾虚挟痰证，表现为咳嗽时痰多。多见于哮喘、肥胖儿大便偏溏者。治以扶脾化痰，方予四君子汤合二陈汤。

脾虚肝旺者，症见纳食欠佳，面色不华，五心烦热，脾气急躁，大便偏干，舌质偏红，苔薄。方予宣氏扶脾平肝汤加减。药用南北沙参（或太子参）、麦冬、地骨皮、生白芍、生石决明、炒白术、炒枳壳、炙鸡金、五加皮（或佩兰）、炒麦芽。

如症见纳食不佳，面色苍白，精神欠佳，大便溏烂，舌质不红。此为脾虚失运，治当扶脾助运。方用四君子汤或参苓白术散、二陈汤加减。常用党参、陈皮、炒白术、茯苓、炙鸡金、焦六曲、藿香、佩兰等。

3. 治肝之法

小儿肝常有余，临床上多以阴虚火旺、脾虚肝旺出现。易感儿及扁桃体炎、过敏性鼻炎者大多以阴虚火旺出现；厌食者多以脾虚肝旺出现。前者用宣氏养阴平肝汤，主要方药有南北沙参、麦冬、地骨皮、生白芍、生石决明。后者用平肝扶脾法，方药有地骨皮、生白芍、炒白术、枳壳、炙鸡内金、炒麦芽。当然也有肝血不足者，表现为面色不华，身倦乏力；常用四物汤，具体方药有当归、白芍、川芎、熟地、鸡血藤之类。

4. 治肾之法

小儿肾常虚，多见肾阴不足挟肝火、心火及肺阴虚。表现为五心烦热，夜间盗汗，大便偏干。挟火者，烦躁易怒，睡眠不安。也可见于肾气不足，表现为生长发育缓慢，面色欠华，易于疲劳。前者可予六味地黄汤，药物有生熟地、萸肉、怀山药、丹皮、茯苓、泽泻。后者可用枸杞子、黄精、制首乌、桑寄生、补骨脂、益智仁、川断等补肾而无壮阳之功，或温而不燥之品，以防拔苗助长之弊。

5. 治心之法

气血不足为主者症见心悸，面色欠华，四肢逆冷，多见于心肌炎后遗症，血液病之类，可用八珍汤加减。在本文范围，多以他脏之疾累及于心。如肝火旺，母病及子，出现烦躁不安，睡眠不宁，口舌生疮。治以养阴平肝，清心安神。可用生地、黄连、淡竹叶、麦冬、连翘等。

（二）祛邪恋之法调治"太过"

邪恋于肺是最常见之证，分为肺热不净、痰热未清、风邪留恋、肺窍有疾等证。

1. 肺热不净

肺热不净证常见于易感儿及哮喘、过敏性鼻炎、慢性咽炎者等。症见咳嗽日久不清，或咽痒干咳，或咽红而痒，或鼻塞涕黄。当在养阴润肺的基础上治以清肺之热。方矛泻白散，具体药物有炙桑白皮、地骨皮、知母、白薇、玉竹等。

2. 痰热未清

痰热未清证可见于易感儿及哮喘、支气管炎和肺炎恢复期者等。常见症状为咳嗽不多，喉间有痰，日久不清，痰多而苔白者宜二陈汤，如陈皮、半夏、茯苓等；偏热者用桑杏汤，可用桑叶、杏仁、浙贝、川贝等。

3. 风邪留恋

风邪留恋证多见于易感儿及过敏性鼻炎者等。症见呼吸道感染反复发作，每月2～3次，尤以鼻塞、喷嚏、清涕为主。卫气不固者，方予玉屏风散，加祛风脱敏药，如蝉衣、防风、徐长卿、制天虫、乌梅、生甘草等。

4. 肺窍有疾

肺窍有疾者症见鼻塞涕黄，咽红而肿；前者为慢性鼻炎，后者为慢性扁桃体炎、咽喉炎。前者在养阴润肺，益气固卫的基础上，加以祛风清热通窍，方拟川芎茶调散，药用白芷、辛夷、苍耳子、薄荷、藿香、车前子、郁金、黄芩等。后者在养阴润肺的基础上，加以祛风清热散结利咽，用桑叶、玄参、焦山栀、射干、制天虫、安南子、浙贝、马勃、生甘草等。如有郁热者加藿香、鸡内金。

（三）消中焦湿热食滞之法

小儿因脾常不足，饮食不能自制，再加多病之时，脾胃更虚，食积难消。临床上可见纳食减少、口臭、便干、舌苔薄腻或薄黄腻。因而在膏方中必需消食健脾，方予保和丸，药用炙鸡金、炒山楂、茯苓、枳壳、槟榔等。苔厚腻者加川朴，纳差者加佩兰。若积滞为主者不用膏方。

中焦湿热的产生主要来源于小儿食积。有湿热食积者，疾病易反复发作；无湿热食积者，发病易清易治。主要原因在于无形之热如未挟有形之积，则宜清，宜治；若无形之热挟有形之积，二者胶着，则热不宜清，邪不宜散，一但感邪就发病。中焦湿热在小儿邪恋之疾中要引起高度重视，这是易感儿及哮喘等疾病反复发作的重要环节。

中焦湿热分为本病及他病。本病湿热中阻累及脾胃，尤以胃脘疼痛，食后尤甚，恶心呕吐，纳食欠佳，口干舌燥，大便干结等。中焦湿热甚者，不用膏方。正虚邪恋之轻者，必需在膏方中加以兼顾，治当辛开苦降、清化湿热，泻心汤、四逆散主之。药用黄芩、制半夏、蒲公英、炙鸡金、焦六曲、茯苓、枳壳、柴胡等。腹痛者加元胡、香附，打呃者加苏梗，湿阻者加川朴，口干者加石斛、天花粉，便秘者加瓜蒌仁、火麻仁。

中焦湿热亦可引起他脏之疾。如食管反流综合征，可导致慢性咳嗽迁延不愈，哮喘难以控制等。如钟南山治哮喘就有咽鼻同治之说；中医学小儿感冒之疾也有挟痰、挟滞、挟惊之证。临床上遇咳嗽、哮喘、感冒等呼吸道疾病疗效不佳时，加入消食和中，清热化湿之品往往能提高治愈效果。

（四）其他兼证的治疗之法

心火偏旺者，表现为烦躁，少眠，易哭吵，尿赤，平日易口舌生疮。治当清心利尿安神。常用药物有生地、淡竹叶、车前子、蝉衣、龙齿等。

肝火偏旺者，乃见脾气急躁，睡眠不安，常有干咳，咽部不适，大便干结等。治以平肝泻火。药用焦山栀、夏枯草、黛蛤散、生白芍、瓜蒌皮仁、酸枣仁等。

小便短赤，为小肠湿热，心火下移。治以清热利尿。药用车前子、淡竹叶等。

大便秘结，一般为阴虚火旺，肠道失润。治以润肠通便。可予炒枳壳、瓜蒌仁等。

睡眠不安，难以入睡，重在清火；药用黄连、淡竹叶；佐以养阴，药用麦冬、生地。睡眠哭吵，辗转不安，重在安神镇静，可用龙齿、枣仁、蝉衣、钩藤等。

三、小儿膏方的注意点

（一）须阴阳相济

小儿阴常不足，阳常有余，因而补阴为常用之法。补气必须得阴足后方可用。但膏方用药较多，在应用时可适当放宽点。在补气时适当加些凉血之法，以防阳亢，以求阴阳平衡，如丹皮、生地之类。

（二）宜清补淡剂

膏方不是补益药的叠加，小儿膏方更应该清补、平补，如人参、鹿茸，甚至温肾之药如肉桂、巴戟天、苁蓉等都要慎用，可用枸杞子、玉竹、黄精、桑椹等，阴阳平补，无偏胜之虑。

（三）应五脏兼顾

平素哮喘防治以养阴润肺，益气固表为主。在膏方中应五脏兼顾，顾脾以助胃，消食以祛痰除根，补肾以强本除疾，治肝以养肝平火或养血。

（四）可消补并用

在正虚邪恋之疾中，小儿膏方的最大特点是在滋补固本的同时，清解余邪，消除食积痰滞。用药不宜过分苦寒，消食不宜泻下，祛痰不宜温燥。

（五）小儿膏方的用量

一般小儿膏方每味药的剂量是平时处方量的10～15倍，一料膏方可服用1～2个月，平均每天的服药量是平时药量的1/3，以达慢性病冬季调补，缓图之的目的。

（六）小儿膏方的适应年龄

3岁以下的婴幼儿，因脏腑发育未全，易反复感冒，故不宜服用膏方。3岁以上至学龄前期儿童，要注意用药量不宜过大，应用补气温阳之品时尤需谨慎。6岁以上儿童，温肾药可用，但不能过量，宜阴中求阳，以防拔苗助长之弊。

以支气管哮喘为例，患儿体质多为阴虚火旺，或气阴两虚或卫气不固为主。从脏腑来讲，又以肺脾肾不足为主。从邪恋来讲，一要注意鼻炎；二要注意咽部炎症；三要注意食积；四要注意痰滞。在治法上应养阴润肺，益气固卫，脱敏，祛风利咽通窍，扶脾助运，祛痰消食，益肾固表等。治肾用枸杞子、黄精、萸肉，须做到阴平阳秘。其他如睡眠、饮食、大便、汗出等症，都要在处方中加以兼顾用药。

第七节　擅调体质防惊厥

热性惊厥是儿童时期最常见的发作性疾病，影响2%～5%的儿童。其定义如下：一次热程中（肛温≥38.5℃，腋温≥38℃）出现的惊厥发作，已排除中枢神经系统感染及导致惊厥的其他疾病，既往没有无热惊厥病史。

单纯性热性惊厥是指6月龄至5岁小儿在发热性疾病期间的全面性发作，持续时间小于15分钟，24小时内无反复，无异常神经系统体征，除外其他神经系统急症，患儿无神经系统缺陷。复杂性热性惊厥发病年龄多<6月龄或>5岁，发病前有神经系统异常，表现为局灶性发作或全面性发作，发作持续时间≥15分钟或一次热程中发作≥2次，发作后可有神经系统异常表现，如Todd's麻痹等。

单纯性热性惊厥一般预后良好，在2～3分钟自发停止，单次发病可以不需要治疗。但热性惊厥总的再发风险为30%～40%，热性惊厥反复发作，易发展为复杂性热性惊厥，复杂性热性惊厥的癫痫患病率为4.0%～15.0%，预后欠理想，临床上需要积极干预。

祖国医学没有明确记载"热性惊厥"这一病名，纵观古代医学典籍与著作，与之相关的乃是"惊风"一病。北宋以前无"惊风"病名，将"惊风"列于"痫证"门之中，合称为"惊痫"。《太平圣惠方》首将惊风分为急惊、慢惊。《小儿药证直诀》进一步明确了急惊风的病机和治疗，钱乙云：

"小儿急惊者，本因热生于心，身热面赤引饮，口中气热，大小便黄赤，剧则搐也。盖热盛则风生，风属肝，此阳盛阴虚也，故利惊丸主之，以除其痰热……"同时，古代医家尚已认识到，惊厥反复发作，会进展成痫疾、痴疾，如元代曾世荣在《活幼心书》中所言"惊传三搐后成痫""惊风既除之后……去痰免成痴疾"。后世医家大都循此立论，将热性惊厥归属于中医"急惊风""感冒夹惊"范畴，并充分发挥祖国医学的临证优势，辨证防治热性惊厥，疗效确切。

"宣氏儿科"在清末民初时期便以擅治惊风闻名杭城，历经近百年的沉淀，在前人的基础之上，不断创新与发展，从小儿的生理病理特点出发，总结多年临床实践经验，对中医药防治热性惊厥有独到见解，此篇系统论述如下。

一、病因病机辨析

明代著名医家万全提出"五脏之中肝有余、脾常不足肾常虚，心火为火同肝论，娇肺遭伤不易愈"的观点，丹溪先生在《黄帝内经》"一水不胜二火"的启示下提出小儿"阳常有余，阴常不足"理论，后世概称以上为"三有余、四不足"学说，以此言明小儿的生理病理特点。"宣氏儿科"立足于小儿"三有余、四不足"学说，认为阴虚火旺体质是小儿热性惊厥发病的内在因素，同时与感受外邪、心肝受扰密切相关，而食积、痰滞、血瘀是热性惊厥反复发作的诱发因素与病理产物。

1. 阴虚郁热，神气怯弱

小儿阴常不足，气血未充，又阳常有余，助生内热，虚火与内热灼津耗血，导致阴不足而阳有余更甚，水不涵木，肝火过旺，阴虚火旺之体感受外邪，易从阳化热，且小儿神气怯弱，外邪和郁热内扰心肝，心神不宁则惊惕齘齿，肝火充斥筋脉则惊厥发作。正如喻嘉言所谓"热盛则生痰，生风，生惊"。

2. 外邪侵袭，金囚木旺

小儿脏腑娇嫩，形气未充，腠理不固，易受外邪侵袭。"风为百病之长"，外邪侵袭机体，常以风邪为首，因环境、气候不同，可挟热、挟寒、挟暑湿、挟温毒等，或侵袭皮毛，或从口鼻而入。风邪善行速变，加之小儿"发病容易、传变迅速"，外邪侵袭肌表，卫阳被遏而发热，倘若患儿失于顾护，多衣厚被，或失治误治，邪不得由表从汗而解，致邪热郁闭，助热化火，心肝受扰，惊厥发作。如吴鞠通在《温病条辨·解儿难》里言："小儿肌薄，神怯，经络脏腑嫩小，不奈三气发泄，邪之来也，势如奔马，其传变也，急如掣电"。

"宣氏儿科"临床观察发现，外邪之中，以"风温"侵袭机体致惊厥发作为甚。小儿外感风温，来势凶猛，体温突而骤升之际常发生手足抽搐、神识不清。陈平伯的《外感温病篇》云："风温证，身热咳嗽，口渴神迷，手足瘛疭状若惊痫，脉弦数者，此热劫津液，金囚木旺"。从五行相克角度出发，火克金，金克木，热盛而津液受损，是为火旺克金，亦即所谓"火旺金囚"。外邪侵袭，肺为热灼，肺金不能克制肝木，致肝木亢盛，是即所谓"金囚木旺"。肝主筋，热盛至极，肝火充斥筋脉，可见手足瘛疭之症。

3. 痰食瘀结，惊厥反复

小儿藩篱不固，肺常不足，感受外邪，肺气失宣，津液输布不利，痰液内生，合小儿纯阳之体，从阳化热，痰热内扰心肝，小儿烦躁不安，惊厥易发。

小儿脾气本虚，加之饮食不节，难以自控，家长喂养失当，若遇邪侵犯，脾胃更损，脾虚失运，气机升降失常，脾气不得散精，水反成湿，谷反为滞，痰食积滞，无形之热内传于里，附着于有形之痰食，痰热黏滞，两阳相合，扰动清窍，心神难安，惊厥易作。"宣氏儿科"临床观察发现，若无痰食内积者，无形之邪热较易清解，不易发为惊厥，而热性惊厥兼痰食者反复发作后更易发展为癫痫。

患儿围产期的宫内窒息、臀产位等缺氧产伤史及出生后的头部外伤等都会造成颅脑损伤，影响患儿的早期脑部发育，一定条件下诱发热性惊厥发作。瘀血内停既是热性惊厥发作的病机之一，也是热性惊厥发作后的病理产物。热性惊厥反复发作，筋脉不利，瘀血内生，痰瘀互结，蒙蔽心神。同时，阴虚火旺之体易灼津耗血成瘀，血脉不利，一旦受风、热之邪内扰，则惊厥易作。

总之，以风邪为首的外感六淫之邪侵袭机体是热性惊厥的外在原因，阴虚火旺体质是热性惊厥发作的内在原因，痰食瘀结是高热惊厥反复发作的重要原因。需要注意的是，高热是热性惊厥发病的条件，外感六淫之邪是高热的直接原因，而这些因素只能在特定的小儿年龄阶段才能表现出来。

二、治法方药浅析

"宣氏儿科"根据以上病因病机，主张分阶段辨证防治热性惊厥，认为中医中药的干预优势在于巧妙抓住时机，于发热初始尽早清热解表、疏风平肝以祛邪，于惊厥发病之时辨证施治、内外兼治，于平素邪去未发之时养阴平肝、调理肺脾以扶正，同时均视临床症状不同，兼顾消食、化痰、祛瘀，最终帮助机体达到阴平阳秘的状态，"正气存内，邪不可干"，以此有效防治热性惊厥。

1. 发热初始尽早干预

对既往有热性惊厥病史的患儿，主张发热初始及早干预，结合病情，辨证预防惊厥发作。

疾病初起，邪在卫表，宜尽早疏散外风、辛开解表，使邪有出路，可用银翘散加减疏风清热，同时佐以少许熄风平肝之品，避免风热动风，如僵蚕、钩藤、天麻等，防止外风内扰心肝，心神不定，诱发惊厥。

若邪在卫表、不得透达而入里化热，或邪势凶猛，直达气分，则应及时清热定惊，避免热盛动风，临床上可用白虎汤或凉膈散等加减以清解气分之热，再合安宫牛黄丸清心定惊，防止抽搐发生。

2. 发作之时分证施治

热性惊厥发作时，中医亦可辨证施治，治疗方法包括内服、灌肠、外治等。

（1）表证：大多数热性惊厥属于此证。外感风热之邪，症见发热、头痛、流涕、咽红、烦躁、神昏、惊厥，舌红苔薄，脉浮数。治当疏风清热，祛风止惊，方予银翘散酌加蝉衣、钩藤、天虫等。银翘散疏风散热，蝉衣、天虫祛风止惊，钩藤为心、肝两经要药，能泄热平肝，是小儿发热抽搐的常用药。另服小儿回春丸，每次1～3粒，每日2次。

（2）里证：风热之邪郁而不解，入里化热，或阳热内盛，腑气不通，心肝火炎，症见壮热面赤、无汗口渴、抽搐、或便秘，舌红苔黄或黄腻，脉滑数。治当清热降火，熄风止惊。以白虎汤主之，常加用天麻、僵蚕等。另可服用紫雪丹，每次0.36g，每日2次。若大便秘结者，可用大小承气汤酌情加减，经腑同治。

（3）表里同病：小儿发病传变迅速，表邪未解，已见里证，既有发热、咳嗽、流涕，又见口渴烦躁、神昏、惊厥等。治当清热熄风，泻火通

143

腑。取凉膈散以泻代清，并酌加天虫、钩藤熄风止惊，郁金开郁行气，石菖蒲开窍化痰。同时口服安宫牛黄丸，注意观察病情变化。

（4）外治止惊：外治方法很多，常用如下：遇牙关紧闭、不能服药者，用生乌梅擦牙，使牙关松弛。另可予通关散吹鼻取嚏或调成浆汁擦牙齿，或用喷惊散喷鼻腔、口腔。抽搐发生可针刺十宣、合谷、太阳、大椎、肩井穴，行深刺激放血，或指甲掐人中、合谷穴。大多数热性惊厥患儿通过针刺后，可恢复神志，此法简单易用，见效迅速，颇受欢迎。

3. 未发之时调理体质

邪去之后，为防惊厥复发，"宣氏儿科"十分注重调理患儿体质，纠正机体阴虚火旺的状态，治以养阴平肝、益肺宁心、健脾开窍，自拟"宣氏防惊方"，具体如下：南北沙参各5～6g，生白芍6～9g，生石决明（先煎）9～10g，郁金3～5g，石菖蒲3～5g，丹参3～6g，茯苓6～10g，炒白术5～6g，焦山栀3～5g。方中以味甘、性微寒的南北沙参益肺养阴；以生白芍配伍石决明柔肝平肝；郁金行气活血、清心凉血，石菖蒲开窍祛痰、醒神益智，丹参活血祛瘀、清心除烦，三者相合事半功倍；同时，石菖蒲还有化湿开胃之效，合茯苓、炒白术则脾胃得以健运，水谷化为精微，脏腑得荣，筋脉得养；再佐以少许焦山栀清热泻火，防止患儿阴虚火旺之体在感邪之后热势鸱张。

4. 平素防治原有疾病

原有疾病的治疗主要是针对反复呼吸道感染而言。"宣氏儿科"多年临床观察发现，部分热性惊厥患儿有急性扁桃体炎或急性化脓性扁桃体炎反复发作病史，日久逐渐转为慢性扁桃体炎，亦有部分患儿有急性支气管炎、支气管肺炎多次发病病史等。因此，"宣氏儿科"主张，对有热性惊厥病史患儿，平素应积极防治外感，预防反复呼吸道感染。

针对反复扁桃体炎患儿，"宣氏儿科"在以"宣氏防惊方"调理体质的基础上酌加玄参、板蓝根、连翘、象贝、制天虫等。其中玄参、板蓝根、连翘清热解毒利咽；象贝、制天虫祛风化痰散结。若喉核肿大、反复难消，则改石决明为生牡蛎，既可平肝又能软坚。全方重在养阴平肝、改善体质以治其本，清热利咽、化痰散结以消乳蛾之肿大。

同时，"宣氏儿科"临证分析，热性惊厥患儿反复呼吸道感染，多是由于阴虚火旺之体尚未得以改善，而肺卫不固之证又显露于外引起。考虑阴虚火旺之体乃发病之本，故治疗上，主张在以"宣氏防惊方"纠正患儿阴虚火旺的状态之后，再视情况酌加生黄芪、炒防风合玉屏风散之意护卫固表。谨防"气有余便是火"的同时，减少呼吸道感染发病次数，从而降低热性惊厥复发的风险。

5. 消食、化痰、祛瘀贯穿始终，尤重消食助运

宣志泉老先生曾言："高热惊厥患儿挟痰、挟食，要惊厥少发，务必祛其痰，消其食，清其热，如此则风难生，惊风难成"。"宣氏儿科"继承并发展了宣志泉老先生的学术思想，提出"热性惊厥患儿挟食、挟痰、挟瘀，要惊厥少发，务必清其热、消其食、祛其痰、化其瘀"。在治疗及防治热性惊厥、调理体质的过程中，均视病情变化，兼顾消食祛痰，理气活血。若患儿晨起口臭、时有脘腹作痛、大便臭秽，苔根厚腻，苔色或白或黄，则酌加焦六曲、鸡内金、炒枳壳、花槟榔、制川朴等消食化积；若患儿热性惊厥发作次数较多，或一次发热过程中有1次以上的惊厥发作，指纹紫滞或脉弦，考虑久病多瘀多痰，则酌加川芎、陈皮、制胆星、僵蚕、桃仁、鸡血藤等理气化痰活血。

三、惊厥相关病证辨识

热性惊厥往往表现为短暂性、一时性的神识不清，非邪入营血、逆入心包的昏迷抽搐，合理的治疗能迅速缓解病情，意识恢复很快，并不遗留神经系统异常体征。但临床上其他高热疾病也可引起"惊厥"，需注意辨识，切不可擅自按热性惊厥轻易处理，以免贻误病情。

1. 春温、暑温

春温是感受温热病邪而发生于春季的时令疾病，如流脑等病。临床以突然发病，高热烦渴，斑疹，甚或神昏惊厥为主症，卫气营血各证界限多不明显，往往卫气未尽，而营血已见。少数暴发型流脑起病急骤，内闭外脱，壮热神昏，躁扰抽搐，项强目直，而且可能留下后遗症。本病往往有一定流行性，根据临床特点、辅助检查不难与风温引起的高热惊厥相鉴别。

小儿高热惊厥还需与暑温、暑厥津亡惊厥相鉴别，如乙脑、中暑。前者病因是感受暑热疫毒，一般按卫气营血规律而传变。暑热疫毒之邪最易化燥、化火、生风，传变迅速，故本病临床表现为高热神昏抽搐为主症，过程呈持续性，抽搐多呈强直性，重症病例因持续性高热、抽搐而留下神经系统后遗症。中暑是由于夏令长时间日光下暴晒或在高温下玩耍，暑热内闭，蒙

浙江中医临床名家·宣桂琪

蔽心窍而得的一种暑病。其主要特征是突然头昏身热，口渴多汗，闷烦恶心，手足微冷，甚则突然晕倒，神昏抽搐。中暑引起的惊厥，当于通风阴凉之地处理恢复。

2. 疫毒痢

小儿脾胃脆弱，饮食无常，若食入染有疫毒的不洁食物，毒聚肠中，易患疫毒痢。疫毒痢往往发病突然，高热抽搐、甚则昏迷为其主症，体温多在39.5℃以上，甚至超高热，伴有一阵寒战和面色青紫，随之烦躁不安或精神萎靡、嗜睡，年长儿可诉头痛，起病数小时迅速出现"内闭外脱"的危象，或反复惊厥、昏迷，在起病的24～48小时内，大多数患儿出现黏液脓血便，每日十余次或数十次，或者通过灌肠出现黏液脓血便，在夏季痢疾流行的季节，应先考虑本病。

3. 癫痫

癫痫是由多种原因引起的一种脑部慢性疾患，以突然扑倒、肢体抽搐、昏不识人、口吐涎沫、两目上视、喉中发出异声、片刻即醒、醒后一如常人为主要临床表现，据拥有反复性、发作性及发作多呈自限性的特点。临床上根据脑电图检查结果可资鉴别。但需注意，复杂性热性惊厥继发癫痫的概率为4.0%～15.0%。

四、调护保健要点

祖国医学注重"上工治未病""病后调护"，对热性惊厥患儿而言，除各种治疗外，合理护养十分重要。热性惊厥患儿平素养护得当，神采内涵，则可使发作减少。

1. 惊后聚精养神

小儿惊厥后，精神疲倦，当令其安静休养，绝不能惊惶失恐，频繁扰之。正如《临证指南医案》记载："小儿痫痉厥，本属险症，十中每死二三，奈今之患者，十中常死六七，其故何也，盖缘医者，不察病情，概以芩连钩藤菖蒲橘红等，夹金石之药投之，以冀清火降痰而已，此医之不善治也。而最可恶者，尤在病家之父母，失于调治，有名为爱之，实以杀之之故。何也？小儿诸症，如发热无汗，烦躁神昏谵语之顷，或战汗大汗将止之时，或呕吐泄泻之后，或痉厥渐苏，或便久闭而适然大便，或灌药之后，斯时正元气与病邪交战之际。若能养得元气一分，即退一分病邪，此际小儿，必有昏昏欲睡，懒于言语，气怯神弱，身不转动之状，此正当养其元神，冀其邪退正复。乃病家父母，偏于此际，张惶惊恐，因其不语而呼之唤之，因其鼾睡而频叫醒之，因其不动而摇之拍之，或因微有昏谵，而必详诘之，或急欲以汤饮进之，或屡问其痛痒之处，哓哓不已，使其无片刻安宁，如此必轻变为重，重变为死矣。"可见小儿惊厥后静养的重要性。

2. 强体质防感冒

增强患儿体质、避免外感、减少原有疾病的发病次数，对预防小儿热性惊厥的发病而言，是十分重要的环节。清代唐千顷的《大生要旨》中论："小儿气血未充，而一生盛衰，全在幼时培养，故饮食宜调，寒湿宜适，若在期内断然生不得病。须知小儿身体微弱，脏腑柔脆，岂堪先以疾病摧其生机，继以药物资其消烁，精神暗耗，早年戕贼，能保长生乎?"由此，合理调护、固护元气的重要性可见一斑。"正气存内，邪不可干"，平时应注意锻炼身体，一如唐代名医孙思邈在其所著的《备急千金要方》中言及"凡天暖无风之时，令母将儿，于日下嬉戏，数见风日，则血盈气刚，肌肉牢密，堪耐抗寒，不致疾病。若常藏于帷帐之中，重衣温暖，譬犹阴地草木，不见风日，软脆不堪风寒也"。

3. 饮食宜清淡

万密斋的《幼科发挥》云："胃者主纳受，脾者主运化，脾胃壮实，四肢安宁，脾胃虚弱，百病蜂起。故调理脾胃者，医中之王道也；节戒饮食者，却病之良方也。"现今生活水平十分优越，大部分父母对子女宠爱有加，恐其进食不足，投以各种膏粱厚味，导致小儿挑食偏食，脾胃失运，中气不足，外邪易入，故饮食宜忌不可小觑。对热性惊厥患儿应当科学合理喂养，急性热病发热期间，应以清淡饮食为主，忌食肥甘、黏腻、辛辣、炙烤之物，平素要令患儿饮食有度、荤素搭配，避免积食发生。

五、结语

小儿热性惊厥发病率较高，反复发作，有继发癫痫的风险性，因而临床上当注重预防。"宣氏儿科"传承经典与家学，根据多年临证经验，不断创新与发展，重视在疾病的不同阶段适时干预病情，防治惊厥。发热初始抓住时机、早期干预，见机施治，巧用疏风平肝之品；发病之时分证内外并治；平素调理体质，以养阴平肝、调理肺脾、调治阴阳为主，同时叮嘱患儿家长注意合理调护与保健，减少发病次数，以此有效防治热性惊厥。

第八节　尤重舌诊巧辨病

中医诊断疾病通过望闻问切四法，望诊为首，舌诊尤为重要。小儿为"哑"科，问诊几乎都通过家人代诉完成，所以小儿望舌对疾病的诊断意义重大。舌乃心之苗，舌通过经络与五脏六腑相联，五脏六腑之精气上输于舌，使舌灵活，所以脏腑病变往往能从舌象上反映出来。故有"辨舌质可辨五脏之虚实，视舌苔可察六淫之浅深"的说法。宣桂琪教授在40余年的儿科临床实践中，对小儿舌诊有独到的经验和见解。宣老认为，临床上望舌，主要观察舌体的形态动态、舌质和舌苔三个方面的变化。

正常儿的舌象应该是舌体柔软，活动自如，颜色淡红，舌面有干湿适中的薄苔。

一、舌质

1.舌色

舌红：舌尖红为心火，治当导赤泻火佐以养阴，症见夜啼、口疮，药用川连、焦山栀、竹叶、灯心、玄参、麦冬。

舌边红为肝火，治当泻火平肝，症见脾气躁、眠不安、盗汗虚热者，药用地骨皮、杭白芍、麦冬、生地，养阴平肝；实热者，药用黄连、夏枯草、黛蛤散以清之。

舌红而无苔为阴虚火旺（热从虚中来），可养阴为主，清热为辅，调和阴阳。药用沙参、麦冬、杭白芍、地骨皮、青蒿、秦艽等药，以甘寒、酸甘为主，少用苦寒（苦能化燥伤阴）。

舌淡红：主虚，在成人多心脾不足、在小儿多气血两虚，治宜益气养血，重在扶脾以生血，脾健则生化之源足也。重用四君子汤、党参、白术、黄芪、鸡血藤、当归、怀山。此处气虚多指脾气虚（含脾阳虚），但用药一般仅需益气之品，无须温补。阴虚火旺之体而见淡红嫩舌，应注意有无贫血。

舌淡红而无苔为气阴两亏，治当益气养阴，如太子参、黄芪、麦冬、黄精，益气宜温燥，养阴忌滋腻、寒凉。

舌㿠白，主虚、主寒：以气虚阳虚为主，动力不足。多见于脾肾阳虚，气血大伤。前者温补脾肾，方选附子理中汤，药用附子、干姜、潞党、白术。后者益气养血，取当归补血汤之意，不能过分滋腻以伤脾阳。以补气为主，气足血自生。

舌绛主热盛，在温病为热入营血，热盛津伤，治当清营凉血，可分别选用清营汤、化斑汤、犀角地黄汤。舌绛初起，上有黄白苔，为邪在气分，热有内入营分之势，急当气营两清，方用银翘白虎合清营汤加减，使邪透营转气而出。在杂病为久病体虚、阴虚火旺、血分有热，治当养阴和阳，酸甘化阴，佐以凉血，清血分之热，如麦冬、生地、玄参、丹皮、甘草、乌梅、白芍，少用苦寒。

舌绛而鲜，则邪入营分，上有薄白苔，说明邪在上焦，为热入心包，治当清心开窍，用牛黄丸、紫雪丹、至宝丹，随证选用。

舌尖绛，为心火盛，血分热。应清心泻火，凉血生津，可用生地、玄参、淡竹叶、连翘、青黛、通草，青黛可清心肝之火。

舌绛而紫、苔黄，外有壮热汗出，为热盛，说明邪热炽盛，病入营血，势将发斑，治以凉血解毒，用化斑汤。

舌紫：主热、主寒，紫色深而干枯属热，色浅湿润属寒。舌紫而兼白腻、黄腻、焦黑之苔，多为痰热挟湿火，乙脑患儿可见，治以祛邪为主。舌紫而干涩者为热盛伤津之极，必用甘寒、咸寒，并佐酸甘之药，取其甘寒生津以清热，咸寒坚阴、酸甘化阴之意。

舌紫而青滑为寒邪直中三阴，腹痛、泄泻日久者多见，治当温中散寒，方用附子理中汤加减。

舌紫而干晦为肝肾色泛，多属凶险危恶之病。肾病尿毒症患者可见。

舌边紫斑为内有瘀血，如慢性肝病、肝硬化患者，易见此舌，治当佐以活血化瘀，但需谨慎，不能过量、过剂以免出血。

舌紫而暗，扪之湿润，为血瘀气滞不能上承津液，瘀血症，治当理气佐以温通活血（但不能大辛、大热之品）。

蓝舌，主气血亏极或急性中毒。有苔者，胃气尚存，病虽险而尚可救，无苔者，胃气竭而难治。

2.舌形、舌态

舌形是观察舌的老嫩、胖瘦、大小、芒刺及裂纹。舌态是观察舌的动态。

舌老，属实。舌老小而裂纹，质红绛者为热甚津伤，在热病见之，宜清热而兼生津。

舌嫩，属虚。舌淡红而嫩者，为血虚阴亏或气阴两虚，前者宜养血益阴，药如当归、首乌、鸡血藤、白芍之类，忌熟地之滋腻（因舌嫩易兼脾气虚，故需忌熟地之类）。后者可在益气中加入太子参、玉竹、怀山之类，忌生地、玄参等过分寒凉之品，以防内抑脾阳。

舌胖大，多属虚。舌胖大色淡多脾阳虚，需温补脾阳，方用理中汤加减。

舌瘦小，瘦小而淡红者为气血两虚，治当益气养血为主，如当归补血汤、归脾汤之类，但益气养血必从肾着手。舌瘦小而干绛者，为阴虚有热，可用清骨散、泻白散之类。舌瘦小而干涩，为阴损及阳病重之兆，如癌症后期常见，更需从肾精着手，需血肉有情之品，如龟板、鳖甲、巴戟、苁蓉之类。

舌体颤动，主虚，主肝风。舌淡红而颤动者为心脾不足或肾精不足，前者用归脾汤，后者用左归丸（如大脑发育不全）。舌红而颤动者，为阴虚肝风内动，治当养阴平肝熄风，方用参麦六味加减。舌绛红而颤动者为肝热生风（如急惊风），治宜清热凉肝，平肝熄风，如桑叶、羚羊角、甘菊、双钩、天麻之类。

舌硬，主风，主痰，主热，成人中风之时多见（热入心包，痰浊内蒙心包）。

舌体蜷缩，久病为津血不足，筋脉失养，当养阴补血，用鸡血藤、当归、首乌、生地、白芍，在急病为热盛津耗，病入厥阴，精气将绝。

弄舌，多见于小儿，为心脾有热，可用清胃散、泻黄散。

二、舌苔

1. 辨苔质

辨苔质主要观察苔质的厚薄、润燥、腐腻、疏紧、糙剥。

（1）辨苔的厚薄：苔薄者邪在表而病轻浅；苔厚者，邪在里而病深重。如外感病，无论苔白或黄，薄者邪轻，厚者邪重。

（2）辨润燥：主要辨津液的亏耗。苔干为津液已伤，外感热病中为热盛津伤，治当清热保津或辛凉清热，或急下存阴，或甘寒生津，或咸寒坚阴；在内伤中为阴虚少津，需养阴而清热。苔润者，为津液未伤。苔润而薄白，在外感初起可佐温散，少用苦寒。

（3）辨腐腻：为中焦湿阻、食滞，厚腻而板滞为宿食，治当消导为主，如莱菔子、槟榔、鸡金、麦芽，佐以芳香化湿，如佩兰、菖蒲，甚者可用大黄消食泻下；厚腻而松为湿阻中焦，治当芳香化浊为主，佐以消食，如藿香、川朴、佩兰、米仁、茯苓、通草、滑石等药；苔黄厚腻者，为湿热内蕴，当苦温并用，清热燥湿，药用黄芩、黄连、草果、姜夏、苍术、米仁、茯苓等；但需中病即止，以防助热化燥。治湿病必在化湿中佐以理气，如枳壳、陈皮、大腹皮之类，所谓俞嘉言之"气化则湿化"是也。腐腻之苔而中干，为湿阻于内津液不能上乘之故，当治湿中少佐生津之品而苔则易化，如石斛、芦根、花粉。

（4）有苔无苔：辨胃气之有无。久病有苔为胃气未伤；久病有苔而突然无苔，表示胃气大伤，正难祛邪之重病。

（5）糙苔为邪实之象：无论久病、初病均为邪气内盛之象，治当祛邪为主，如肾病尿毒症期、急性粒细胞性白血病、慢性肝病、艾滋病、肿瘤，虽病久而见虚象，但邪毒仍盛，需虚实同治，为治疗免疫功能失调性疾病的要法。

（6）剥苔为虚：舌红苔剥，为阴虚内热，肺阴虚，肺热肝热。舌淡红而剥为气阴两虚，前者养阴（肺阴）清热，方予生脉饮、泻白散、黛蛤散等（其中潞党参改太子参或北沙参）；后者（脾）气（肺）阴两虚，方予黄芪生脉饮（舌嫩者尤佳），如便溏者，以脾气虚为主，方以参苓白术散为主（潞党参改明党参）。

2. 辨苔色

苔色以白、黄、灰、黑四种常见。

（1）白苔主表主寒：薄白者邪轻，在小儿不一定为表寒，薄白而润为风寒或兼有风寒，在辛散中可加温散，如苏叶、苏梗、荆芥、豆豉、葱白之类；薄白而干者为表热，治当辛凉疏解，如桑叶、薄荷、荆芥、蝉衣之类，热高者可加用石膏。

厚白者为邪盛，湿为重；厚白而干者，为湿渐化热而津液已伤，化湿切忌过分香燥，如草果、苍术之类；清热切忌苦寒，如黄连、黄柏之类；生津切忌滋腻，如生地、沙参之类，可以二陈汤为主加鲜茅根、鲜芦根、鲜佩兰、冬瓜子、鲜石斛之类。白腻而厚为湿瘀，湿痰壅滞而气机瘀滞，可用导痰汤加减。白腻而板滞为食滞，治当消积导滞，方用保和丸加减。

白苔绛底，为湿遏热伏，如温病初起，伤寒病、坏死性小肠炎、流行性出血热等易见，传变较快，治当辛开苦降，王氏连朴饮主之。

苔白厚如粉，为瘟疫初起，病变甚速，需注意。

（2）黄苔主里主热：苔薄黄、淡黄为热轻，厚黄、深黄为热重；在外感热病中，苔黄是邪入里的标志，是用苦寒药的重要标志。

苔薄黄尚润为邪初入气分，或表寒化热入里津液未伤，治当辛凉合苦寒并用，药用银花、连翘、芦根、薄荷、黄芩、山栀；薄黄而干为邪已入里

（气分里热）伤津，治当辛凉，甘寒清热为主，方以银翘白虎为主，如鲜芦根、石膏、银花、连翘、蒲公英、大青叶之类，苦寒可用而不宜太过。

苔厚黄而润为中焦湿热（湿重于热）或痰热内蕴；前者如黄疸型肝炎，治当辛温合苦寒并用，但辛温芳化应重于苦寒清热，慎用大黄泻下；后者如小儿哮喘伴感染为痰热内盛，痰重于热，治当清热化痰，降气平喘，清热不能过于寒凉，慎用石膏，以免寒凉遏痰，当苏葶、旋覆、定喘、三子养亲、二陈之类加减。

苔厚黄而燥，为肠胃热积，津液已伤，如大便未解者，可大黄下之，急下存阴，釜底抽薪之意。在温热病中为热重于湿，当以苦寒为主，即使大便不干，也可用之。

苔黄白相兼，为表里同病，风寒入里化热而表证未解；或内有伏热，复感风寒；当表里双解，方用凉膈散、麻杏石甘汤之类。

苔白腻根黄，为肠胃湿热、消化不良，在清化湿热之中加入消导之品，如黄芩、连翘、川朴、莱菔子、麦芽、鸡金、米仁、茯苓之类。

（3）灰苔主里：灰苔一般为黄苔转变而来，故又称熏黄，质红而干，热盛津已伤，如白血病病人见之，为热毒内盛，营阴已伤，治当清热解毒、养营凉血并重。由白苔转变而来，质淡而润，为脾弱中阳虚，在再生障碍性贫血肾阳虚病人多见，治当温中扶脾或脾肾双补如理中汤、二仙汤。

（4）黑苔主里，为变化之极：黑苔舌绛为热极津伤；黑而滑，舌淡而润，为中阳衰败，痰湿内停，在小儿肾病综合征，肾功能衰弱、肾阳虚衰、水湿泛滥可见此苔，治当温阳利水，方选真武汤加减。另外黑苔在轻病、无病者也可见之，一为染苔，如甘榄、话梅之类；二为过用抗生素，菌群失调引起；三也可无任何症状而出现，临床不必处理。

第六章

桃 李 天 下

第一节　倾囊相授流派传

一、"宣氏儿科"流派源起与发展

　　"宣氏儿科"创始于清末民初，以善治惊风闻名杭城，至今已有100多年历史，在小儿危重、疑难杂症的治疗方面具有很高的声誉。"宣氏儿科"流派也是"浙派中医"中有着鲜明特色的一支分流，是浙江省主要儿科学术流派之一。

　　创始人宣振元先生（1885～1947年），近代杭州儿科名医，祖籍诸暨，自幼家境贫寒，但聪颖过人，日间劳作，夜间挑灯苦读医书，自学成才，年轻时博览医书，广求名师，后遇越医曹南堂，随之习医3年，医术大增，年24时悬壶于杭州河坊街华光路口，以针刺推拿救治小儿急、慢惊风闻名杭城。

　　宣氏儿科第二代传人宣志泉先生（1910～1977年）为振元公次子，幼承庭训，继承了振元公衣钵，勤勉好学，尽得精传，1933年于华光巷开设"宣氏儿科门诊"，医术精湛，救治不少危重患儿，在杭城名望颇高。中华人民共和国成立前后系杭州中医学会常务理事，为杭城十大名医之一。中华人民共和国成立（1956年）成为浙江省中医院首批受邀中医师之一，1963年被浙江省卫生厅评定为全省第一批名老中医，是浙江省近代著名的中医儿科专家，也是宣氏儿科学术奠基人。

　　"宣氏儿科"第三代代表性传人，宣桂琪，1942年腊月生于浙江杭州。浙江中医药大学教授，主任中医师。1961年考入浙江中医学院，曾在江山县基层单位工作12年，于1980年5月上调至浙江省中医院儿科。师从父亲宣志泉先生及杨继荪、叶建寅、叶永寿等著名老中医学习儿科、内科临床。2001年被评为浙江省省级名中医。现任中华中医药学会学术流派传承分会首届委员会顾问兼常务委员，全国老中医药专家学术经验继承工作指导老师，浙江省名中医研究院研究员，浙江省中医药学会儿科分会顾问。

"宣氏儿科"流派传承工作室是首批全国64家中医药学术流派传承工作室之一，是其中仅有的2家儿科流派之一，也是浙江省首批入选的四个流派之一。工作室成立以来，团队成员在宣桂琪教授的指导和带领下深入挖掘了流派历史，首次系统整理了流派形成、发展的社会历史背景，各代传承人的生平传记、学术思想、医话医论、经验方集萃，以及在社会公益、医德医风等方面的历史典故及实物，充分彰显了"宣氏儿科"流派在传统文化中蕴涵的美德。

宣氏儿科历经创始人振元公、奠基人志泉先生及第三代宣桂琪教授的传承发扬，百余年来一脉相承。宣氏儿科以善治惊风闻名，流派学术观点可归纳为：①治儿病需知调气；②治外感，祛邪务净；③治杂病，重调治，宜扶益，少滋补；④治急惊贵当神速，治慢惊分清病机。每一代传承人又在前人的经验基础上，顺应时代变迁及儿科疾病谱的变化而各有特点。流派工作室成立以来首次系统整理了创始人振元公学术观点，并且进一步完善了志泉先生的学术思想，向后学阐明了宣氏儿科的学术发展历史，为系统全面传承流派学术经验奠定了基础。

二、工作室成果介绍

（一）人才培养

1. 定期开展"宣氏儿科"流派系列讲座

自"宣氏儿科"流派工作室成立伊始，宣桂琪教授坚持每月举办1～2次"宣氏儿科"流派系列讲座，开展近4年。宣教授系统讲解"宣氏儿科"的主要学术思想。讲座涵盖多方面内容，首先从儿科常见病、多发病入门，详细讲解了小儿感冒、咳喘的用药经验，又系统剖析了婴幼儿疾病，小儿呼吸系统、消化系统、神经系统疾病，小儿传染病，新生儿及婴幼儿疾病的临床特、治疗、药对及临床应用等。每次授课前宣老都要花大量的时间准备讲课内容，讲稿都是他利用平时休息时间一页页的手写、反复修改而来，4年下来，手写稿多达300余页，倾注了大量的心血。因工作室有不少年轻医生，宣老特意讲解了中医院校毕业生如何从书本知识进入临床的方法，包括如何在临床上运用四诊快速搜集病史，如何正确进行辨证求因，做好疾病的定性、定位及定量，然后使用临床有效良方，针对病因、主证及可同时解决的兼证进行加减，并从临床验证疗效。如此日积月累则可"登堂入室"，成为良医，从而提高了大家学习中医临床的意识与方法。除了介绍本流派对各种小儿疾病的诊疗特色外，宣老还与各工作室成员分享了他的从医之路，如何看病及历代流派传人医话、事迹，追古溯今，内容非常丰富。此外工作室还特别邀请国家级中药师徐锡山主任为成员们上了一堂"感性的中药课"，详细介绍了道地药材的特性与优点。

2. 宣氏儿科第四代传承人培养

传承人通过跟师抄方、侍诊等主要形式，收集临床病例，通过个案直观地学习本流派的诊疗特色，并及时整理及总结，书写心得体会。

"宣氏儿科"人才梯队已逐渐形成，以第三代代表性传承人宣桂琪老师为核心，培养第四代流派传承人11人，包括中华中医药学会儿科分会常委、中华中医药学会学术流派传承分会副主任委员、浙江省儿科分会主任委员、浙江省儿科疾病中医药防治中心负责人陈健教授；浙江省中医药学会儿科分会主任委员王晓鸣教授；中华中医药学会儿科分会副主任委员陈华教授；有着很多临床病人的，以治疗性早熟等小儿生长发育疾病在全省范围内闻名遐迩的陈祺主任；浙江省中医院儿科技术骨干、浙江省中医药学会儿科分会常委李岚主任；浙江省中医院技术骨干、中华中医药学会学术流派传承分会青年委员宣晓波医师等。

工作室在全省范围内建立5个流派工作站，均由第四代流派传承人任负责人，包括浙江省诸暨市中医院原院长、全国第三批优秀中医临床人才、诸暨市名中医侯春光教授；浙江省建德市妇幼儿保院中医儿科主任、建德市名中医施亚男主任；乐清市中医院院长、乐清市名中医王建敏教授；丽水市中心医院刘志勤主任；平阳县人民医院陈银燕主任。工作站均开设流派门诊，突出流派优势病种，在当地具有一定影响力。

3. 流派外人员培训

近5年共同培养浙江中医药大学硕士研究生30余人，浙江省中医院规培医师200余人，进修医师80余人，各地市基层名中医20余人。

2013～2016年共举办4次国家级/省级继续教育学习班，学员共计280人。

（二）宣氏儿科经验的临床及机制研究相关立项课题7项

（1）防哮方调控HIF1/2缺氧应激反应经TGF-β/Smads通路抑制哮喘气道重塑和炎症的作用及分子机制（2015年国家自然基金面上项目，对宣氏儿科经验方"防哮方"的作用机理研究）。

（2）基于TGF-β1/Smads和ERK通路交互作用研究气阴双补法对哮喘大鼠气道平滑肌细胞的干预机制（2015年浙江省自然科学基金——LY15H270004）。

（3）基于数据挖掘的宣桂琪名老中医优势病种诊疗经验传承研究（2019年浙江省中医药科学研究基金项目——2019ZA05）。

（4）浙江省学龄前儿童血清铅水平调查及降铅颗粒临床疗效研究（2015年浙江省中医药重点研究项目——2015ZZ016）。

（5）宣氏小儿清肺糖浆治疗肺炎支原体肺炎的临床研究（2015年浙江省中医药科学研究基金项目——2015ZB047）。

（6）宣桂琪名老中医治疗儿童哮喘用药规律研究（2014年浙江省中医药科学研究基金项目——2014ZA035）。

（7）"宣氏儿科"治疗抽动症经验及"宣氏抽动方"临床疗效评价研究（2014年浙江省中医药科学研究基金项目——2014ZA026）。

（三）论文发表

近年来在宣桂琪教授指导下，传承人发表流派相关论文23篇，其中SCI论文2篇，国内核心期刊7篇。

（1）Bi-Jun Xu, Jian Chen, Xi Chen, et al. Alleviation of high shear stress-induced pulmonary hypertension by endothelial progenitor cells is independent of autophagy regulation. World Journal of Pediatrics, 2015, 11（2）：1-6.

（2）Lan Li, ChenHuan Yu, HuaZhong Ying, et al. Antiviral effects of modified Dingchuan decoction against respiratorysyncytial virus infection in vitro and in an immunosuppressivemouse model. Journal of Ethnopharmacology, 2013, 147：238-244.

（3）张赛君，陈健，宣桂琪. 宣桂琪名老中医诊治小儿癫痫经验拾萃. 浙江中医药大学学报，2018，42（8）：595-597.

（4）宣晓波，陈健. 宣桂琪教授辨治小儿多发性抽动症经验. 中医儿科杂志，2017，13（6）：16-19.

（5）陈华，李岚.宣桂琪从食积论治小儿疾病经验.中医杂志，2017，（5）：576-579.

（6）王晓鸣.宣桂琪防治小儿高热惊厥经验浅谈.浙江中医杂志，2016，51（11）：804.

（7）阮晓琳，陈健，宣桂琪.宣桂琪教授治疗小儿喉源性咳嗽经验.浙江中医药大学学报，2016，40（5）：373-375.

（8）李璐，王晓鸣.宣桂琪治疗儿童喉源性咳嗽经验.陕西中医药大学学报，2016，39（3）：32-33.

（9）王晓鸣.宣桂琪治疗儿童铅中毒学术经验.浙江中医杂志，2015，50（11）：783.

（10）俞洁，王晓鸣.宣桂琪治疗儿科疾病药对心得.浙江中医杂志，2015，50（6）：408.

（11）黄仕帅，王晓鸣.宣桂琪治疗小儿热哮经验.浙江中医杂志，2015，50（3）：166.

（12）徐贤达，陈健，宣晓波等.宣桂琪教授治疗小儿多发性抽动症经验浅谈.浙江中医药大学学报，2015，39（4）：262-264.

（13）施亚男，宣桂琪.宣桂琪辨治小儿多发性抽动症经验.上海中医药杂志，2015，49（2）：19-20.

（14）施亚男.中医综合疗法治疗小儿肺炎的临床疗效.中医儿科杂志，2015，11（4）：30-32.

（15）王建敏，杨雨蒙.乐清地区0-6岁儿童中医体质调查研究.浙江中医杂志，2015，50（11）：834-835.

（16）王建敏，杨雨蒙.过敏煎在儿科临床中的应用.中医杂志，2015，56（22）：1968-1970.

（17）王建敏，杨雨蒙.银翘散在儿科临床应用举隅.中医儿科杂志，2015，11（5）：15-18.

（18）王晓鸣，王徐静，林子良.健康儿童中医体质辨识方法的研究.中华中医药杂志，2014，29（8）：2658-2660.

（19）王晓鸣，陶钧，裴宇等.茵陈退黄方治疗新生儿高胆红素血症的临床研究.中华中医药杂志，2014，29（2）：456-458.

（20）陈华.浅谈经方在小儿胃脘痛治疗中的应用.中国中西医结合儿科

学，2014，6（6）：512-514.

（21）宣晓波，宣桂琪. 宣桂琪主任辨治小儿哮喘与提高疗效的思路. 浙江中医药大学学报，2013，37（7）：851-853.

（22）陈祺，宣桂琪. 宣桂琪辨治特发性矮小症之精粹. 江苏中医药，2011，43（4）：17-18.

（23）陈祺，宣桂琪. 宣桂琪名老中医治疗小儿抽动-秽语综合征. 中医药学报，2009，37（3）：43-45.

（四）特色诊疗技术

（1）惊风外治法：以针刺、推拿、三棱针放血、通关散吹鼻取嚏开窍。鲜地龙3～5条，麝香0.15g，捣烂和匀，敷神阙穴。

（2）高热外治法：针刺、推拿十宣、人中、印堂等穴位，结合中药内服达到快速退热的效果。

（3）高热神昏特色疗法：用碗片以"十字"割开癞蛤蟆（蟾蜍）腹部，放入朱砂，捂在患儿肚脐并用布包好，待第二日癞蛤蟆发臭则为有效。

（五）流派学术交流与推广

（1）全国范围内，广泛开展学术交流：与四川"刁本恕全国名中医传承工作室"开展学术交流与互访。与"西岐王氏济世堂中医儿科学术流派工作室"互相学习交流，组成"包子与馍"的联盟，共同为中医儿科的发展努力。2016年8月参加"流派基地学术推广及华东地区座谈会"，介绍宣氏儿科流派学术思想和建设成效。流派传承人中的陈华主任和侯春光主任系第三批全国优秀中医临床人才，广拜名师，充分运用国家优秀中医临床人才培养平台，与马融、丁樱、汪受传、王霞芳等全国著名儿科流派，互相交流、协同发展，提高流派学术水平，提高流派影响力。

（2）浙江省内，儿科流派互动：以浙江中医药学会儿科分会举办的年会为平台，每年与"董氏儿科"开展多种形式的流派间交流，特别是临床诊疗心得交流。

（3）各老中医工作室相互交流：医院内部，在"群师带群徒"模式下，与徐锡山、俞景茂、盛丽先名老中医工作室相互交流，邀请国家级中药师徐锡山主任介绍道地药材的特性与优点，医药并进。

（六）举办学习班

建设期内共举办4次国家级、省级继续教育学习班，向全省乃至全国推广本流派学术经验，并获得学员的一致好评

1）2013年5月成功举办浙江省儿科神经系统疾病中医诊治及宣氏儿科临证经验学习班（编号：2013084）。

2）2014年5月28日至2014年5月30日成功举办宣氏儿科临证经验学习班（编号：2014530205147）。

3）2015年5月参与举办国家级继续教育学习班。

4）2016年10月成功举办国家级中医药继续教育项目"宣氏儿科临证经验学习班"（项目编号：Z20165305003）。

（七）发明专利

1. 获得1项流派相关的发明专利

一种中药熏香组合物及其香薰和熏蒸液（专利号：ZL 2007 1 0308067.1），每年缴纳年费，持续维持中。

2. 流派相关专利2项已进入实审阶段

一种中药组合物及其在制备降低血铅药物中的应用（申请号：201610305794.1）。

一种中药组合物及其制备方法与应用（申请号：201610984470.5）。

（八）推广运用

1）已建立3个流派特色门诊，场所安排、环境布置、物品摆放、工作程序等方面流派文化特色浓厚。

浙江省中医院国医馆二楼为"宣氏儿科流派工作室"主要工作及示范场所，设有工作室示教门诊及特需门诊。①工作室示教门诊：工作室指导老师与工作室成员在同一个工作室门诊（更好地传承老师的经验，有利于传承人的成长；病人复诊可以找工作室成员，保证诊疗的延续性，更好地服务于临床，为病人服务）。②工作室特需门诊：遴选工作室成员（高年资主任医师）独立门诊、将学到的指导老师的经验用于临床，有利于传承人的成长，疗效不佳的病人随时请教老师，分析问题，解决问题，提高临床疗效。③宣氏儿科专科门诊：主要针对"小儿高热惊厥、多发性抽动症、多动症、癫痫"等优势病种运用流派特色技术进行诊疗，位于浙江省中医院二楼儿科门

诊，每周日上午由流派传承人坐诊。

2）已设立5个流派工作站，推广运用"宣氏儿科"特色诊疗技术和方案、方法。

工作室共设立5个流派工作站，并于2016年5月31日在诸暨市中医院举行隆重的"宣氏儿科"流派传承工作室工作站成立及授牌仪式。工作站分别设在诸暨市中医院、建德市中医院、丽水市中心医院、平阳县人民医院、乐清市中医院。分布于浙江省的东、西、南、中各个地区，各工作站负责人都是当地的儿科骨干、地方名医，开设流派门诊，突出流派优势病种，努力提高诊治有效率，逐步形成基础扎实、技术精湛、特色鲜明，具有一定影响力的工作室团队。

（九）院内制剂

原有2种院内制剂，已在临床使用多年且疗效显著，目前正进行进一步的研发，拟早日获得院内制剂批件。

1）降铅Ⅰ号冲剂。

2）小儿清肺糖浆。

三、流派建设主要经验体会

通过本流派传承工作室建设项目的开展，完整地展现了"宣氏儿科"的发展历程，全面系统地整理了历代传承人的生平、学术思想、医论医话，并且搜集了不少历史典故及实物。基本完成了现阶段流派老中青三代的人才梯队建设，为宣氏儿科的发展壮大奠定了基础。建设期间我们针对优势病种开展了一系列的各层次科研工作，发表了20余篇相关论文。"宣氏儿科"这本汇聚了几代人成果结晶的学术专著，经过长达近2年的不断修筑完善也已基本编撰完毕进入待版阶段，有利于更好地传承与发扬宣氏儿科。我们还通过报纸、电视等新闻媒体作了多次的宣传，扩大了广大群众对宣氏儿科的了解认识。

四、流派下一步发展思路

1. 创新性传承，进一步加强科研孵化

1）开展"宣氏抗惊糖浆"防治小儿高热惊厥的临床及作用机理研究，

将结合现代医学、药理、病因学进行更深入的研究。

2）本流派以"动静结合"治疗多发性抽动症将开展一系列的科研孵化研究。

3）"益气养阴法"防治难治性哮喘的膏方临床评价及作用机制研究。

4）流派特色制剂"降铅冲剂"将在现有临床疗效及专利申请基础上做进一步的新药研发。

2. 合作协作，进一步提升学术影响力

1）围绕流派工作室建设期间已设立的5个流派工作站，加强工作站建设，扩大流派在全省的学术影响力，更好地服务全省。

2）争取在全国范围设立工作站或"儿科流派联盟"，进一步推广及传承"宣氏儿科"，更好地服务全国。

3）开展国际合作，将流派特色诊疗方案及技术推向国际。

3. 出版专著，研发新药，进一步促进成果转化

1）继续整理出版《宣氏儿科医案集》《宣桂琪各老中医膏方集》。

2）进行流派特色制剂"降铅冲剂""清热灌肠开塞露""小儿清肺糖浆""抗惊糖浆"等院内制剂的新药研发工作，进一步开展药效、药理、毒理等研究。

3）上述院内制剂在医院42家医联体单位及医院"双下沉"单位推广应用。

4. 人才培养，流派传承人开枝散叶

1）借国家即将开展的"全国第六批名老中医学术经验继承工作"的东风，培养流派传承人。

2）进一步提升第四代、第五代学术传承人的学术造诣和影响力。

传统医学博大精深，中医流派更如江河奔流，百川汇海。宣氏儿科作为众多中医流派其中的一条涓涓支流，只有不断地开源汇流，才能川流不息，直达江河湖海，永不枯竭。传播和传承中医学术流派，是当代中医界仁人志士责无旁贷、义不容辞的责任和义务。我们将更加努力地做好传承及发扬，以期更好地发挥宣氏儿科学术流派的学术经验、诊疗优势及特色，扩大学术影响，提高临床疗效，完善传承梯队组建，整合资源，增强辐射，从而为中医药学的发展和为广大人民群众的医疗保健事业做出应有的新贡献。

第二节　桃李芬芳春满园

一、陈健

（一）个人简介

陈健，女，博士，硕士生导师，浙江中医药大学附属第一医院副院长。全国名老中医药专家宣桂琪学术经验继承人，全国中医学术流派传承工作室（宣氏儿科流派）第四代传人，浙江省"十二五"中医药重点学科（中医临床评价方法学）学科负责人。

1. 学习与工作经历

（1）教育经历

1984年9月～1989年7月，浙江中医药大学，中医临床，学士；

2002年9月～2005年6月，浙江大学，医学院，儿科学，硕士；

2005年9月～2007年6月，浙江中医药大学，中医学，博士。

（2）工作经历

1989年7月～1995年1月，浙江湖州第一人民医院，儿科，住院医师；

1995年1月～1996年9月，浙江中医学院，附属第一医院，住院医师；

1996年9月～2003年9月，浙江中医学院，附属第一医院，主治医师；

2003年9月～2011年9月，浙江中医药大学，附属第一医院，副主任中医师；

2011年9月～2017年8月，浙江中医药大学，附属第一医院，主任中医师、教授；

2017年8月至今，浙江中医药大学，附属第一医院，主任中医师、教授，副院长。

2. 学术兼职

世界中医药学会联合会伦理审查委员会第二届理事，全国中医药高等教育学会临床教育研究会第十届常务理事，中华中医药学会流派传承分会第一届委员会副主委委员，中华中医药学会儿科分会第八届常委，浙江省中医药学会临床研究分会第一届主任委员，浙江省中医药学会儿科分会副主任委员，浙江省医学会第九届理事、科普分会委员，浙江省医师协会儿童重症分会副会长。

3. 专业方向

中医药防治儿童呼吸系统疾病的临床与基础研究；中医药防治儿童神经系统疾病的临床研究。主持、参加国家自然科学基金5项，在研1项（防哮方调控HIF1/2缺氧应激反应经TGF-β/Smad通路抑制哮喘气道重塑和炎症的作用及分子机制）；省部级课题8项。完成省部级以上课题5项，厅局级课题10余项。获浙江省中医药科学技术创新奖3项，发表核心期刊论文58篇，其中SCI论文6篇。

（二）跟师经历和心得

1995年从浙江湖州第一人民医院儿科调入浙江中医学院附属第一医院（浙江省中医院）儿科工作开始，跟随宣桂琪名中医开展中医药防治儿科常见病、疑难病的诊治工作及研究。2012年被确定为第五批全国老中医药专家学术经验继承人，从师于宣桂琪名中医学习，2016年经结业考核，获国家人力资源和社会保障部、国务院学位委员会、教育部、国家卫计委、国家中医药管理局五部委联合颁发的"出师证书"。

老师丰富的临床经验，敏锐的临床洞察力和分析力，严谨的治学态度，与时俱进的进取精神，平易近人的为人处事之道，孜孜不倦的言传身教使其获益良多。浅谈学习心得如下：

1. 跟师心得之"宣老治疗学龄前儿童抽动症经验"

主证：以不自主的眨眼、吸鼻、张嘴、喉间异声、做鬼脸、扭脖子、歪头、吸腹等为主要表现，反复不愈，或伴咽痒，咽红而肿，纳食尚可，便干或无殊。舌红，苔薄，脉浮数或弦数。脑电图检查正常。

治法：疏风散邪，平肝熄风。

方药：宣氏抽动1号方加减。

生龙齿10～12g　生白芍5～6g　天麻3～5g　石决明10～12g　广郁金3～5g　石菖蒲3～5g　地龙6～10g　全蝎1.5～3g　冬桑叶6～10g　制胆星3～5g　玄参6～9g　射干3～5g　板蓝根6～10g　炒银花6～10g　制丹参5～10g

心得体会：多发性抽动症在中医学中尚无完全相应的病名，宣师认为本病以局部肌肉不自主抽动为主症，《素问·阴阳应象大论》云："风胜则动。"《素问·至真要大论》又云："诸风掉眩，皆属于肝。"故考虑本病属"肝风"范畴。但本病的发作常常因外感、情绪波动而诱发，可以认为本病不但有"内风"之表现，更有"外风"之诱因。致病外因突出风邪，特别是学龄前儿童之临床表现，"外风"引动"内风"的情况较多见。

在病机上，宣师认为本病初期以实证为主，日久虚中挟实。"风为阳邪，善行而速变""高巅之上，唯风可到""风气通于肝"。学龄前儿童肺气不足，卫外不固，易感风邪，风气通于肝，引动肝风而致肝风内动，发为抽动。"风为百病之长"，常挟寒热，挟热者以鼻咽部炎症兼面部抽动多见；挟寒者，多为贪凉之人，可见肩背、颈部抽动兼局部肌肉不适多见。病久则虚，心气不足，影响神明，以致精神恍惚，思维意识不足；脾气不足，痰从内生，阻于经络，引动肝风，肝失调达，则恐惧胆怯，情绪失常。

治疗上初期提倡以祛邪为主，以疏风、祛风、平肝、镇静、安神、开窍、涤痰为治，病久以调治阴阳，健脾平肝兼以祛风为治。宣氏抽动1号方以龙齿、天麻、白芍、石决明养阴平肝，镇静安神为主；佐以桑叶、金银花疏风散邪；玄参、射干、板蓝根清热宣肺利咽；地龙、全蝎平肝熄风；再配以广郁金、石菖蒲理气开窍，以增安神熄风之效。若患儿抽动症日久不愈，则要考虑"风邪挟痰滞于经络"的原因，多为喜欢贪凉之人汗出当风，风邪留注经络，痰湿内阻，气机不利所致。此时需祛风的同时加以调气、涤痰、通络之品，可加柴胡、枳壳理气，胆星、天竺黄涤痰，威灵仙、伸筋草、川芎活血通络。

2. 跟师心得之"宣老治疗小儿腹型癫痫经验"

主证：腹痛呈周期性反复发作，发时以脐周及上腹为主，可伴有恶心、呕吐及大便溏烂，无明显的腹部体征。发作时或伴神识不清，嗜睡，流涎，腹肌跳动。脑电图检查发现：痫样放电，可确诊。舌质红，苔薄白，脉弦数。

治法：调和阴阳，理气通络。

方药：以桂枝龙牡汤合四逆散加减。

桂枝5～6g　龙骨15～30g　牡蛎20～30g　生白芍6～12g　制芒硝5～10g　地龙6～10g　柴胡5～6g　炒枳壳5～6g　槟榔3～6g　川芎5～10g　制香附5～6g　广郁金5～6g　石菖蒲5～6g

若疼痛剧烈者加制乳香、没药各3g；面色苍白者加鸡血藤以补血活血。

心得体会："腹型癫痫"为西医病名，因其以"腹痛"为主症。宣老认为当属祖国医学"腹痛"范畴，但其发作时可伴有神识丧失，嗜睡，腹部、肢体肌肉跳动及脑电图有痫样放电，因此"腹型癫痫"不能单纯以"腹痛"

来处理。"痛者不通矣"确定了腹型癫痫之腹痛与气血不通有关。但在20世纪80年代，宣老以四逆散、痛泻要方等方，理气活血、缓急止痛治疗获效甚微。进一步分析病机，考虑本病除腹痛外，尚有意识丧失，应与脑、心有关；腹部、肢体肌肉跳动与肝、脾有关；肾主骨，骨主髓，脑为髓之海，脑之病久必与肾有关，从而感悟到腹型癫痫的发病不但与气血不利有关，更与全身脏腑阴阳失调有关。经古籍探源、古方寻觅，宣老在20世纪90年代承古创新地将《金匮要略》治疗男子失精，女子梦交之桂枝加龙骨牡蛎汤方，用于治疗本病，取得较好疗效。该病之本为心肾不交，精孤于下，火不摄水，不交自泄，用桂枝加龙骨牡蛎汤，具有桂枝汤外证得之能解肌祛邪，内证得之能补虚而调阴阳，同时建中缓急，使中气得以四运，从阴引阳，从阳引阴，使阴阳调和。加龙骨、牡蛎镇静。在"腹型癫痫"中运用本方，就是一方面补虚缓急，一方面调整阴阳，沟通上下，使五脏平和，气机调和，腹痛自除。病名不同但病机相同，运用"异病同治"之法而获效。

3. 跟师心得之"宣老治疗小儿哮喘经验"

（1）新增风痰型哮喘

主证：咳嗽不多，喉间痰涌，活动、哭吵后气急，哮如笛声，日久不愈，面色㿠白，形体肥胖，动则汗出，纳乳欠佳，大便溏烂，舌淡，苔白。

治法：祛风宣肺，化痰平喘。

方药：三子养亲汤合二陈汤加味。

蝉衣3～6g 制天虫5～6g 杏仁6～9g 炙苏子5～6g 白芥子3～6g 炒莱菔子6～9g 姜半夏4.5～6g 陈皮3～6g 茯苓10～12g 海浮石6～9g 佛耳草5～6g

心得体会：哮喘中医属"哮证""喘证"范畴，为外邪触动伏痰、痰阻气道所致，属本虚标实之证。其治疗，《景岳全书·喘促》指出：必使元气渐充，庶可望其渐愈。丹溪也曾说：未发以扶正气为主，既发以攻邪气为急。因此，中医治疗分发作期和缓解期两个不同的时期，哮喘发作期以祛邪为主，哮喘缓解期中医证候分肺脾气虚证、脾肾阳虚证、肺肾阴虚证，故中医治疗缓解期哮喘以调补肺、脾、肾三脏功能为主。宣老根据多年临床经验，发现哮喘儿童除上述经典的发作期和缓解期之外，还存在"迁延期"，此期在婴幼儿中表现以"风痰型"为多见，提出"风痰型哮喘"的临床辨治。风痰型哮喘多发于肥胖体婴幼儿，它的特点一是痰多，喉间痰鸣如曳锯；二是见风或哭吵后明显，故称"风哮""痰哮"，因小儿脏腑娇嫩，成而未全，脾常不足，脾虚生痰，上贮于肺，肥儿气虚，更易发为本型。外感风邪引动伏痰，痰随气升，发为哮喘。因脾虚气虚，故本型宜见便溏汗多，治当疏解外风，内化痰滞。

（2）提高哮喘疗效的几种思路：祖国医学的分型辨治在临床上确实能取得一定疗效，但是哮喘的病因病机十分复杂，仅靠上述几法很难全面获效，因而应根据各种不同的病因病机，在辨证论治的基础上加用不同的治法。近年来宣老丰富了治哮方法，疗效得到很快提高，分述如下：

1）清热解毒法：小儿哮喘之所以较大人频发，因为小儿免疫功能低下，易上呼吸道感染（病毒、细菌），因而在治哮基础上加以清热解毒，可以增加疗效。如婴幼儿哮喘，加佛耳草、炒黄芩；病毒感染者加大青叶、虎杖、鸭跖草；细菌感染者加鱼腥草、银花、连翘；咽喉部炎症者加射干、山豆根、银花、焦山栀；肺部感染者加鱼腥草、鸭跖草、炒黄芩。

2）理气解痉：现代医学认为支气管痉挛，缺氧是哮喘气急的主要原因，祖国医学认为此是风盛痰阻，气道挛急之故，故加入理气解痉，扩张平滑肌的药物可解除支气管痉挛，减轻气急的症状，一般可加枳壳、地龙，甚者加全蝎祛风解痉，慢性发作可加芍药、甘草酸甘缓急。

3）祛风脱敏：支气管哮喘现代医学认为主要是病毒、细菌及其毒素的侵入，或花粉、灰尘、虫螨吸入，或因牛奶、鱼虾等异性蛋白的摄入，上述过敏物质引起变态反应发为哮喘。其症状特点是哮喘发作来去无踪，兼有鼻塞打嚏、眼鼻作痒、湿疹瘙痒等，与祖国医学的"风"邪之性极为相似，而中药祛风药中有很多具有祛风脱敏的作用。如麻黄、防风、细辛、苏叶、蝉衣、白芷、地龙、全蝎、天虫、地肤子及乌梅、甘草，其中麻黄祛风脱敏又有平喘作用，是治疗哮喘最常用药物；细辛祛风脱敏，解痉又兼散寒作用，用于寒冷过敏效佳，但有毒性，量宜小。虫类药也有脱敏作用，但其本身也是一种异性蛋白，因此在临床上要注意个体差异。乌梅配甘草具有脱敏作用，效果很好，因乌梅酸敛，当外邪痰盛之时，用之欠妥，在缓解期比较合适。

4）活血祛瘀：哮喘是个顽疾，祖国医学有久病入络之说，哮喘病机为"内有壅塞之气"，气滞则血瘀，而现代医学微循环的研究也证实哮喘与血瘀有关，因而在治疗哮喘中加入活血祛瘀药可以改善哮喘症状，提高疗效。近年来有血府逐瘀汤、桃花四物汤治疗哮喘的报道，同时有报道认为丹参能降低IgE水平。我们认为在哮喘中加用丹参、川芎、桃仁、红花等药一二味，即能提高哮喘治疗疗效。

5）理气调中：祖国医学认为，肺主一身之气，肝主疏泄，肝之气郁、气逆、肝火犯肺均可影响及肺，而导致哮喘的发作或加重。哮喘发病，气机升降失调，又进一步影响肝之疏泄，加重肺气壅塞，生痰阻肺。在临床上不少哮喘病人因情绪变化而发病或加重者，往往采用三拗汤、麻杏石甘汤疗效不佳，而改用或加用理气调肝治疗往往能获效，在临床我们可选用四逆散、逍遥散合旋覆代赭汤治疗。如遇肝郁化火，木火刑金，干咳痰少，咽红而痒者，合黛蛤散治疗。

6）消导积滞：祖国医学认为哮喘与饮食有关，素有"盐哮""糖哮""食哮"之说。近年来现代医学指出哮喘与胃肠动力学有关，可因食管反流而引发哮喘，本型哮喘临床除哮喘症状外，常兼有脘腹疼痛、口苦、纳减、食后易吐、形体肥胖、大便干结、舌苔黄腻等症，多因过食膏粱厚味，食积内滞，脾失健运，生痰生热，痰热壅肺，气机壅塞发为哮喘，治当消食和中，降气平喘，用保和丸、半夏泻心汤、旋覆代赭汤加减。我们在临床上发现小儿哮喘反复发作者一旦舌苔转薄，哮喘发作则明显减少，因而消食导滞在小儿哮喘中的运用要引起我们高度重视。

7）攻补兼施：哮喘发作时邪实明显，但反复发作日久必虚，故小儿哮喘反复发作易见面色㿠白，动则汗出，所以有的医家认为哮喘是本虚标实之证，因而在治疗上可以打破"未发时以扶正气为主，已发时以祛邪为主"的原则，治以标本兼治，攻补同用，可以提高哮喘的疗效。如郁文骏提出"轻症中之寒（实）证用三拗汤加二陈汤，加巴戟天、补骨脂、葫芦巴、淫羊藿；热实证用麻杏石甘汤合导痰汤，加熟地、女贞、杞子，重症上方合葶苈大枣泻肺汤、丹红饮（丹参、红花）"。在临床上有较好的指导意义。宣老在临床上注重补肺，肺阴虚合生脉散（南北沙参易潞党参）；肺气虚，卫气不固者合玉屏风散；痰去者补肾，用巴戟天、枸杞子，稍佐活血祛瘀之丹参、桃仁，对反复发作之顽固性哮喘起到很好的作用。

4. 跟师心得之"《黄帝内经》理论指导下的小儿饮食起居"

（1）饮食调理：古代医家早已认识到，饮食物之与人们是否合适，对于人体的健康具有一定的影响。《素问·生气通天论》曰："阴之所生，本在五味；阴之五宫，伤在五味……谨和五味，骨正筋柔，气血以流，腠理以密，如是则骨气以精，谨道如法，长有天命。"对于饮食的阴阳属性，《素问·至真要大论》指出"辛甘发散为阳，酸苦涌泄为阴，咸味涌泄为阴，淡味渗泄为阳"。若饮食不节，则会对人体造成伤害，正如《素问·阴阳应象大论》所说："水谷之寒热，感则害于六腑"。足以说明饮食调理的重要性。

我们祖先早就认识到多食、食积可以影响脾之运化、肝之疏泄、心之所养，从而出现心肝不利之症。小儿"脾常不足"，饮食不节最易伤及脾胃之运化功能，形成"食积"。小儿外感疾病如挟有食积，形成"伏火""郁火"，则热难清、痰难化、病程较长。小儿神经系统疾病，如多发性抽动症，食积即是该病的病因之一，又是抽动症状反复发作、日久不愈的病根。"胃不和则卧不安"，杭州民间俗语"呆屎塞心肝"，均说明同一个道理。宣老临证时就经常对家长说："若要小儿安，三分饥与寒"。

（2）起居调理：起居保健的内容十分丰富，大致可分为起居有常、衣适寒温、劳逸适度、环境调适等方面：

1）起居有常：《素问·上古天真论》曰："夫上古圣人之教下也，皆谓之虚邪贼风，避之有时……"小儿稚阴稚阳之体，易受外邪的侵袭，而导致感冒、发热、咳嗽等，要注意避免。《素问·生气通天论》曰："平旦人气生，日出而阳气隆，日西而阳气已虚，气门乃闭。"故患过敏性皮炎、湿疹的小儿应避免在有阳光日子的一天中10～14时外出。即使在正午外出，亦应佩戴宽沿帽或用太阳伞，穿长袖衣等。

2）衣适寒温：《灵枢·百病始生》曰："夫百病之始生也，皆生于风雨寒暑，清湿喜怒"，《素问·生气通天论》也说："因于露风，乃生寒热。是以春伤于风，邪气留连，乃为洞泄……冬伤于寒，春必病温。四时之气，更伤五脏"，充分说明衣着合适，避免外邪的重要性。

小儿"肺常不足"，特别是反复呼吸道感染的患儿，特别要注意衣着合适。随着人民生活水平的提高，生活富裕了以后，大多数小儿不是穿得少了，而是穿得太多了。有一些患儿，素体肺脾不足而经常自汗，或素体阴虚火旺而经常盗汗，一旦衣服穿得太多，或夜间被子盖得太厚则容易"汗出当风"，反而容易反复呼吸道感染。

3）劳逸适度：中医历来认为劳逸适度与健康关系密切，反对过劳或过逸。《黄帝内经》云："劳则气耗"；又曰："五劳作伤，久视伤血，久卧伤气，久坐伤肉，久立伤身，久行伤筋，是谓五劳所伤"。以劳伤而言，小儿多发性抽动症的发生与长时间看电视、打电子游戏、看小说等因素有关，久视可伤血。应提醒小儿及家长注意避免。

4）环境调适：居室的环境卫生亦是防病保健的一个重要因素。《素问·阴阳应象大论》指出："故天之邪气，感则害人五脏……地之湿气，感则害皮肉筋脉。"《素问·痹论》又指出："风寒湿三气杂至合为痹也。其风气胜者为着痹，寒气胜者为痛痹，湿气胜者为着痹也。"小儿脏腑娇嫩，形气未充，特别要注意避免环境中的"毒气""温毒"等因素，以防手足口病、病毒性肠炎、病毒性脑炎等疾病的发生。要注意居室通风，防潮，无噪声、无废气污染，夏天尽可能利用自然风。

（3）调摄精神：中医非常注重七情六欲对人体的影响，《素问·上古天真论》曰："恬淡虚无，真气从之，精神内守，病安从来。"中医学认为"思则气结，恐则气下，惊则气乱"，情志不调可以导致人体脏腑功能失调，气机逆乱，机体免疫功能紊乱，抵抗力低下，不利于患者的治疗和康复。正如《灵枢·本神》所论："是故怵惕思虑者则伤神，神伤则恐惧……喜乐者，神惮散而不藏；愁忧者气闭塞而不行；盛怒者，迷惑而不治……"情绪因素是小儿注意力缺陷多动障碍、多发性抽动症等疾病发生与发展的原因之一。常见加重抽动的因素包括紧张、焦虑、生气、惊吓、兴奋、疲劳、被人提醒、伴发感染等。常见减轻抽动的因素包括注意力集中、放松、情绪好等。

另外，如肾病综合征患儿病程长，病情迁延，痛苦时时折磨着他们，并且长期服用激素，可引起满月脸、水牛背，使用免疫抑制剂亦可能抑制性腺，所以患者容易对治疗和生活失去信心，表现为焦虑恐惧、抑郁自卑的心理。对此，给予合适的精神调摄十分必要。

（三）传承与创新研究

宣桂琪名老中医临证强调：辨证求因，审因论治；治儿病需知调气；治外感，祛邪宜早，祛邪务净；治杂病，重调治，宜扶益，少滋补。在治疗小儿哮喘缓解期方面：宣桂琪名老中医在常规证型基础上，充分考虑小儿"阴常不足，阳常有余""肺常不足，肝常有余，脾常不足，肾常虚"的生理特点，以肺阴虚及气阴两虚分型论治，创立"宣氏防哮方"。该方基本组成为南北沙参、麦冬、地骨皮、生白芍、生石决明、生黄芪、白术、防风、茯苓、陈皮、鹅不食草、姜半夏、乌梅、甘草等。该方以沙参麦冬汤养阴清肺，以玉屏风散益气扶脾；地骨皮清虚热；白芍配石决明养肝阴平肝热，以防木火刑金而肺热难清，共奏益气养阴、补肺固表、平肝健脾的作用。

1. 基础研究

1）防哮方调控HIF1/2缺氧应激反应经TGF-β/Smad通路抑制哮喘气道重塑和炎症的作用及分子机制，国家自然科学基金（81574023），2016年1月-2019年12月。

2）基于TGF-β/Smads和ERK通路交互作用研究气阴双补法对哮喘大鼠气道平滑肌细胞的干预机制，浙江省自然科学基金（LY15H270004），2015年1月至2018年12月。

2. 临床研究

（1）目的：评价"宣氏防哮方"膏方治疗缓解期小儿哮喘的临床疗效并初步探讨其免疫调节作用。

（2）方法：前瞻性、单中心、小样本、随机对照试验。样本量60例，根据随机数字表随机分为两组，治疗组30例，对照组30例。治疗组在原缓解期治疗方案基础上加"宣氏防哮方"膏方治疗；对照组在原治疗方案基础上加玉屏风散合参麦饮。观察患儿一年内哮喘发作次数、PEF预计值、主要症状/体征和次要症状/体征积分、血免疫球蛋白水平、CD23$^+$和CD19$^+$表达水平。

药物：南北沙参各100g，麦冬80g，地骨皮80g，生白芍80g，生石决明100g，生黄芪150g，白术60g，防风60g，茯苓100g，陈皮60g，鹅不食草70g，姜半夏70g，乌梅100g，生甘草50g。由浙江省中医院中药房制作完成。冬至前后起每日服膏方1～2次，每次10毫升，温开水冲服，30～50天服完1料，为一个疗程，并随访12个月。中途哮喘发作者，停药按发作期处理，待缓解后继续服用膏方。

（3）结果

1）两组患儿一年内哮喘发作情况：治疗组患儿一年内哮喘急性发作次数均值由治疗前平均（26.96±4.39）次减少为（11.56±7.82）次，治疗后较治疗前明显下降，差异有统计学意义（$P<0.01$）。与对照组比较，治疗组较对照组下降明显，差异有统计学意义（$P<0.05$）。

2）两组患儿呼气峰流速（PEF）占正常预计值百分比改变情况：治疗组患儿呼气峰流速（PEF）占正常预计值百分比（%）均值由治疗前86.96±4.89上升到治疗结束后93.19±7.39，治疗组较对照组明显，两组间比较，差异有显著性（$P<0.05$）。

3）两组患儿主要症状/体征和次要症状/体征积分改变情况：两组患儿主要症状/体征和次要症状/体征积分均较治疗前明显下降，差异有统计学意义（$P<0.01$）。治疗组患儿主要症状/体征积分均值由治疗前12.31 ± 3.10下降到治疗后9.87 ± 3.59；次要症状/体征积分均值由治疗前11.40 ± 2.44下降到治疗后7.36 ± 2.12。但治疗组与对照组两组间比较，差异无显著性（$P>0.05$）。

4）两组患儿治疗前后免疫球蛋白的比较：治疗组免疫球蛋白IgG均值由治疗前（6.05 ± 1.02）g/L上升到治疗后（7.35 ± 0.97）g/L，差异有显著性（$P<0.05$）。IgA、IgM值无明显变化，差异无显著性（$P>0.05$）。；对照组治疗后IgG、IgA、IgM值均无明显变化，差异无显著性（$P>0.05$）。

5）两组患儿治疗前后CD23$^+$和CD19$^+$比较：两组患儿治疗后CD23$^+$和CD19$^+$表达均下降，差异有统计学意义。治疗组CD23$^+$表达由治疗前（10.31 ± 4.10）%下降到治疗后（7.87 ± 3.59）%，差异有显著性（$P<0.01$）；CD19$^+$表达由治疗前（15.40 ± 3.44）%下降到治疗后（13.36 ± 2.12）%，差异有显著性（$P<0.01$）。两组比较，治疗组较对照组下降更明显，差异有统计学意义（$P<0.05$）。

（4）结论

1）"宣氏防哮方"膏方具有减少哮喘急性发作次数；提高患儿PEF预计值，改善肺功能；改善患儿主要症状/体征积分和次要症状/体征积分的作用。

2）"宣氏防哮方"膏方通过升高血免疫球蛋白IgG水平，降低CD23$^+$和CD19$^+$表达，调节患儿体液和细胞免疫功能，可能是其发挥作用的机理之一。

二、陈华

（一）个人简介

陈华，浙江中医药大学教授、主任中医师、硕士生导师，浙江省名中医，第三批全国优秀中医临床人才，全国老中医药专家学术经验继承人，全国首届百名杰出女中医师。中华中医药学会儿科分会副主任委员，中国民族医药协会儿科分会常务理事，浙江省中医药学会儿科分会副主任委员。从事中医儿科临床及科研、教学工作33年，擅长小儿肺系疾病与脾胃病的临床诊疗及基础研究，尤其对小儿反复呼吸道感染、哮喘、毛细支气管炎及厌食、泄泻、便秘等疾病的治疗具有丰富的临床经验。发表学术论文50余篇，主编及参编专著6部、教材4部。主持科研课题10余项，研究成果获得奖励8项，获得国家发明专利2项。

（二）跟师经历和心得

作为宣桂琪名老中医药专家工作室成员，全国优秀中医临床人才、学术经验继承人，有幸跟随宣老师学习，侍诊于侧，获益良多。对于老师注重小儿脾胃功能，在临床上强调从食积论治小儿疾病体会颇深。总结继承老师临证经验，现加以分析阐释。

随着现代社会的快速发展，人们生活水平不断的提高，小儿备受家长宠爱，饮食不节、嗜食肥甘，不健康食品、营养饮食过度导致食积现象较为常见。《景岳全书·小儿则》中云："盖小儿之病，非外感风寒，则内伤饮食"，提出了饮食损伤是儿科疾病发病的重要原因。小儿食积又称积食、积滞，是小儿临床常见病之一。早在隋朝巢元方《诸病源候论·小儿杂病诸候》中就有关于食积的记载，列有"宿食不消候""伤饱候"。宣老师在临证中认为，小儿食积与扁桃体炎、哮喘、慢性胃炎及多发性抽动症等疾病的发生及预后转归有着密切的关系，重视食积的治疗可以明显提高疾病的临床疗效，常用治法如下。

1. 清热利咽，消食散结

小儿素体多为肺胃蕴热，若复感风热，邪热壅肺，肺胃有热，热气上冲肺胃之门户，则成乳蛾。饮食不节，食滞中焦，郁而化热，郁火内生，挟热毒上攻咽喉，灼腐肌膜，溃烂化脓，而易成烂乳蛾。宣老师认为烂乳蛾乃无形之热与有形之积胶滞，形成伏热郁火充斥三焦，伏热上冲与邪热相搏于咽，咽腐肉烂而成。

挟有食积之烂乳蛾在治疗时往往邪热难解，伏火难清，宣老师提出治疗当在表里双解的同时，或消食或导滞，治拟清热解毒，消积化滞，常用凉膈散合保和丸，并加用藿香、薄荷等芳香醒脾、疏散伏火之品，以助伏热郁火外达，才能使食积得消，邪热得清。对于过敏体质及易感儿挟有食积者，乳蛾痊愈后容易伏火不清，以致稍受外邪或疲劳后反复发作，宣老师强调在养阴清热，利咽散结的同时佐以消食散结，可明显减少乳蛾的复发。

2. 消食化积，化痰平喘

小儿脏腑娇嫩，形气未充，脾胃功能薄弱，易为饮食所伤，且饮食不知自节，恣食生冷肥甘及难以消化之品，均可损伤脾胃，极易致饮食停滞，积而不消而成食积。宣老师认为，小儿形成食积后脾失健运，水谷不能运化为精微反酿成痰浊，上贮于肺；或食积日久化热，灼津为痰，上犯于肺，痰热蕴肺，若遇外感引动，则阻塞气道，肺气不利，肃降失司，更易致咳嗽喘促。

《幼幼集成·哮喘证治》曰："因宿食而得者，必痰涎壅盛，喘息有声。"宣老师认为由食积引起的小儿咳喘，往往见痰涎壅盛，痰量较多，色黄质稠，且咳喘易反复迁延难愈，每因伤食后，咳喘发作或加剧。多因过食膏粱厚味，食积内滞，脾失健运，生痰生热，痰热壅肺，气机壅塞发为哮喘。正如《医宗金鉴·幼科心法要诀》中云："食积生痰热熏蒸，气促痰壅咳嗽频。"临床上常可见有腹胀纳呆，嗳腐口臭，手足心热，大便干结或便秘，舌质红，苔厚腻，脉滑数等。治拟消食化积，化痰平喘，临床常用保和丸合麻杏石甘汤、苏葶丸。只有消除食积，痰热才能得以清化，咳喘反复迁延才能得以控制。

3. 消积导滞，理气化湿

《幼科发挥·脾所生病》云："小儿腹痛，属食积者多。食积之痛，属寒者多。饮食下咽之后，肠胃之阳，不能行其变化转输之令，使谷肉果菜之物，留恋肠胃之中，故随其所在之处，而作痛也。"小儿稚阴稚阳，形气未充，脾胃娇嫩，易伤于饮食。宣老师认为，小儿食积最易损伤脾胃之气，脾胃虚弱又易形成食积。如此周而复始，导致食积日久，脾失健运，化生湿热；或久服生冷，伤胃不化，寒食化湿，湿久生热，湿热内蕴，影响气机，均可导致脾胃纳运失常，气机升降受阻，而成胃脘痛。

由于当今生活水平越来越好，许多小儿进食物品的热量过高及蛋白过多，喜食香炸甜腻之品，过量高能的食物超出其运化能力，使脾胃运化失司，阻于中焦，生热助湿，湿热互结致胃之脉络闭塞不通而胃脘作痛反复不愈。临床上常见患儿脘腹胀满，口气秽臭，时有干呕、泛酸，舌质淡红，苔厚腻，脉弦滑等。宣老师认为，食积所致胃脘痛，治疗当注重消积化滞，调畅气机，治拟消积导滞，理气化湿，常用保和丸合平胃散，使食积得消，气机复畅，才能使脾胃运化得健，胃脘疼痛得缓。

4. 消食化滞，平肝熄风

《普济方·婴孩一切痫门·风痫》云："食痫，因乳食过多，伤动

浙江中医临床名家·宣桂琪

脾与胃，或食停中脘，内生痰热，气逆上冲，为之者曰食痫。"由于小儿脾常不足，运化功能较弱，饮食不知自节，或过食辛辣、肥甘厚味，损伤脾胃，或食停中脘，内生痰热，积痰内伏，生热动风，气逆上冲，蒙蔽清窍，或痰气阻于经络导致气滞痰凝血瘀，均可发为抽动。

宣老师认为，临床上部分多发性抽动症患儿面色黧黑，形体肥胖或消瘦，上课注意力不集中，学习成绩欠佳，时有脘腹作痛，长期用药后有所好转，但始终不能治愈。这些患儿病情反复迁延难愈与存在食积内滞有密切关系，宣老师提出食积、痰滞、血瘀不仅是本病的发病原因，更是影响疾病发展和预后的重要因素。因为一方面食积日久伤脾，脾虚失运，痰浊内生，痰阻清窍，脉络瘀滞，或为土虚木乘，肝木亢盛，引动内风可导致抽动发生；另一方面食积于内，有形之积可致气行不畅，气机失利，而使邪去难尽，以致抽动难愈，症状此起彼伏，影响预后。治拟消食化滞，平肝熄风，常用保和丸合自拟抽动方。治疗从过食导致气滞、痰瘀着手，使气滞得畅、痰瘀得消，才能使肝风得以平熄，抽动得以缓解。

部分多食肥胖的难治性抽动症患儿，宣老师认为更应从食积论治。因多食肥胖易使食积化湿、化痰，痰湿内阻日久可致气滞血瘀，症兼体态肥胖，面色黧黑，多见高血脂、脂肪肝，经多种方法治疗难以见效，只有饮食清淡，控制进食，细嚼慢咽，在治疗上加用二陈汤、生山楂、茵陈等以消食化痰，理气消瘀，才能取得疗效。临床上本证日久也可出现舌淡嫩、苔薄之象，此为痰食内滞以致气滞血瘀，气血运行不畅之故，必要时可加用当归、黄芪益气养血以行血生血，从而使肥胖儿之抽动症得以治愈。

典型病例一

张某，男，9岁。诊断为多发性抽动症两年余，经当地医院治疗后未见明显好转，抽动症状反复发作，近半年来患儿反复眨眼、摇头、耸肩、吸鼻，自觉咽喉部不适而频频出现清嗓子，平素多动难静，上课注意力不集中，明显影响其他同学。形体偏瘦，面色黧黑，胃纳尚佳，多食肥肉，平时喜食巧克力、甜食及油炸食品，大便偏干。舌质红，苔薄黄中腻，脉弦数。诊断：多发性抽动症。证属痰滞食积。治拟消食化痰，平肝熄风。处方如下：

生龙齿10g　生石决明10g　茯苓10g　天麻5g　地龙10g　生白芍6g　全蝎3g　郁金5g　石菖蒲5g　板蓝根10g　金银花10g　葛根10g　制胆南星5g　鸡内金10g　生麦芽9g　生山楂10g　当归5g

服7剂，患儿清嗓子明显减少，摇头、耸肩、吸鼻频率降低，但上课注意力仍不集中。拟原法续进，去板蓝根、炒金银花，加钩藤10g，射干3g。并嘱患儿少荤多素饮食，忌食巧克力及油炸、香辣、腌熏之品，3周后患儿清嗓子、摇头、耸肩、吸鼻等明显好转，上课已能在座位上安静就坐，不影响周围同学。再经三甲复脉汤加减滋阴益肾，养血柔肝调理3周而稳定。

按语： 本例患儿多发性抽动症两年余，平时胃纳佳，多食肥肉，喜食巧克力、甜食及油炸食品，容易导致食积化湿、化痰，痰湿内阻而致气滞血瘀。故治疗从过食导致气滞、痰瘀着手，拟消食化痰，平肝熄风为先。方中生龙齿、生石决明、天麻、生白芍、葛根养阴平肝祛风，地龙、全蝎搜风解痉，郁金、石菖蒲理气开窍，板蓝根、金银花清热解毒，制胆南星涤痰开窍，当归活血化瘀，生麦芽、鸡内金、生山楂消积化滞。服药1周后，诸症好转。原方酌减清热解毒之品，加钩藤、射干以助平肝熄风、利咽活血之功。治疗3周后以滋阴益肾，养血柔肝调理，并嘱患儿改变饮食习惯，尽量清淡饮食，而获好转稳定。

典型病例二

朱某，女，6岁。患儿身热3日不退（体温39℃），汗出不畅，咽红肿而痛，两侧扁桃体Ⅱ度肿大，见脓性渗出物。伴有咳嗽，口干而渴，纳食欠佳，口气秽臭，大便干结2日未解，平素喜荤少素。舌质红，苔黄厚腻，脉浮数。诊断：烂乳蛾。证属热毒挟滞。治拟清热解毒，佐以消积化滞。处方如下：

焦山栀5g　鲜芦根30g　连翘6g　大力子5g　薄荷5g　玄参6g　山豆根5g　射干3g　金银花10g　藿香3g　人中白5g　炒莱菔子6g　鸡内金10g　生山楂6g　炒枳壳6g　生甘草3g

服药3剂，患儿汗出热退，稍有咳嗽，咽红而肿，扁桃体渗出已消，胃纳仍差，大便已解，舌红苔转薄，脉滑数，再清热利咽，养阴和中。处方如下：

焦山栀5g　鲜芦根20g　连翘6g　玄参6g　射干3g　大力子5g　北沙参6g　麦冬6g　生地10g　淡竹叶6g　炒莱菔子6g　鸡内金10g　生山楂6g　广郁金6g

治疗一周而愈。

按语： 化脓性扁桃体炎属中医"烂乳蛾"范畴，发病多见于内有蕴热之人，复感温毒时邪，二热相搏于咽喉，以致血腐肉烂，发为本病。本例患儿平素多荤少素，饮食不节，易致食积，郁火内生。故治疗在表里双解的基础上，佐以消食导滞，以凉膈散合保和丸加减。方中鲜芦根、连翘、大力子、薄荷疏风解表清热，焦山栀、玄参、山豆根、射干、银花清热解毒利咽，炒莱菔子、鸡内金、生山楂消食导滞，藿香、炒枳壳理气助邪外出。药后2天，便解热退，扁桃体表面分泌物渐消。原方酌减清热苦寒之品，加沙参、麦冬、生地以养阴清热，继以炒莱菔子、鸡内金、生山楂消食助运，以防乳蛾溃烂反复发作。

三、王晓鸣

（一）个人简介

王晓鸣，女，浙江省中医院儿科主任中医师，浙江中医药大学第一临床医学院教授，浙江省名中医。

1. 学习与工作经历

1977年"文化大革命"后恢复高考第一届大学生，进入浙江中医学院学习；

1982年3月分配进入浙江省中医院儿科工作至今。

2. 学术兼职

浙江省中医药学会副会长兼秘书长；中国民族医药协会儿科分会副主任委员，世界中医药学会联合会儿科专业委员会常务理事，浙江省中医药学会第五届、第六届儿科分会主任委员；中华中医药学会体质分会常务委员，浙江省中医药学会体质分会副主任委员；国家中医药管理局中医药文化科普巡讲团专家，浙江省医学会科普分会副主任委员等。

3. 专业方向

主要研究方向为中医儿童保健学，擅长儿童保健系统管理及体弱儿防治、小儿中医体质学研究、儿童行为医学研究、儿童常见病防治等。

（1）小儿体质辨识及防治体弱儿研究：创建了"辨体养子"保健模式，对中医药防治体弱儿进行了临床研究与总结。"社区0～3岁儿童保健系统管理和体弱儿干预方案研究与实践"获浙江省中医药科技二等奖，"经络调理手法预防体弱儿技术"获浙江省中医药科技三等奖，"经络调理手法预防体弱儿技术"被列为浙江省中医药适宜技术推广项目。此研究方向，作为第一作者，在一级刊物发表学术论文6篇，二级刊物发表论文3篇。

（2）微量元素与儿童健康研究："儿童铅中毒与学习困难的关系及降铅冲剂疗效观察"获浙江省中医药科技三等奖。主编《小儿缺钙防治》《儿童铅中毒防治》等著作。此研究方向，作为第一作者，在一级刊物发表论文3篇，二级刊物发表论文7篇。

（3）儿科优势病种诊疗规范化研究：主持"新生儿黄疸中医诊疗标准规范化研究""儿童哮喘慢性持续期中医证候临床规律研究""小儿急性腹泻中医诊疗规范临床研究"等。参编《手足口病》《中医儿科临床实践》2部著作。此研究方向，作为第一作者，在一级刊物发表论文4篇，二级刊物6篇。

（4）宣氏儿科流派工作室传承研究：作为"杭州宣氏儿科流派传承工作室"成员之一，对流派特色诊疗进行挖掘、研究和总结。主编著作《儿科心悟》；发表论文"宣桂琪防治小儿高热惊厥经验浅谈""宣桂琪治疗小儿热哮经验""宣桂琪治疗儿童铅中毒学术经验"等。在研课题"浙江省儿童铅中毒中医证型分布及防治方案疗效评价研究""浙江省学龄前儿童血清铅水平调查及降铅颗粒临床疗效研究"，验收课题"宣桂琪名老中医治疗儿童哮喘用药规律研究"。

（二）跟师经历和心得

工作后，其第一位中医带教老师是宣桂琪，在他的教导下，王晓鸣成为中医儿科青囊行者。

宣桂琪的父亲宣志泉是杭州宣氏儿科第二代传人，也是浙江省中医院中医儿科创始人。虽然其未曾与宣老谋面，但是宣老的一些经典验方对其行医初期影响至深，如"疰腮方""水痘方""百日咳方""夜啼方""夏季热方""遗尿方"等，这些都成为其常用方剂。

宣桂琪系"杭州宣氏儿科"第三代传人，对小儿时病及杂病治疗皆有丰富经验，特别以治疗小儿癫痫、抽动-秽语综合征、高热惊厥和儿童铅中毒等闻名当世。宣桂琪在继承祖辈治"惊"经验的基础上，研制了"小儿抗惊糖浆""降铅Ⅰ号冲剂"等名方；以及"小儿清肺糖浆"在下呼吸道感染的应用，表里同治小儿热病等；宣氏儿科的这些学术精髓深深地嵌入了其临床生涯。

1. 小儿清肺糖浆治疗下呼吸道感染

其第一篇学术论文是《中药治疗小儿支原体肺炎临床分析》，也是其晋升主治医师的论文，这篇论文总结了宣桂琪的经验方"小儿清肺糖浆"治疗小儿支原体肺炎的临床疗效。宣桂琪认为，支原体肺炎多以发热、咳嗽为主症，具有一定的季节性和流行性，属于中医温病，卫气同病。"小儿清肺糖浆"由麻杏石甘汤和银翘散加减而成，清凉泄热，宣肺化痰，用于治疗小儿急性支气管炎、肺炎等下呼吸道感染有发热、咳嗽者，疗效尤佳。

2. 小儿高热惊厥防治

20世纪80年代中期，在宣桂琪的指导下，其对高热惊厥患儿进行了体质调查，并与健康儿童体质比较，得出高热惊厥患儿阴虚郁热体质明显高于健康儿童的结论，论文《高热惊厥患儿的体质调查与防治》发表于《浙江中医杂志》。这是其初涉接触中医体质概念，对其后来深入研究健康儿童的体质辨识具有启蒙教育的意义。在高热惊厥患儿体质调查的基础上，宣桂琪带领其申报了课题——小儿抗惊糖浆防治高热惊厥的研究，课题包括动物实验和临床疗效观察两部分。这个课题成果曾获得浙江省中医药科技三等奖。

小儿抗惊糖浆是宣氏儿科预防小儿高热惊厥反复发作的经验方。根据宣志泉"高热惊厥患儿挟痰、挟食，要惊厥少发，务必祛其痰，消其食，清其热，如此则风难生，惊风难成"等理论，在临床研究的基础上总结出"阴虚火旺体质是高热惊厥发作的内在因素，而痰食是小儿高热惊厥反复发作的重要原因"。宣氏儿科防治高热惊厥有三大关键点，一须调理阴虚火旺体质，二是消除痰食，三要活血祛瘀（脑电图异常者）。

3. 儿童铅中毒系列研究

宣桂琪早在20世纪80年代对儿童铅中毒就已经有比较深刻的理解和经验，率先提出了铅入儿体，伤肾及肝，损脑减智的观点，认为肝肾不足，阴虚火旺是儿童铅中毒的主要病机。后来，其通过儿童铅中毒证候分布规律研究，充分证实了这一观点。

降铅I号冲剂，是宣桂琪的经验方，由益智仁、制首乌、牡蛎、白芍、炙远志、石菖蒲、五味子、甘草等组成，具有补肾益脑、平肝镇静、解毒开窍的功效。方中益智仁辛温益肾补脾，制首乌味甘滋肾养肝，为主药；牡蛎潜阳镇静，白芍平肝敛阴，为辅药；炙远志、石菖蒲、五味子为佐药，三药共奏益智开窍，安神醒脑之功；甘草调和诸药，更兼解毒功效，为使药。整个方剂组方严谨，切合儿童铅中毒的病因病机，达到改善铅中毒的症状、降低血铅水平、提高学习记忆能力的目的。

围绕宣氏降铅I号冲剂，其领衔开展了多项动物试验和临床研究，研究成果显示，不仅治疗儿童铅中毒疗效显著，对注意缺陷多动障碍综合征亦有作用。

（三）传承与创新研究

晋升副主任医师以后，其确定了专业主攻方向为中医儿童保健学，受启蒙老师宣桂琪的影响，微量元素与儿童健康、儿童行为医学有关疾病，如儿童缺锌症、儿童铅中毒、注意缺陷多动障碍、抽动症、学习困难症等是其关注的病种，并开展了临床研究与实践，小有成就。2001年，因工作岗位调整，其来到浙江省中医院下沙院区，医院承担了杭州经济技术开发区白杨街道儿童保健系统管理工作。在儿童保健门诊，其有机会接触到辖区内0～3岁健康儿童，遂开始了长达近10年的儿童体质辨识及体弱儿干预的研究与实践，研究成果形成"辨体养子"保健模式在社区推广应用。

1. "辨体养子"保健模式研究与实践

如何在社区儿童保健系统管理中充分发挥中医治未病优势，"因质调理"，改善体质，减少体弱儿发病，促进生长发育，是其开展研究的目的。"辨体养子"保健方案是根据中医体质辨识结果给予不同的调护方案，包括辨体施膳、辨体施养、经络调理技术等。体质辨识和经络调理技术是"辨体养子"保健模式的两大核心。

（1）0～3岁婴幼儿体质辨识（社区版）：婴幼儿体质"两体论"是在脏腑学说指导下，针对0～3岁婴幼儿提出的观点。所谓的"两体论"有两个含义：其一，将婴幼儿体质大体分为平衡体质和偏颇体质；其二，偏颇体质中又包括偏心肝有余（热体）状态和偏肺脾不足（寒体）状态两大类。如心肝有余状态表现为面色偏红，睡眠不安，好动烦躁，寐时多汗，大便偏干等一派"热"相；而肺脾不足则有面色不华，乳食欠佳、不耐寒热，动则汗出，大便不调等"寒"性表现。为了便于基层医院和家长掌握辨识方法，选择了代表性、判别性较好的指标，编制了《0～3岁婴幼儿生理状态辨识表》。该表经研究分析具有较好的信度和效度，为社区儿童体质辨识提供了一种工具和方法。

（2）经络调理预防体弱儿技术：小儿保健推拿是在小儿无病的情况下，根据小儿生理特点而设计和采用的有助于小儿生长发育和健身的推拿方法，小儿经络调理技术是在小儿保健推拿基础上建立的，以小儿体质"两体论"

为基础，利用小儿推拿五经补泻作用，中医体质与小儿推拿特定穴位组合，形成了小儿经络调理技术，从而达到"补其不足，泻其有余，调其虚实"的目的。为了家长便于掌握和操作，并且不受天气寒热和场地的限制，大都选择了手部和上肢的经络和穴位。比如手部的心肝脾肺肾五经、板门穴，手臂的三关、天河水等经络穴位。每天或隔天推拿一次，以达到促进生长发育，降低体弱儿发病的目的。

2. 健康儿童中医体质辨识及应用

健康儿童中医体质辨识（专业版）：健康儿童中医体质辨识方法适用于儿科临床，故称为"专业版"。本课题通过文献研究、知情人深度访谈和专家问卷等研究方法，对1～6岁健康儿童中医体质年龄划分、分类、辨识指标达成了共识，形成了《健康儿童中医体质辨识表》。健康儿童中医体质辨识采用医者对儿童家长问卷的形式，以被测儿童家长根据孩子平时的情况回答医者问题。每个条目从"没有"到"总是"采取从1到5的评分，6个亚辨识表分别计算分数。平和质为平和体质，阳盛、痰湿、气虚、阴虚、阳虚5种体质为偏颇体质。通过分析检验，证明《健康儿童中医体质辨识表》有较好的信度和效度。

3. 小儿辨体膏方

小儿辨体膏方是在体质辨识的基础上，针对气虚质、阳虚质、阴虚质和痰湿质而调制的膏方，适用于疾病缓解期或间歇期症状不明显，甚至无症可辨者。怎么开小儿辨体膏方呢？首先要进行体质辨识，根据体质辨识结果，因"质"择方。辨体膏方组方原则与普通膏方类似，补益类药物以体质协定处方为主，如气虚质方、阳虚质方、阴虚质方和痰湿质方等；因病因证辅以治疗药物；佐以理气助运药；再配以干果类、胶类、调味品等，合而成方。比如说，有的孩子经常感冒，动则出汗，容易疲劳，面色不华，纳食不佳，这就属于气虚质，适合用气虚质方调补。如用玉屏风散、参苓白术散等经典方剂作为调补底方，再加上辅助药、干果类、调味品和胶类药等配成辨体膏方。辨体膏方特别适用于初学膏方者或基层医疗机构。

4. 儿童支气管哮喘慢性持续期中医证候研究

儿童支气管哮喘（以下简称"哮喘"）是儿童期最常见的慢性疾病之一，现代医学对哮喘的临床诊断与分期的认识已经较为成熟，将哮喘分为急性发作期、慢性持续期及临床缓解期3期，临床治疗也已经得到普遍认同及广泛应用。中医对哮喘的概念逐渐与现代医学接轨，将哮喘分为发作期和缓解期，但缺乏慢性持续期的证型、证候的认识与描述。随着GINA方案的推广和普及，临床上在中医儿科就诊的大部分病人处于慢性持续期和缓解期，也是中医药最具优势的环节。其组织浙江省中医药学会儿科分会委员们围绕哮喘慢性持续期中医证型、证候分布规律的关键问题开展了研究。通过专家问卷调查、专家意见咨询等研究方法，总结出哮喘慢性持续期脾虚痰实、肺虚痰实型、肺脾气虚、痰热内蕴4个主要证型和证候分布规律，为中医药干预策略提供指导。

5. 新生儿黄疸防治研究

黄疸是新生儿期常见的临床症状，约60%新生儿可出现不同程度黄疸。大部分生理性黄疸可自然消退，部分患儿可出现严重高胆红素血症（病理性黄疸），甚至引起胆红素脑病，导致神经损害和功能残疾。对新生儿进行适时、有效、安全、经济的干预，降低高胆红素血症发病率，减少不必要的治疗和医疗资源浪费，是国内外医学界多年来努力的方向。其从预防和治疗两方面着手，开展了新生儿黄疸的干预研究。

6. 经络调理技术预防新生儿高胆红素血症研究

初生儿体质辨识研究，是根据小儿"脏腑柔弱、易虚易实、易寒易热"的生理病理特点，将正常新生儿分为平衡状态、偏热（实）、偏寒（虚）3种体质状态。由于初生儿观察时间短，依据"儿之在胎，与母同体，得热则俱热，得寒则俱寒""夫孕之胎气，必随母之脏气，大都阴虚者多热气，阳虚者多寒气"等理论，把孕晚期母亲的体质作为辨识初生儿体质的一个重要参考指标。以体质辨识为依据，设计了新生儿经络调理技术，预防新生儿高胆红素血症的发生，与新生儿抚触比较，优势显著。

7. 茵陈退黄栓治疗新生儿高胆红素血症的疗效观察

茵陈退黄方由茵陈蒿汤合栀子柏皮汤组方而成。方中茵陈为君药，苦平微寒，能清热利湿，为治黄疸要药。栀子、大黄为臣药，栀子能清热降火，通利三焦，使湿热从小便而去；大黄通腑泻热，导热从大便而下，两药共同协助茵陈清热利湿退黄。佐以淡竹叶清利小便，陈皮疏肝运脾。生甘草调和诸药，与陈皮共防诸药寒凉伤胃。全方共奏清热利湿退黄之功，可使热得清而不伤脾胃，湿得利而不伤气。本方临床治疗新生儿高胆红素血症湿热内蕴者，具有有效、价廉、安全等特点。本研究将茵陈退黄汤研制成栓剂，并评

181

价其临床疗效，研究显示茵陈退黄栓治疗新生儿高胆红素血症的疗效优且黄疸复发率低，值得推广应用。

四、陈祺

（一）个人简介

陈祺，男，副主任医师，系宣氏儿科第四代传人，1988年8月毕业于浙江中医药大学中医专业（原浙江中医学院），毕业后即被分配在浙江省中医院儿科工作，2011年9月进入浙江中药大学第二门诊部，建立"陈祺生长发育工作室"工作至今。

其曾经主持的课题有2项"早熟1号颗粒剂对性早熟动物模型雌二醇的影响及研究""手足口病的中医临床诊疗规范化研究"；协助开展的课题有2项"小儿性早熟中医诊疗方案的规范化研究""浙江省女童性征发育规律及相关因素研究"。发表的学术论文，代表性的主要有宣桂琪名老中医治疗小儿抽动-秽语综合征；宣桂琪辨治特发性矮小症之精粹；养阴扶脾法治疗小儿矮小症；中药早熟2号颗粒治疗女童特发性性早熟（痰热互型）的临床研究；早熟3号颗粒治疗女童特发性真性性早熟阴虚火旺证的临床研究；从"性早熟"的防治体系优显"治未病"之精华；小儿抗早熟颗粒对SD大鼠模型雌二醇的调控作用研究等。

（二）跟师经历和心得

陈祺在浙江省中医院工作期间，得到宣桂琪老师的亲临教育指导，无论在病房的教学查房，还是临床门诊工作，特别是在利用工作之余，和宣晓波（宣氏儿科四代传人）一起，得到宣桂琪老师对《时病论》专门讲解学习，之后，又参加了宣老国家名指导老师学习班，受益匪浅，在日常的临床工作中，特别是在独立开展的生长发育专科门诊中，尤其是至今从事的小儿生长发育领域中，由于坚持宣氏儿科学术思想，结合当今儿童生长发育的特点，发挥现代医学的优势，中西医结合，在小儿生长发育领域开创了自己的学术空间与地位，在浙江省内具有很高的知名度，病源来自全省各地，不少病人及家属口口相传，千里迢迢前往就诊，极高的门诊总量，充分体现了宣氏儿科的学术思想在当今时代得到了继承与弘扬。

以下是陈祺通过多年的临床实践对宣氏儿科的学术思想的部分总结：

1）治外感祛邪务速，祛邪务净，内服、外治双管齐下，辨证用药、治病宜快，汗、吐、清、下有其证用其药，不必十分拘泥卫、气、营、血之分，提倡超前用药，而安宫牛黄丸、紫雪、至宝丹、猴枣、苏合香丸，常为必用之药，多数危重病人均在二三天内即转危为安了。

2）审察疾病，极微极细，用药胆大心细，其中诊病尤重望诊、闻声，注重望神色辨病之轻重，见咳嗽，听其咳声，略问一二即能辨其新感旧伤、风寒暑湿燥火痰，这是长期经验的总结。

3）治慢惊、慢脾，须审察病机，分清气血阴阳、寒热虚实，如中毒性消化不良，多气虚、阳虚，宜温中益脾以熄风。病脑、乙脑转变者，多邪气留恋，阴血耗伤，筋脉失养，虚风内动，当益肝肾、熄风通络；结脑者，气阴两虚、肝风内动为多，治当益气养阴，养血熄风，以缓图功。

实行有机的中西医结合治疗疾病，将辨病与辨证充分结合，治杂病重调治，宜扶益，少滋补，治当调理肝脾为主，用补法当守《黄帝内经》"阴平阳秘，经气乃治"之态，小儿脏气清灵，随拨随应，有虚当补，也当扶益为先。如脾虚者，首以扶脾、醒脾，脾气醒后，脾气亦复，只有纯虚之证，方可大胆进补，但只不过十之一二罢了；至于如肾病、血小板减少、再生障碍性贫血、心肌炎、血尿等多为病程长，正气受损，邪气时有，又加治疗日久，药物易伤，病情十分复杂，只能根据正气虚损，邪气的多少，采用消补同用，寒热同治，使阴阳渐趋平稳，疾病方可治愈。

（三）传承与创新研究

通过多年的学习和临床实践，陈祺在生长发育领域中，对宣氏儿科流派学术内涵给予继承和发扬。

1. 性早熟

中医学以往也无"性早熟"这一病名，现代医学将性早熟归纳为：女孩在8周岁前、男孩在9周岁前出现第二性征发育，同时生长速度加快为主要临床表现的病证。该病在于冲任，源于肝、肾。其中，冲为血海，任主胞胎，冲任二脉皆属于肾，肾为先天之本，主元阴元阳，倘若肾阴亏，精血不足，阴不制阳，相火亢盛、妄动，则冲任失调，"天癸"早致而为病。又冲任与肝肾经脉相错，肾主闭藏，肝主疏泄，肝肾同源，相互协调，小儿乃纯阳之体，肝常有余，肾常虚，若肾阴不足，水不涵木，肝失疏泄，郁久化火，肝火旺盛，灼津为液，炼液为痰，在上结于乳，则乳核增大、胀痛；流注于下则为黏稠白带，引动相火，则遗精，血海浮动，则经血早致。总之，肾的阴阳失衡为病之本，肝火偏旺，痰湿凝聚，血海浮动为病之标。

辨证思路：性早熟虽然都有性发育提早出现，但根据临床症状特点，指出辨证时有阴虚、火旺、痰结、血动之不同。其中，阴虚多为肾阴虚、肝阴亏，火旺则有相火旺、肝火旺，痰结、血动则是指肝郁痰结、血海浮动之临床表现。结合发病过程，通常性早熟初期以乳房胀痛、结块之肝郁痰结为主，中期多以神烦、急躁易怒之肝火旺盛为主，后期多以面赤口渴、月经早潮之肾阴虚相火旺、血海浮动为主。总之，辨证时必须清楚地意识到性早熟之本是肾阴虚、相火旺，而肝火旺、肝郁痰结、血海浮动则为标。本病的关键是滋肾阴、平相火、舒肝郁、散痰结。有虚者当补，热者当清，郁者当疏，结者当散，以期肾阴阳平衡，肝疏泄调达，气血运化顺畅，孩子健康生长。辨证论治如下：

（1）滋养肾阴，清降相火

适应证及辨析：适应于肾阴虚，相火旺证。症见五心烦热，面红赤，口渴喜饮，头晕耳鸣，烦躁易怒，夜寐不安，盗汗、溲黄便秘，女孩乳房早发，白带，月经早潮，男孩睾丸增大，遗精，舌质红绛或舌边尖红，苔薄黄或花剥，脉细数。

此证在性早熟最常见，乃肾阴亏虚，相火亢盛，冲任失调，故予滋养肾阴，清降相火为则，采用滋阴降火并举，治病求本。

方药：知柏地黄汤加减。选用鳖甲、龟板、萸肉填补肾阴，生地、知母、黄柏、丹皮滋阴降火，茯苓、泽泻扶脾泻热。

加减：乳房胀痛者加广郁金、海藻；神烦易怒者加杭白芍、夏枯草；白带多者加苍术、生米仁；遗精多者加五味子、乌梅；月经早潮者加水牛角、玄参。

（2）清泻肝火，滋阴平肝

适应证及辨析：适应于肝阴虚，肝火旺证。症见面红升火，口苦咽干，目赤目糊，眩晕耳鸣，急躁易怒，失眠多梦，胸胁胀满，少腹疼痛，便秘尿黄，女孩乳房硬结、触痛，男孩阴茎易冲动勃起，舌质红苔黄，脉弦有力或弦细数。

此证在性早熟常见，且多出现在性发育旺盛期，乃肾阴不足，水不涵木，肝火灼盛，急者治其标，故予清泻肝火为先，佐以滋阴平肝。

方药：龙胆泻肝汤加减。选用龙胆草、黄芩、栀子苦寒泻火，生地、知母、白芍滋阴平肝，柴胡、郁金、当归、活血疏肝，泽泻、车前子引火下行。

加减：乳房触痛甚者加元胡、夏枯草；口渴咽干者加玄参、天花粉；脾气急躁，寐不安者加川楝子、生石决明；阴茎易冲动、外阴分泌物多者加黄柏、苦参。

（3）扶脾散结，疏肝解郁

适应证及辨析：适应于脾气虚弱，肝气郁结证。症见面色欠化，胸胁胀满，情志抑郁，急躁易怒，食欲不振，大便偏溏，男女均可有乳房硬结、肿胀，隐隐作痛，舌淡红，苔腻，脉弦滑。

此证多见于素体脾虚又肝气郁结之性早熟患儿。脾虚则痰湿内生，肝郁则经气不舒，痰气交阻，壅积于胸胁、乳房，故予扶脾疏肝散结同施。

方药：逍遥散加减。选用柴胡、郁金疏肝解郁，当归、白芍养血柔肝，茯苓、白术、半夏扶脾化湿，橘核、海藻、昆布理气软坚，黄芩、夏枯草清热散结。

加减：舌红苔腻，便不溏者加丹皮、栀子；乳房硬结大者加荔枝核、青皮；硬结长期不散者加丹参、皂角刺；兼有食滞苔腻者加山楂、神曲。

（4）滋阴降火，凉血平冲

适应证及辨析：适用于相火亢盛，冲任失调证。症见面红神烦，口燥咽干，乳房胀满，少腹作痛，腰膝酸软，外阴增大，男孩冲动，遗精频频，女孩带下量多，经血来潮，舌红少津，苔黄，脉弦细数。

此证多出现在性发育后期，乃肾阴虚损，阴不制阳，相火亢盛，冲任失调，性动异常，则遗精带下，血海浮动，则经血来潮。故予滋阴降火为主，佐以凉血平冲。

方药：大补阴丸加减。选用熟地、龟板、鳖甲、萸肉滋阴潜阳降火，配以黄柏、知母、泽泻清泻相火而保真阴，仙鹤草、白茅根、丹皮清血热，平血海。

加减：若食少便稀溏者龟板慎用，熟地易生地，加白术、茯苓；神烦易冲动者，加夏枯草、白芍；经血色紫不畅，少腹作痛者加丹参、蒲黄、仙鹤草。

另外，治疗过程中要合理饮食，防止营养过剩，少吃含性激素的食品；少看成人影视书刊，避免孩子发生性兴奋；父母应避免对孩子溺爱和同室居住，过度亲昵行为对儿童性心理发展有促进作用。要正确疏导孩子对性生理的好奇心和求知欲。

浙江中医临床名家·宣桂琪

2. 矮小症

中医学以往无"矮小症"这一病名，也无相关的论述，现代医学对矮小症的定义则是指在正常情况下，小儿生长速度缓慢，其身高低于同种族、同地区、同性别、同年龄健康儿童2标准差（-2SD）或第三百分位以下为主要临床表现的病证。

根据矮小症临床表现，可部分归入中医"五迟"范畴。矮小症病源于脾肾，旁责于心肝。即人体的生长，有赖于肾精的填髓与充养，即肾主骨生髓，促生长，若先天胎禀怯弱，既肾精亏虚，骨髓生化乏源，肾气薄弱，骨之生长缓慢，则有身材矮小；又脾为"后天之本""气血生化之源"，小儿生长发育所需营养全赖脾之水谷精微吸收运化与气血供给，若后天饮食失节，或因疾病影响，脾之化源低下，运化失常，气血不足，五脏失养，则生长发育缓慢；又肝藏血，在体合筋，肝血充足，筋得其养，若肝血亏虚，筋骨失养，也可导致生长慢，身材矮。最后心主血脉，若心血不足，脑髓失充，心不守舍，则夜寐不安，影响生长发育。

辨证思路：矮小症虽然都有生长缓慢，身材矮小，但辨证时要抓住肾虚、脾虚、肝血虚、心血虚之要点。其中，肾虚指肾阴虚，肾气不足；脾虚主要是指脾运不足；肝血虚则是指筋骨失于荣养；心血虚则是指神失所养，夜寐不安。通常矮小症出现在出生时或自幼矮小，多与肾虚有关；营养不足，生长缓慢多与脾虚、肝血虚有关；而伴有睡眠不足，智力低下多与心血虚相关。本病临床表现虽各有侧重与兼夹，但必须清楚地意识到矮小症之本是肾虚脾虚，而肝血虚、心血虚为标，所以治疗矮小症的关键是益肾扶脾、柔肝养心。本病虽以虚者为多，但也要注意虚中夹实；既要从整体出发，又要突出重点，辨证论治。有虚者当补，补中有运，运中有养，以期肾气足，气血旺，筋骨强，心神宁，小儿茁壮成长。辨证论治如下：

（1）温补肾阳，益肾填精

适应证及辨析：适应于肾阳虚，肾阴不足证。症见形体瘦小，生长缓慢，发稀萎黄，气怯神疲，肢冷畏寒，腰膝酸软，少腹拘急，小便清长，舌淡而胖，少苔，脉细尺部沉微。此证在矮小症较常见，乃先天不足，命门火衰，真阴亏虚。肾之阴阳俱亏，故予温肾填精，阴阳双补，阴中求阳，阳中求阴，阴阳互根，治病求本。

方药：补肾地黄丸加减。选用鹿茸、淡附子温补肾阳，熟地、萸肉、龟板填补肾阴，杜仲、牛膝益肾壮筋，茯苓、丹皮、泽泻调协肝脾。

加减：有脾虚纳呆者，加白术、党参、炙甘草；夜寐不安者，加酸枣仁、远志；遗尿者，加益智仁、桑螵蛸、乌药；先天禀赋不足者，加杞子、紫河车；智力低下者加益智仁、五味子。

（2）益气补中，扶脾助运

适应证及辨析：适应于中气虚，脾运失健证。症见形体虚羸，身材矮小，少气懒言，四肢乏力，面色萎黄，不思饮食，大便稀溏，舌质淡，苔薄白，脉细无力。此证在矮小症中普遍，乃脾气虚，中气虚，运化失健，气血生化不足。脾为后天之本，气血生化之源。脾弱气虚，不能满足生长需求，故予益气扶脾助运。

方药：四君子汤加味。选用党参、黄芪益气补中，白术、茯苓、山药健脾助运，炙甘草益气和中。

加减：身困体乏者，加太子参、西洋参；舌质白腻者，加藿香、川朴花、砂仁；兼有食滞者，加神曲、山楂；舌质花剥者，加乌梅、白芍、石斛、北沙参；大便稀溏者，加芡实、煨木香、煨葛根。

（3）养阴柔肝，滋肾壮骨

适应证及辨析：适应于肝阴不足，肾阴虚，筋骨失于荣养。症见身材矮小，四肢瘦软，神烦易怒，发黄稀疏，面容不华，手足心热，潮热盗汗，舌质红，苔少花剥，脉弦细。此证多见于肝阴虚为主，同时又有肾阴亏虚，筋骨失养，生长缓慢之矮小症患儿。肝肾同源，肝阴壮筋，体阴而用阳，肾阴生髓，壮骨主生长。肝肾阴亏，故予养阴柔肝，滋肾壮骨。

方药：加味六味地黄丸加减。选用生地、龟板滋阴养血以补肝肾，沙参、当归、杞子益阴柔肝，山茱萸养肝肾，丹皮清泻肝火，杜仲、牛膝益肾壮筋。

加减：兼有脾虚纳呆者，加黄芪、白术、茯苓；舌苔花剥甚至无苔者，加熟地、麦冬、陈皮；神烦易怒者，加白芍、远志；有虚热者，加地骨皮、白薇；盗汗者，加浮小麦、糯稻根、牡蛎。

（4）养心安神，补血益肾

适应证及辨析：适用于心肾不足，心失所养证。症见虚烦心悸，夜寐不安，失眠多梦，面色㿠白，口舌生疮，大便干燥，身材矮小，舌红少苔，脉细而数。此证为心肾不足，阴亏血少，心失所养之矮小症。心主血脉而藏神，肾主骨生髓而藏精。若精血亏虚，水火失于互济，神志不得安宁，生长缓慢，故予养心安神，补血益肾。

方药：天王补心丹加减。选用生地、鳖甲滋阴清热，使心神不为虚火所

浙江中医临床名家·宣桂琪

扰，肾阴得以滋养，玄参、麦冬加强滋阴，丹参、当归身补血养心，党参、茯苓益心气而安心神，石菖蒲、珍珠母、煅龙牡宁心安神。

加减：有精神恍惚，言行失常者，加甘草、小麦、大枣；有咽干，口燥，盗汗者，加白芍、知母、五味子；有纳呆，失眠者，加辰茯苓、麦芽；心悸不安者，加龙眼肉、夜交藤；有遗精带下者，加金樱子、芡实。

在治疗过程中，要指导家长，督促孩子要全面的营养，做到不偏食挑食；合理的锻炼，增强体质；充足的睡眠，同时保护孩子的自尊心，让他们拥有愉悦的心情，健康成长。

五、李岚

（一）个人简介

李岚，女，医学博士，副教授，副主任中医师，硕士生导师，浙江中医药大学附属第一医院中医儿科教研室副主任，全国第四批老中医药专家俞景茂教授学术经验继承人，全国中医学术流派传承工作室（宣氏儿科流派）第四代传人。

1. 学习与工作经历

（1）教育经历

1990年9月～1995年6月：浙江中医学院，中医临床，学士；

1998年9月～2001年6月：浙江中医药大学，中医儿科，硕士；

2009年9月～2012年6月：上海中医药大学，中医学，博士。

（2）工作经历

1995年8月～1998年8月：浙江宁波市医学信息研究所，医师；

2001年8月至今：浙江中医药大学附属第一医院，儿科，副教授，副主任中医师，教研室副主任。

2. 学术兼职

中华中医药学会儿科分会委员、全国中医药高等教育学会儿科教育研究会常务理事、国家中医药管理局中医师资格认证中心命审题专家、中国中医药信息研究会常务理事、浙江省中医药学会儿科分会常务委员、浙江省中医药学会儿科分会青年委员会副主任委员、浙江省医学会变态反应学分会中西医学组副组长、浙江省医学会儿科分会青年委员、浙江省医师协会儿童重症分会委员。

3. 专业方向

从事儿科临床、教学及科研一线工作20余年，采用中西医结合治疗小儿病，擅长小儿哮喘、反复呼吸道感染、慢性咳嗽、性早熟、矮小症、遗尿、多发性抽动症、紫癜等疾病的诊治。主持浙江省自然科学基金1项、主要参与国家自然科学基金项目及省基金项目各2项、主持厅局级课题4项，获科研奖项6项，在SCI及一、二级期刊发表论文10余篇；参编《儿科各家学说及应用》《育儿真经》《小儿药证直诀临证指南》《实用中医儿科学》等著作多部。

（二）跟师经历和心得

2001年从浙江中医药大学（原浙江中医学院）中医儿科专业研究生毕业，留校任教，即进入浙江中医药大学附属第一医院（浙江省中医院）儿科工作。当时宣桂琪名中医已在杭城大名鼎鼎，诊务繁忙，但宣老仍坚持病房工作，使其有幸能跟随宣老一起查房、跟诊抄方，学习"宣氏儿科"诊治小儿病的特色。其刚开始进入临床时大多采用西医的方法诊治疾病，当时也曾对中医产生过动摇。这些宣老都看在眼里，在查房时特意要求其先用中医理论进行理法方药的分析，然后宣老再进行点评，他总是先对其表扬鼓励，说其有较好的理论基础，但还需要进一步临证，结合实际，告诉其中医就是要慢慢的在临床中磨炼积淀，做到老学到老，他常说"在博大精深的中医学面前，我也还是个小学生，才入门呢"。正是有宣老这样的好老师们的存在，使刚入临床的她能够静下心来，增加学好中医的信心，好好学习中医儿科的理论知识，并在临床中不断磨炼，逐渐成长。2013年，她进入"宣氏儿科"流派工作室，成为工作室成员，开始系统学习"宣氏儿科"的主要学术思想及用药经验，成为全国中医学术流派传承工作室（宣氏儿科流派）第四代传人。

宣老作为"宣氏儿科"第三代掌门人坚持以中医特色带教，重视理论联系实际，深入浅出地引导他们熟悉临床，使他们既有扎实的祖国医学传统辨证论治的理论基础，又具有辨病与辨证相结合的临床思路。宣老治学严谨，临床经验丰富，平易近人，是他们学习的楷模。浅谈学习心得如下：

跟师心得之"宣氏儿科诊治小儿四时感冒的经验"

小儿感冒是一年四季最为常见的疾病，宣老谈到对一个中医师来讲，要做到对感冒辨证准确，用药合理，疗效满意，并非一件容易之事，需分清感冒属性，演变规律，兼顾挟杂，还需从整体出发，把人体与环境密切联系起来，如天时、地域、体质、宿疾等情况了解，四时感冒皆不同，在一张处方上，要体现顾及各个方面，服后能获得满意疗效，才能称得上已掌握了感冒的治疗方法。

（1）小儿四时感冒的特点：由于四时之气不同，四季感受的外邪也就不同，因而四季感冒也有所别。治疗原则也当不同，故陈平伯有"民病当分四气"之说。四时的主病是：春主风，多风病；夏主暑，多暑病；长夏主湿，多湿病；秋主燥，多燥病；冬主寒，多寒病。但是由于主气的太过及不及或六气相互挟杂，因而在四季感邪中，除感受当令之气外，往往挟有其他之气，其常法是：春多风、寒、湿、火四气；夏多风、寒、暑、湿、火五气；秋主风、寒、燥、火四气；冬主风、寒、火三气。所以在同一季节中可以有不同性质的感冒，也有数种病邪同时存在的感冒发生，但六淫之邪，变化虽多，仍要受到春温、夏热、秋燥、冬寒的影响。

小儿的体质对于感冒的发生、发展有一定的影响，比如不同的体质感受同一种病邪，其转化过程也不尽相同，如肥儿感邪多挟湿，易咳喘，肺脾气虚者，感受风寒后易出现多痰，腹泻；阴虚火旺者，感受风寒后，易即化火出现风热感冒的症状，或寒包火咳，咳剧，痰出不爽；感受风热，则易入内化火，表里同热，发为扁炎、咽喉炎、口腔炎。另外地域不同气候异殊，所受病邪种类、强弱也有区别，疾病性质更不一致。比如西北高燥、风气厉行，多见风燥之病；东南潮湿，多氤氲之气，湿热之病居多。

（2）小儿四时感冒的辨证：宣氏儿科认为对小儿感冒需要对每一个症状作更详细的分析，以达到定位定性的明确。

发热是感冒的常见症状，体温高一般为邪重、热重；发热轻一般为感邪轻。伴恶寒，则感受寒邪。无汗为外感风寒，微汗为外感风热或兼寒，汗多则多为风热。

头痛为风寒或热盛；头晕头胀多风热。

鼻部症状：鼻塞涕清为风寒，涕黄为风热。

咽部症状：咽痒为风寒，咽红而肿痛为风热。

咳嗽：咳嗽不爽，则感邪时短，外感风寒为主。咳嗽剧烈，则肺气失于清宣，肺热，痰不易咳；干咳为肺热伤津；刺激性咳嗽，咳甚作呕，可见于外有风寒，内有郁热的寒包火咳；亦可见于木火刑金。小儿阴常不足，阳常有余；脾常不足，肝常有余，阴虚火旺体质的患儿易发生，治疗上要注意清火、清肺。喉间痰鸣，多为脾虚蕴痰或风痰蕴肺。顽痰，可迁延数月不愈，多为肺脾两虚。脾为生痰之源，肺为贮痰之器。肺脾两虚，聚湿生痰，久恋气道，缠绵难愈。

感冒常伴随消化道症状：感冒后可见纳食减少，若苔厚腻者，为挟有积食；苔薄白，为脾失健运。大便溏烂，为外感，饮食不节；伴长期苔根厚腻者，为有宿食；苔薄腻为挟湿；久雨方晴时节外感风邪，可见便烂；脾虚者感邪，亦可见便烂；临床使用抗生素后也会出现腹泻的病人。

便秘：阴虚火旺体质及饮食积滞者感邪，热积内滞者，均可见便秘。

尿短赤，为风热或阴虚火旺体质者；尿清长，可见于风寒，肺脾气虚者亦可见。

（3）小儿四时感冒的治疗：因为感冒是外邪束表所致，故祛邪解表为当务之急，一般多用汗法，以开泄腠理、祛邪外出。但因感冒四季主气不同，故解表方法各异。还有兼挟之气，则应随症参化。其外在临症中还需追溯发病时的情况（如太过及不及）甚为重要。如久雨初晴，暴暖而病，均多挟湿，多伴有身重倦怠、胸闷泛恶等症状，应佐以化湿；又如久晴初雨，爆冷而病者多挟热，常兼口渴、咽痛、尿赤、便结等症，需佐清热之剂。

此外，对于虚体不宜妄用汗药者，应分别其阴阳气血，在解表的基础上，照顾整体之不足，达到发汗而不伤正，培本而不滞邪。

1）春季感冒：春为厥阴春木司令时，在大寒至惊蛰，此时人之腠理疏松，而风又为百病之长，善行而数变。由于小儿体虚特点，容易挟食、挟惊及化热变喘等症，春令阳气发动，其气之温，多见热性症状，一般春季感冒，可分风寒与风热两型。

A. 风寒型

主证：恶寒、发热或无热，头痛、鼻塞、声重、鼻流清涕、咽痒、咳嗽痰稀、四肢酸楚、脉浮而紧、舌苔白腻或白薄。

治法：辛温宣肺解表。

处方：淡豆豉6g 大力子6g 前胡3g 薄荷3g 杏仁6g 陈皮3g 象贝3g 苏梗5g

加减：咳嗽甚者加款冬6g，制天虫6g；呕逆者加川朴花5g，姜半夏5g；有食者加炙鸡金5g，炒麦芽10g。

方解：方中淡豆豉、苏梗、大力子、前胡、薄荷是小儿五虎汤，解肌透表，疏散风寒，能治四季感冒；杏仁、陈皮、象贝宣肺化痰，使其微微汗出而解。

B. 风热型

主证：恶风、头痛、发热、自汗、咽红作痒或有口渴，舌苔薄白或薄黄，脉浮而数。热重者，目赤多眵，咽喉肿痛，鼻衄、心烦口渴、小溲短赤、大便秘结，舌红，苔薄黄，脉浮数。

治法：辛凉解表。

处方：连翘6g　大力子6g　鲜芦根30g　清豆卷6g　杏仁6g　款冬6g　象贝6g　前胡5g　桑叶6g

加减：热重者加大青叶15g，万氏牛黄清心丸2粒；咽喉红肿者加山豆根5g，射干5g或马勃1.5g；鼻衄者加白茅根15g，焦山栀5g；大便秘结者加瓜蒌皮5g，火麻仁10g，炒枳壳5g；惊窜或抽搐者加钩藤6g，明天麻5g，天竺黄5g，琥珀抱龙丸1粒；热伤津液者去豆卷，加玄参6g，川石斛10g；挟湿者加川朴花5g，藿香5g，茯苓10g，重用豆卷10～12g。

方解：方中连翘、大力子、鲜芦根、清豆卷辛凉解肌，佐以杏仁、款冬、象贝宣肺化痰，桑叶、前胡清热平肝，治疗风热初期易于见效。

2）夏季感冒：感冒虽以春秋为多，然夏季气候炎热，火气开泄，毛窍疏豁，又兼湿热盛行，季节较长（阳历5～9月），又加小儿体质纯阳，血气未充，稚阴稚阳，不能防御，更易发病，故夏季小儿感冒也不少见。夏季气候闷热，使用空调、风扇更易得之；或多食生冷瓜果，湿从内生，暑必挟湿，湿之伤人，重在脾胃，所以夏季感冒易见消化道症状，且湿性重浊腻滞，湿聚热熏，又易转化他症。故夏季感冒发病缓慢，病程较长为其特征之一。

A. 伤暑型

主证：因天气炎热，因贪凉、受邪静而得之。症见头痛、恶寒、身形拘急、肢节疼痛、心烦不安、肌肤大热而无汗，舌苔白腻，脉浮紧。

治法：辛温解表清暑。

方药：香薷3g　清豆卷6g　苏梗5g　前胡3g　藿香3g　广郁金5g　六一散（包）10g　陈皮3g

加减：呕吐者加制川朴5g，蔻衣2.4g；腹泻者加广木香3g，车前子6g，鸡内金5g，炒扁豆衣10g；有食者加山楂炭6g，鸡内金5g，炒麦芽10g；小溲短赤者加赤猪苓各10g，通草3g。

方解：方中香薷、清豆卷、苏梗、前胡清暑解表；藿香、郁金芳香化浊；六一散清暑；陈皮理气，使伤暑之症汗出暑解。

B. 暑热型

主证：壮热心烦，口渴引饮，蒸蒸汗出，面垢头痛，咳嗽气逆，神疲倦怠，脉浮数，舌红苔黄腻。

治法：清凉涤暑。

方药：生石膏15g 鲜芦根30g 连翘6g 淡黄芩5g 广郁金5g 六一散（包）10g 杏仁6g 象贝6g 茯苓10g

加减：呕逆者加淡竹茹6g，川连2.4g，玉枢丹1g；便溏者加葛根2.4g，赤苓10g，鲜荷叶30g；热甚生惊者加钩藤6g，天麻5g，菖蒲5g，牛黄抱龙丸1粒；神昏者加紫雪丹1g化服；有食者加制川朴5g，炙鸡金6g，焦六曲6g，藿香5g。

方解：方中连翘、芦根、黄芩、石膏清凉解暑，郁金、六一散清暑辟邪，佐以杏仁、象贝宣肺化痰，暑必挟湿加茯苓以利湿，专治阳暑在表之症。

3）秋季感冒：燥为秋之主气，时在阳历10～11月中旬，此时秋风飒飒，湿渐收，秋阳似曝，气候干燥，专行肃杀之气，肺为燥气之脏，同气相应，感而成病，且燥自上而伤，先伤人之上焦，所以每见咳嗽之症。俞嘉言说："燥金虽然秋令属阴，然异于寒湿，同于火热，同时秋为盛夏发泄之余，在季节上也有十月小阳春之称，可见燥本火气，易于伤津，故秋季感冒，每伴有津液干燥之症。"

A. 凉燥型

主证：发热、恶寒、头痛无汗，鼻塞，咽干唇燥，咳嗽稀痰，舌苔薄白，脉浮而滑。

治法：宣肺达表，润燥化痰。

方药：苏叶梗各5g 大力子6g 前胡5g 杏仁6g 象贝6g 炙款冬6g 陈皮3g 制天虫6g 炒枳壳5g

加减：咳嗽气喘者加苏子5g，炒葶苈子5g，炒莱菔子5g；身热无汗者加淡豆豉6g，薄荷5g；痰多咽干者加天竺黄5g，山豆根5g（去苏叶梗）；大便干燥者加瓜蒌皮10g，火麻仁10g。

方解：凉燥虽偏于寒，但治法与风寒不同，不可辛温发汗，只宜辛开温润，苏叶梗配合前胡、大力子宣肺达表，杏仁、象贝、款冬花、陈皮化痰润燥，佐以枳壳宽胸，天虫化痰利咽，在秋燥初起最为适宜。

B.燥热伤肺型

主证：燥气化热。症见壮热有汗，口渴引饮，咽喉作痛或干燥，干咳气逆，心烦不安，或大便燥结，有时肠满胁，胁痛，舌苔白薄，边光红赤，脉浮数。

治法：清肺润燥。

方药：鲜芦根30g　大力子6g　连翘6g　山豆根5g　玄参6g　杏仁6g　川贝5g　桑叶6g　瓜蒌仁10g

加减：咽喉红肿或溃疡者加银花6g，麦冬6g，射干5g，马勃1.5g；鼻衄或咯血者加白茅根15g，焦山栀6g，仙鹤草10g；大便秘结者加川石斛10g，麦冬6g；干咳喘逆者加炙桑白皮10g，苏子5g，枇杷叶6g。

方解：燥热化火在秋燥中最为常见，宜以甘寒之清润，故用大力子、芦根、连翘辛凉解肌，加以山豆根、玄参利咽生津，佐以杏仁、桑叶、川贝、瓜蒌仁润肺化痰止咳，在燥气化火初期有一定疗效。

4）冬季感冒：冬令为11月中下旬至1月底，主气寒水，气候严寒。寒为阴邪，最易伤人阳气，所以体虚之人腠理不密，更易受寒，寒袭于表，则风寒外来，卫气郁而不行而为病。

A.轻型感冒

主证：恶寒、身热、无汗、头微痛、遍体酸楚、咳嗽痰稀，舌苔白薄，脉浮。

治法：辛温解表。

方药：荆芥3g　防风2.4g　苏叶3g　淡豆豉6g　杏仁6g　象贝6g　陈皮3g　广郁金5g　葱白5个

加减：痰多气逆者加炙苏子5g，仙半夏5g，白芥子3g；呕恶者加川朴花5g，藿香5g；便溏者加山楂炭6g，鸡内金5g，茯苓10g。

方解：方中荆芥、防风、苏叶、豆豉辛温发汗解表，祛邪外出，加杏仁、陈皮、象贝宣肺化痰，佐以郁金芳香开郁，葱白解表，治疗伤寒于表，而未传经入里者，服之使其微微汗出而解。

B.重型感冒

主证：寒邪伤于太阳，则见头痛、身痛，项强不适，身热，恶寒无汗，或咳嗽，苔白腻，脉浮紧。

治法：发汗解表，方予麻黄汤加减。

方药：麻黄1.5g　桂枝3g　苏梗5g　荆芥3g　杏仁6g　陈皮3g　象贝

6g　前胡5g

方解：方中麻黄、桂枝、荆芥、苏梗辛温发汗之力更强，以祛伤寒在表之邪，汗出邪解，佐以杏仁、陈皮、象贝、前胡宣肺化痰，而去甘草之腻，以防小儿中满。

（三）传承与创新研究

支气管哮喘是儿童常见的慢性呼吸道疾病，患病率和死亡率呈逐年上升趋势。儿童哮喘抗复发治疗关键在持续期和缓解期，缓解期以补虚为主，但慢性持续期常虚实寒热夹杂，病情复杂，我们采用和解法治疗儿童哮喘慢性持续期取得了较好的疗效。

（1）目的：探讨和解方治疗儿童哮喘慢性持续期的疗效及可能机制。

（2）方法：将70例病情严重度分级属1、2级处于慢性持续期的支气管哮喘患儿随机分为治疗组和对照组各35例。治疗组给予和解方（由柴胡6g，黄芩6g，法半夏6g，丹参6g，太子参6g，浙贝母6g，蝉蜕6g，炙麻黄3g，炙款冬花6g，炙甘草3g等组成），每日1剂，分2次口服；对照组口服顺尔宁咀嚼片，每次5mg，每晚1次。均治疗3个月。观察两组患儿治疗前后哮喘发作次数、呼吸道感染次数、儿童哮喘控制测试（C-ACT）评分、尿白细胞三烯4（LTE_4）及唾液分泌型免疫球蛋白A（sIgA）、中医证候积分变化及综合疗效。

（3）结果：治疗组总有效率96.88%，对照组总有效率96.97%，两组比较差异无统计学意义（$P > 0.05$）。治疗后治疗组中医证候积分显著下降，且优于对照组（$P < 0.01$）。治疗后两组哮喘发作次数、尿LTE_4均显著下降（$P < 0.01$），对照组尿LTE_4优于治疗组（$P < 0.01$）。治疗后治疗组呼吸道感染次数显著减少（$P < 0.01$），且优于对照组（$P < 0.05$）。治疗后两组C-ACT评分、PEF%均显著升高（$P < 0.01$）。治疗后治疗组唾液sIgA显著升高（$P < 0.01$），且优于对照组（$P < 0.01$）。

（4）结论：和解方具有和解表里、补益肺气、清化痰浊、祛风活血的功效，消补兼施，寒温并用，表里同治，恰合儿童"易寒易热、易虚易实"的病理特点。通过补虚调整机体的免疫功能，祛风抗过敏，理气降低气道高反应性，活血、化痰消除气道慢性炎症，虚、风、气、痰、瘀多元多靶点治疗，发挥整体调节的效应，达到抗哮喘复发的目的，能增强儿童哮喘慢性持续期患儿免疫功能及减轻气道慢性炎症，可作为儿童哮喘慢性持续期的治疗

浙江中医临床名家·宣桂琪

手段之一。

六、宣晓波

（一）个人简介

宣晓波，女，主治中医师，硕士，"宣氏儿科"流派第四代传人，师从全国名老中医药专家宣桂琪主任，全国中医学术流派传承工作室（宣氏儿科流派）核心成员。

1. 学习与工作经历

（1）教育经历

2000年9月～2006年6月，浙江中医药大学，中医学，学士；

2006年9月～2009年6月，浙江中医药大学，中医儿科，硕士。

（2）工作经历

2009年至今，浙江省中医院，主治中医师。

2. 学术兼职

中华中医药学会学术流派传承分会青年委员、浙江中医药学会儿科分会青年委员。

3. 专业方向

针对热性惊厥的防治、多发性抽动症、多动症、癫痫等神经系统疾病及哮喘、厌食、婴幼儿腹泻等儿科常见、多发病开展流派特色技术进行诊疗，主持厅局级课题2项，发表论文多篇，参编《儿科心悟》《宣氏儿科》等著作多部。

（二）跟师经历和心得

宣晓波2000年考入浙江中医学院（浙江中医药大学前身）五年制中西医结合临床专业。自本科开始学习中医起，伯父宣桂琪就不仅仅是家中长辈，更是其中医道路上的领路人。回想刚入学不久，伯父就跟她说学习中医要做好"苦读"的准备，这也是爷爷宣志泉在伯父初学中医时跟他讲的。当时她对苦读的理解是"背诵"，《药性赋》《汤头歌诀》《黄帝内经》《伤寒论》《金匮要略》……对她这个理科生来说确实有点痛苦了，现在回想起来这些都算是童子功吧。从大学二年级起，她就开始跟着伯父上门诊抄方，那时门诊病人就很多，一天下来要看百余人，对于初到临床抄方的她来说，每天都会碰到很多疗效不错的案例，既好奇又惊叹，中药的效果并不亚于西药，有些甚至比西药见效要快得多。就这样一直到2009年她进入浙江省中医院工作，8年抄方、侍诊未曾间断，也是因为这样的机会，为她以后独立上临床添了不少底气。在中医的学习道路上，伯父始终反复和她强调必须"苦读、从师、临诊"，这也是"宣氏儿科"历经几代人所悟出的心得。她也是非常的幸运，2005年本科毕业后，伯父安排她跟随徐志瑛老师学习抄方一年。徐院长是中医内科界赫赫有名的泰斗级人物，正是因为爷爷和伯父都认为"要想学好中医儿科首先要有扎实的中医内科基础"，她才得幸跟随徐老学习中医内科。2006年她考取浙江中医药大学儿科研究生，导师是盛丽先教授。三年的硕士学习生涯，她既得盛老师的悉心栽培，又有伯父的谆谆教导，为她的中医之路打下扎实的基础。

抄方是学习老师的遣方用药，老师从问诊到成方可能只有短短的5分钟时间，但这5分钟看似轻松，实际却是一个抽丝剥茧的过程。她至今还记得第一次有机会试诊的时候，面对的是一个感冒的患儿，一边问诊，一边就心里打鼓，脑中冒出无数念想："这到底是属于风寒还是风热呢？我应该用桑杏汤还是银翘散？"后来有遇到复诊的病人，她又开始心里犯难："前面用千金苇茎汤效果还可以，现在应该如何改方呢？"所以抄方并不只是单纯地看老师用了什么药，更要知其所以然。伯父经常说"你别看只换了一二味药，其实整张方的思路已经改了，你看出来了吗？"试诊是抄方学习中很重要的一个环节，老师针对你开的方子做了点评、改方，能直观的看到你临证和处方上的不足并加以点评，这种指导可以说是四两拨千斤的，能让你快速的成长起来。因此虽然工作至今已愈10年，她仍十分珍惜每一次试诊的机会。

1. 宣氏儿科治疗危重疾病，多法合用，药简效宏

在祖父留下来的近十万字医稿中，我们深刻体会到中医在急症的救治方面是有起死回生之效，在缺医少药、西医技术远远不如今日的年代确确实实地救治了很多濒临死亡的患儿。特别在由外感疾病引起邪陷心肝而出现的高热、抽搐、昏迷等乙脑、流脑、结脑等危重症的抢救中，祖父摸索出一套独特疗法：在中医辨证论治进行治疗的基础上，结合民间有效的针刺、推拿、外用等治疗手段，用最简单的方法治疗重危病人，并且取得较高的治愈率，这在抗生素并不普及的年代，挽救了很多患儿的生命，着实不简单。回顾祖父的遣方用药，即使是高热昏迷，处方也十分简洁，用药9～12味，药性轻灵，剂量精准，看似平凡，但往往药简效宏，能起沉疴，救危急，这是祖父熟知药性、剖析药方，善于化裁的结果。随着时代的进步，乙脑、流脑、结脑等神经系统重症随着西医进步及疫苗普及现阶段临床已很少见，但宣氏儿科治疗的方法却是很值得后辈借鉴的。伯父常和她提起祖父的用药及辨析思维对他的从医之路影响甚大，无论是多发性抽动症、多动症、自闭症、下肢交叉摩擦症等新病种的治疗，都是在宣氏儿科治疗惊风昏迷辨治思想的基础上不断地探索和研究的成果。因此作为宣氏儿科的继承人，我们必要将流派的学术思想好好传承及发展，这将是我们未来研究各种新问题的理论来源，是我们取之不竭的宝藏。

2. 学习《时病论》获益良多

《时病论》编撰自三衢（现在浙江衢州市）雷少逸，该书是根据《黄帝内经》论述四时、时病的大意，分别对四时时令疾病的病因、病机、症状特点及立法作了详细的分析，并附以临床验案作为印证。全书理论联系临床，所创"六十大法"很有临床实用意义，用药精简，配伍严密，又有随症加减，是祖父志泉先生尤为推崇之书。《时病论》也是伯父宣桂琪在其大学期间特意给她和陈祺老师详细讲解之书。也是从这本著作开始，她逐渐了解到"时方派"与"经方派"的区别。"有其证用其药"是我们时方派最大的特色。

以宣氏儿科治疗小儿四时感冒为例，要做到对感冒辨证准确，用药合理，疗效满意，需分清感冒属性、演变规律，兼顾挟杂，还需从整体出发，把人体与环境密切联系起来，如天时、地域、体质、宿疾等情况，然后在一张小小的处方上，把上述观点表达得淋漓尽致，服后能获得满意疗效。由于四时之气不同，四季感受的外邪也就不同，因而四季感冒也有所别。四时的主病是：春主风，多风病；夏主暑，多暑病；长夏主湿，多湿病；秋主燥，多燥病；冬主寒，多寒病。但是由于主气的太过及不及或六气相互挟杂，因而在四季感邪中，除感受当令之气外，往往挟有其他之气。因为感冒是外邪束表所致，故祛邪解表为当务之急，一般多用汗法，以开泄腠理、祛邪外出。但因感冒四季主气不同，故解表方法各异。还有兼挟之气，则应随症参化。其外在临症中还需追溯发病时的情况（如太过及不及）甚为重要。如久雨初晴，暴暖而病，均多挟湿，多伴有身重倦怠、胸闷泛恶等症状，应佐以化湿；又如久晴初雨，爆冷而病的多挟热，常兼口渴、咽痛、尿赤、便结等症，需佐清热之剂。此外对于虚体不宜妄用汗药者，应分别其阴阳气血，在解表的基础上，照顾整体之不足，达到发汗而不伤正，培本而不滞邪。以上均为宣氏儿科以时方治疗小儿四时感冒所要考虑之处。

又言"暑病"的治疗，《黄帝内经》云："先夏至日为病温，后夏至日为病暑"，需在临床上细细加以分辨。暑病一般来说有伤暑、冒暑和中暑之不同，其中伤暑者又分为静而得之为阴暑，动而得之为阳暑；冒暑者较伤暑为轻，为暑时感冒；中暑者为突然卒倒如中风状，另有暑风（实为急惊风）、暑咳、暑泻之分，又有春末夏初之疰夏、仲夏之糜湿、孟夏之夏季热，可见夏日之暑病十分复杂。治疗上伤暑之阴暑，以雷氏辛温解表法加减；阳暑治宜清凉涤暑法；冒暑治以微辛清解法；中暑（中喝）以清暑祛痰开窍法加味；暑风治当清热熄风法；暑咳治宜清宣为主。暑泻治当清暑调中。由一暑证的治疗即分析详尽至此可窥见一斑，"时方派"用药之细腻，辨证之准确。习医者，当有了一定的临床经验后再来温习古代医家在治疗细节上的用药经验，往往能增加传统辨证论治的知识，更好地提高疗效。

3. 四诊合参，精准定位与定性

小儿为哑科，主诉多以家长为主，幼儿查体时又多哭闹，脉难为凭，因此在临床上需四诊合参，望、闻、问、切缺一不可。望神色可辨病之轻重，观舌苔可见邪之消长，察舌色可知五脏之盛衰，同时诊舌还应注意动态变化。伯父临床带教时要求我们不仅是"抄方"更要懂得如何"看病"。譬如咳嗽的患儿，要做到闻其声而定病位、辨病性，咳声不畅乃肺气不宣之新感咳嗽，咳剧痰少为肺热咳嗽，咳多有痰为痰热咳嗽，咳时气逆为木火刑金，婴幼儿咳喘后期痰声漉漉为风痰咳嗽。咳嗽是儿科常见病，治咳有九法，必须准确定位定性，方能取得较好的疗效。临床上需同时结合问诊、望舌、脉诊，准确辨别新感、久咳、内伤、肝咳、胃咳、寒、热或寒热夹杂两者兼而有之。临床上还有过敏性咳嗽、喉源性咳嗽、反复鼻炎引起的久咳，这些都需仔细辨别，日积月累，才能准确用药，直达病所，从而提高疗效。脉诊，对于我们年轻医生来讲确实深奥难懂，但儿科临床上脉诊有时真的可以做到"未卜先知"。比如小儿外感初起，如脉形浮，脉来略带紧，数而有力者，即使症状并不明显，也提示即将发热，在治疗上可提前用药，临床上屡试屡验。若外感初期发热，脉来缓而非数，与证相反，此为邪热扰胸，提示心阳受遏可能，故需格外注意外邪引及心脏，防止心肌炎，用药上不宜太过寒凉，或可寒温同用，这时脉诊比西医的各种检查手段，如心电图、心肌酶谱更为早期，真正做到"治未病"。问诊看似简单，但要在最短时间内问清病情，从而明确辨证，指导用药，并不是一件容易的事情。有时我们作为学生总觉得老师只有寥寥数语就能胸有成竹地立法开方，其实这都是老师们数十年累积下来才有的功力。伯父非常重视"十问歌"，要求学生们问诊要做到心中有数，引导病人说清病情，去伪存真，这就需要临床医生对每一个疾病的主症、次症、分型特点及转变规律熟记于心，经过长时间的反复琢磨才能逐渐过渡到有针对性的问诊。

（三）传承与创新研究

宣晓波开设宣氏儿科专科门诊，主要针对热性惊厥的防治、多发性抽动症、多动症、癫痫等神经系统疾病及哮喘、厌食、婴幼儿腹泻等儿科常见、多发病开展流派特色技术进行诊疗，结合指导患儿生活及饮食等各方面取得较好疗效。

1. 外感高热初期，早期截除病邪

高热是小儿急性病的一个常见证候，临床多见于感冒、咳喘、吐泻、乳蛾、烂乳蛾、口疮等。在高热的同时，兼证又往往十分复杂，需及时处理，谨防发生变证。因此在高热初期阶段截除病邪十分重要。伯父宣桂琪临床按照表里同热、挟食、挟痰进行分类辨治，临床疗效显著。

（1）表里同热

1）里热重于表热：症见高热，恶寒无汗，或但热不寒，口渴喜饮，或咽红而肿，或咽红肉腐，或口舌溃疡、便秘、尿赤，或烦躁惊搐，舌质红，苔白或黄，脉数。治宜清解达邪为主。可用银翘散、凉膈散或白虎汤加减。

2）表证重于里证：症见发热恶寒，无汗或少汗，或咳嗽，苔白或薄黄，脉浮之象较为明显，治宜辛凉解表为主，可用桑菊饮、银翘散、杏苏散加减。

上述二型若见恶寒重，加荆芥4.5g或苏叶4.5g；兼咳嗽加杏仁6g，象贝6g，款冬花6g；后型肺热显著者加鲜芦根30g，瓜蒌皮6g；乳蛾肿痛或溃烂者加板蓝根9g，山豆根4.5g，马勃4.5g，玄参6g；口舌生疮者加川连3g，黛蛤散9g，通草3g，人中黄4.5g；便秘，轻则加枳壳4.5g，瓜蒌仁9g，重者加元明粉（分冲）4.5g；兼高热惊厥加天麻4.5g，钩藤（后下）6g；夏天兼湿热合三仁汤加减。

（2）高热挟食：症见发热无汗，腹胀腹痛，烦躁不安、呕吐较频，大便泄泻如水，色黄臭秽，挟有不化之物，苔腻或黄，脉滑数，治当清宣化湿，和中分运，佐以消食。可用藿香正气散、银翘散、藿朴夏苓汤、葛根苓连汤、保和丸、平胃散加减。

（3）高热挟痰：症见身有高热，面色鲜红，无汗或有汗，呼吸急促，咳嗽痰鸣，腹满不食，口渴喜饮，苔白或黄，脉滑数，治宜清热宣肺，化痰达邪。可用桑菊饮、银翘散、麻杏石甘汤、千金苇茎汤、苏葶汤加减。

2. 关于宣桂琪教授及宣氏儿科临证经验研究各级课题三项

1）基于数据挖掘的宣桂琪名老中医优势病种诊疗经验传承研究（2019年浙江省中医药科学研究基金项目——2019ZA05）。

2）"宣氏儿科"治疗抽动症经验及"宣氏抽动方"临床疗效评价研究（2014年浙江省中医药科学研究基金项目——2014ZA026）。

3）小儿多发性抽动症中医临床证候分型研究（2013年浙江中医药大学校级课题2013ZZ04）。

宣桂琪教授临床优势病种之一儿童多发性抽动症已形成一套完整的辨证思路与治法方药，宣晓波进行了较深入的研究。一方面通过临床资料的回顾性分析，结合跟师学习、笔记、心得交流，进行了系统的梳理、分析研究、总结提炼，完成了宣老治疗多发性抽动症的学术思想及临证经验的初步总结；一方面采用随机对照方法对"宣氏抽动方"进行了临床疗效的评价。

该部分研究筛选符合多发性抽动症风邪留恋型诊断标准的患儿，按照知情同意原则将愿意参与试验多发性抽动症患儿按1：1随机分为两组，进入观察组和对照组。观察组给予"宣氏抽动方"治疗，对照组患儿给予氟哌啶醇片1～2mg口服，每日2次，为减轻锥体外系症状，同时服用等量的苯海索片，观察时间6个月。患儿的抽动症状按照"耶鲁综合抽动严重程度量表"制定的病情分级标准分级，将研究工作所得数据进行统计学分析，得出最终研究结论。

实验研究证明，"宣氏抽动方"对于治疗风邪留恋型小儿多发性抽动症的疗效高于西药治疗效果，且复发率低，未见明显不良反应。为推广小儿多发性抽动症的中医治疗提供了理论依据。"宣氏抽动方"治疗风邪留恋型小儿多发性抽动症疗效显著，与西药氟哌啶醇对照组治疗前后YGTSS抽动评分、患者近期总有效率、患儿不良反应情况、患者远期总有效率等各方面比较，疗效及不良反应对比观察，中药治疗在疗效及复发率、不良反应方面均优于对照组。并且为了讨论本方的安全性，在治疗前、治疗后对患儿的血常规和肝肾功能指标进行检测，检测结果表明长期服用"宣氏抽动方"不会对患儿的肝肾功能产生损害。同时发现中药治疗小儿多发性抽动症，年龄越小，临床治疗的效果越好。为推广小儿多发性抽动症的中医治疗提供了理论依据。

七、施亚男

（一）个人简介

施亚男，女，浙江省杭州市建德市人，1970年10月生，民盟，主任中医师。

1. 学习与工作经历

（1）教育经历

2001年12月浙江中医学院中医专科自学考试毕业；

2009年1月杭州师范大学成教临床医学专升本毕业，取得学士学位；

2015年12月30日获得浙江中医药大学临床医学专业硕士学位。

2016年11月16日获得国家人社部等五部委联合颁发的全国老中医药专家宣桂琪教授学术经验继承人出师证书。

（2）工作经历

1992年11月～2016年6月：建德市中医院，内儿科临床；

2016年1月获评建德市名中医；

2016年7月至今：建德市妇幼保健院，中医儿科，中医科主任；全国首批中医学术流派杭州宣氏儿科传承工作室建德站负责人。

2. 学术兼职

浙江省及杭州市中医儿科学会委员，浙江省数理医学学会儿科精准诊疗专业委员会委员，建德市名中医。从事中医临床工作26年，曾进修于浙江省中医院儿科、浙大一院儿科。

3. 专业方向

擅长儿科常见病、多发病的中西医诊疗，对儿童哮喘、反复呼吸道感染、儿童消化系统疾病、小儿多发性抽动症及性早熟、矮小症的诊疗尤为擅长。

师承期间，于2015年2月在《上海中医药杂志》上发表了《宣桂琪辨治小儿多发性抽动症经验》。参与浙江中医药大学校级科研基金课题《小儿多发性抽动症中医临床证候分型研究》，参与浙江省卫生厅浙江省中医药科技计划项目《"宣氏儿科"治疗抽动症经验及"宣氏抽动方"临床疗效评价研究》。

（二）跟师经历和心得

2001年10月～2002年10月在浙江省中医院儿科进修，每周六跟随宣师门诊抄方，期间初识宣氏儿科理法方药的独特魅力。

2012年8月～2015年8月，有幸成为第五批全国老中医药专家宣桂琪教授学术经验继承人，跟师系统学习3年，深受老师教诲，受益良多。

1. 宣师治学严谨，善采众长

宣师治学严谨，认为研习中医之路，必须走好三步：苦读、从师、临床。

宣师从立志学医起，就苦读医书。对于《黄帝内经》《伤寒论》《金匮要略》《温病条辨》《汤头歌诀》《药性赋》等经典古籍，熟读熟背；对于《中药方剂》《中医诊断学》等教科书亦朗朗上口。钱乙的《小儿药证直诀》、朱丹溪的《丹溪心法》、李东垣的《脾胃论》、张景岳的《景岳全书》、雷少逸的《时病论》等相关书籍亦广为涉猎，作了大量的读书笔记，并深入了解各学术流派的思想特点，运用于临床，分析、总结疗效，丰富自己的临床经验。

比如宣师研究外感热病，发现《伤寒论》认为"今夫热病者皆伤寒之类也"，采用辛热之药治之；宋元刘完素的"火热论"，开创辛凉或甘寒解表，苦寒清里或表里双解之法，突破了魏晋之后墨守仲景成规的保守风气，为明清温病学派开辟新径；吴又可的《温疫论》创立温病"戾气"说；叶天士的《外感温热篇》创立卫气营血辨证；吴鞠通的《温病条辨》创立三焦辨证；王孟英的《温热经纬》明确提出"新感""伏邪"两大辨证纲领，重视审同察异，灵活施治，充实并发挥了温病的发病机理和辨证施治理论；雷少逸的《时病论》开时病专究之先河。同一疾病，不同的历史时期，不同的生活环境，产生的病机不尽相同，治则当然各异。这种学习方式让宣师明确了治病需辨证求因，审因论治的理念。

中医学源远流长，千余年的历史，中医著作浩如烟海，学术流派纷呈林立，宣师一再强调学习的重要。即使时至今日，宣师已贵为一代名医，仍未放弃学习，时常反思临床体会，研习他家所长，完善自己的学术思想，令我辈肃然起敬。

2. 宣师善于总结，推陈出新

宣师临证，从中医的整体观出发，"治病求本"，重视辨证求因，审因论治，摒弃一症一型的束缚，结合患者的实际临床症状，辨证论治。强调小儿"稚阴稚阳""脾常不足，肝常有余"；重视顾护小儿"阴常不足"，用药轻灵，慎用苦寒、辛燥之品，对毒性药品的使用十分谨慎，中病即止。

宣师深得父亲真传，又得多位名医指点，自身学习刻苦，勤于实践，在儿科领域内造诣颇深。承继了"宣氏儿科"学术流派的精髓，且在理论上善于总结，推陈出新，提出很多精辟论点。在临床上对新增病种及疑难疾病进行了深入的观察和研究，丰富了"宣氏儿科"的学术内涵。对儿科常见病疗效显著，尤其擅长治疗小儿热厥、癫痫、多动、抽动、自闭症、下肢交叉摩擦症、脑发育不良等神经系统疾病。在继承先父治疗惊风经验基础上，于国内率先开展小儿高热惊厥的中医药防治研究和小儿多发性抽动症的临床探索，以治疗上述疾病为主的"惊厥门诊"成立近30年来已接待了众多省内外患儿，目前已成为全国治疗该病的主要医疗单位之一。

宣师丰富完善了"宣氏儿科"思想体系："治儿病需知调气；治外感，祛邪务净，善用'三宝'；治杂病，重调治，宜扶益，少滋补；治急惊贵当神速，治慢惊分清病机"，其学术思想在中医儿科领域独树一帜，对顽固性哮喘、高热惊厥、多发性抽动症、多动症、自闭症、高铅血症等疾病的治疗更是因其独特的诊疗技术和显著的临床疗效而享誉全省。

宣师为方便患儿服药，研制了小儿清肺糖浆、小儿抗惊糖浆、降铅Ⅰ号冲剂、止咳清热散等制剂，疗效显著，深得家长欢迎。

3. 宣师中西汇通，各取所长

19世纪初西医大举传入中国以后，中医受到了前所未有的冲击，西医以其用药方便，起效迅速而得到普及，解决了很多中医没能解决的难题，也使得中医一度面临被舆论灭绝的困境，中医是伪科学的说法也一度很有市场。

宣氏儿科历来善采众长，自第二代传人宣志泉先生起，就提倡学习西医基础知识，在西医辨病的基础上，中医辨证。取人之长，补己之短，一切为了明确患儿病因病机，更准确地辨治疾病，提高疗效。

20世纪60年代，小儿结核性脑膜炎肆虐，晚期病例死亡率极高，幸存者致残率也很高。宣志泉先生和西医合作，采用中药清补并用，调治阴阳，扶正祛邪，配合西医抗结核药，并首先提出亚冬眠疗法，大大提高了治愈率。

随着时代的进步，科技的发展，中西医结合势在必行。但宣师反对简单的中西药同用就是中西医结合的错误观点，认为不能单纯地用现代医学观念指导中医用药，一定要结合中医辨证，才是中西医的有机结合。

比如小儿多发性抽动症，西医的病理研究发现与中枢神经递质失衡密切相关；与病毒感染等有关。宣师研究发现，该病发生或加重多与上呼吸道感染有关，与西医病理发现不谋而合。在病机上，这类患儿多为风邪留恋型，故在治以平肝熄风，镇静安神的同时，加用清热解毒，祛风散邪之品，疗效显著。并着手开展"宣氏抽动方"对脑源性神经营养因子的调控作用研究，从分子水平揭示中药治疗该病的疗效，提供循证医学依据。

4. 宣师医德高尚，大医精诚

宣师医术精湛，医德高尚。谨守祖师"医乃仁术，医生要先仁后术，先会爱人，才有可能成为一名好医师"的古训，待患儿和蔼可亲，深得小朋友喜爱。

宣师医术高超，求诊者众多，虽然自己已过古稀之年，不宜劳累，但总是急病人所急，尽可能多地诊治患儿。

纵然贵为一代名医，纵然诊务繁忙，宣师对待每一位患儿，必耐心问诊，仔细查体，望闻问切，一步不漏，不放过一个疾病的细节。宣师常说，治病犹如打仗，知己知彼，方能百战不殆。知彼，需对患儿疾病、体征有尽可能详细深入的了解；知己，需对中药性味归经，辨证施治通达了然，才能更好地调兵遣将，布阵攻防，需要医者有扎实的中医理论功底。宣师向来重视"治未病"的理念，不单体现在遣方用药的先证而治上，还强调疾病的调护，对每位求诊的患儿家长，必亲自嘱咐调护宜忌，以防病情加重或复发。

比如对抽动症患儿，强调给予宽松的生活环境，控制使用屏幕时间，勿暴饮暴食，勿贪凉饮冷，忌高糖高脂之品等。防患于未然。

唐代名医孙思邈说："凡大医治病，必当安神定志，无欲无求，先发大慈恻隐之心，誓愿普救含灵之苦……"这是宣师从父辈继承的座右铭，也必传承于我辈。

（三）传承与创新研究

2012年6月施亚男有幸被确定为第五批全国老中医药专家学术经验继承人，师从于宣桂琪教授学习中医儿科专业，2016年11月获得由国家人社局、国务院学位委员会、国家教育部、国家卫计委、国家中管局五部委颁发的出师证书。3年师承期间，宣师专门开班授课，每周一讲，详解宣氏儿科的学术思想精髓："治儿病需知调气，治外感，祛邪务净；治杂病，重调治，宜扶益，少滋补；治急惊贵当神速，治慢惊分清病机"；每周随宣师门诊，临证处方，理论落地于实际，受益颇丰。

1. 调气法在儿科的应用

气是构成人体和维持人体生命活动的最基本物质。气机调畅则五脏六腑气化功能正常进行，反之气机失调则五脏六腑气化功能失常，机体新陈代谢失衡，势必百病丛生。因而在病理情况下，必须注重调节气机的升降出入运动，采取"补其不足，损其有余，郁者散之，散者收之，上者降之，下者升之"的方法，使气机升降出入失调归于相对平衡协调的正常状态。如《灵枢·刺节真邪》说："用针之类，在于调气。"《素问·至真要大论》说："疏其血气，令其条达，而致和平。"《景岳全书》曰："气之为用，无所不至，一有不调，则无所不病。故其在外，则有六气之侵；在内，则有九气之乱。凡病之为虚为实、为寒为热，至其变态，莫可名状。欲求其本，则止一气字足以尽之。盖气有不调之处，即病本所在之处也""所以病之生也，不离乎气；而医之治病也，亦不离乎气。但所贵者，在知气之虚实，及气所从生耳"。由此看来，"百病生于气"的观点对后世医家影响深远，在疾病的治疗中尤其强调"调气为要"的疾病治疗观。同时还应保养精神，益气全形，形与神俱，尽终天年，使气不"上"不"下"，不"缓"不"消"，不"收"不"泄"，不"结"不"乱"，从而使气机的升降出入运动归于正常，以达到《素问·至真要大论》所言之"谨察阴阳所在而调之，以平为期"，则"正气存内，邪不可干"。

调"气"可使病理产物顺利排出体外。气机失调会导致痰瘀湿滞等病理产物在体内的瘀积，而痰饮、水湿、瘀血等病理产物是导致疾病发生和复杂多变的病理基础，所以在疾病的治疗中调"气"为首要，正如《丹溪心法》所说"顺气为先""善治痰者，不治痰而治气，气顺则一身之津液亦随气而顺矣"。根据气血津液的相互关系可知，气行则水行，气行则血行，气行则可以解郁导滞。《素问·调经论》说："五藏之道，皆出于经隧，以行血气，血气不和，百病乃变化而生，是故守经隧焉。"病理产物的堆积还可以壅塞经隧，所以调"气"时亦应宣通府气，开窍道，给邪以出路。总之，调"气"可以使痰饮、水湿、瘀血等病理产物在"气"的作用下排出体外，从而使机体"阴平阳秘，精神乃治"。

宣氏儿科强调治儿病需调气，小儿之病多起于外感，或伤饮食，很少有七情所伤。但调气之法仍属必用，用后事半功倍。外感之邪从体表、口鼻而入，三焦是邪气出入之通道。三焦总司全身气化，具有通调水道的功能；邪气壅阻三焦，气机不通，邪无出路，变证峰起。疏理气机可助邪外出，故治疗需加理气之品一二，如郁金、陈皮、枳壳、丝瓜络之类，能促使疾病早日康复。伤于饮食，影响脾胃，化生痰湿，以致儿病丛生，或厌食，或吐泻，或痰喘……在病理上，无不与水湿代谢有关。在治疗上离不开治脾、调中、化湿、消食、祛痰……要使这些治法达到目的，理气必不可少。正如喻嘉言所云："气化则湿化，气行则湿行。"理气可帮助脾健湿化，食消痰除。因而在方中加入陈皮、橘红、砂仁、木香、枳壳等药一二，实为必需。

2. 宣氏儿科重视"治未病"理念

在信息化普及的时代，网络信息良莠并存，缺少专业医学素养的群众容易被网络上哗众取宠的伪科普所迷惑，为他们提供科学的疾病调护知识很有必要。门诊时专门制作了各类常见疾病的防护卡片，方便家长了解。撰写科普文20余篇，发表在本院微信公众号及本地新闻网络、报刊，多次被其他县市及省级微信公众号平台转发，其中"带娃看病要准备些啥"被国家级报刊《中国人口报》转载。下街道走乡村，科普讲座及义诊十余场，受众千余人。

3. 推广中医外治

宣氏儿科历来重视外治疗法，针刺、推拿、单方外用配合急救，多有良效。临床中注意发掘外治法，如香囊、中药穴位贴敷、药浴包等，为怕打针、不肯吃药的患儿多了一种治疗选择。

（1）香囊：中药芳香疗法古已有之，在香囊中加入不同功效的芳香中药，挥发性的药味通过口鼻黏膜、肌肤毛窍、经络穴位吸收，由气血经脉循行而遍布全身，可以增强人体的抗病能力，起到防病保健的作用。根据浙江中医药大学陈华教授的配方，结合本地地域、气候条件容易湿邪内滞的特点，制作了防感通窍、防感开胃、防蚊三款香囊，通过不同的配方，对小儿感冒、厌食等病症及夏季蚊虫叮咬具有一定的防治作用。

（2）穴位敷贴：清朝的外科专著《理瀹骈文》中就大力倡导膏贴的运用，指出"若脏腑病，则视病所在，上贴心口，中贴脐眼，下贴丹田"。穴位敷贴结合穴位-经络-药物三重功效，无需口服，缓解小儿喂药难题，制作了敛邪、消食、健脾、清金、通便、宁心、腹舒、退热、助长等贴剂，受到家长欢迎。

（3）药浴：通过温水助力，使药物透过皮肤、穴位等直接进入经络、血脉，通达全身，发挥治疗作用。通过古方化裁的三黄洗剂（大黄、黄柏、黄芩、黄连、苦参、地肤子、白鲜皮等配伍），清热利湿解毒止痒，对湿疹、奶癣、皮肤瘙痒症等有效。清热疏风解表的愈感汤，选用藿香、连翘、柴胡、荆芥、薄荷、青蒿、艾叶、金银花、辛夷等，对感冒、发热初起的患儿有辅助作用。对平时反复呼吸道感染的易感儿，配制了防感汤，益气健脾祛风，药用黄芪、炒白术、防风、藿香、艾叶、陈皮、石菖蒲，多有良效。

学无止境，艺不厌精，用三年来师承，尽余生去传承。

八、侯春光

（一）个人简介

侯春光，男，生于1963年2月，浙江诸暨人。浙江省诸暨市中医医院主任中医师，浙江省中医重点学科（基层优势类）儿科学科带头人。全国中医学术流派杭州宣氏儿科传承工作室诸暨工作站负责人，杭州宣氏儿科第四代传人。曾任浙江省诸暨市卫生局医政科副科长，诸暨市中医医院副院长、党委委员。

1. 学习与工作经历

1982年8月毕业于浙江省绍兴卫生学校中医专业，不忘初心，坚定中医理念和信心，通过前后7年的成人高校学习，分别于1989年6月获得浙江中医学院中医专业专科学历、2007年1月获得浙江中医药大学中西医结合专业本科学历。2009年被评为首届"诸暨市名中医"。2011年12月被评为第二届"绍兴市名中医"。2012年9月经过选拔考试取得国家中医药管理局"第三批全国中医优秀临床人才研修项目"研修学习资格，2016年5月25日通过国家中医药管理局组织的结业考核，获得国家中医药管理局授予的"全国中医优秀临床人才"称号。

2. 学术兼职

兼任中国民族医药协会儿科分会常务理事、中华中医药学会儿科分会委员委员、浙江省中医药学会理事、浙江省中医药学会中医经典与传承研究分会常务委员、浙江省中医药学会营养与食疗分会顾问、浙江省中医药学会儿科分会常务委员、绍兴市中医药学会儿科分会副主任委员、诸暨市中医学会副会长、浙江中医药大学兼职教授、绍兴文理学院医学院客座教授。先后被评为浙江省中医药科教管理工作先进个人、全国中医药系统创先争优活动先进个人。

3. 专业方向

1982年8月进入浙江省诸暨市五泄区卫生院中医科工作，任中医师、中医科主任；1994年6月调入诸暨市中医医院工作，任内科医师、儿科医师、主治中医师、副主任中医师、主任中医师。临床主攻方向咳喘、抽动、外治法、儿科经方应用、儿童生长保健等。

（二）跟师经历和心得

1994年7月至1995年6月在浙江省中医院进修学习，进修期间跟随宣桂琪老师学习。当时浙江省中医院儿科的学术氛围让一个来自基层的中医师耳目一新，脑洞大开，科内大家云集，中医、血液、肾病、呼吸专业等都十分强大，处处都是学习机会，科内小课、每次教学查房他都不愿落下，生怕漏过，每每认真聆听，做好笔记。在王晓鸣老师处得知宣老单纯用中医药治疗"高热惊厥"的课题曾经获得省里的科技奖，让他感慨和惊讶，在当时的基层现状来看，觉得有点不可思议。

（1）宣老是一位谦和的老师：侯春光的祖训里有两句话："勤俭治家本，谦和处世方"，"谦和"在他的脑海里有着深深的印记。第一天到浙江省中医院上班就见到了宣老，他镜片后闪烁着智慧的眼神、嘴角上挂着浅浅的微笑，在第一瞬间就觉得这是一位"谦和"的长者。尔后，听到宣老查房、小讲课，宣老总是用柔软的"杭普话"，轻声细语，娓娓道来，让我们学无倦意。而宣老每一次宣讲的内容，用现在的话来讲都是"干货"，对"干货"的体会第一回就是宣老讲过的"桑白皮汤"，进修结束后，他在临床上加以应用反响很好，在很长一段时间里它成为侯春光手中的"一块砖"。

（2）宣老是一位励志的老师：宣老出身中医世家，幼受庭训，耳濡目染，有着良好有中医家学底蕴。大学毕业以后，宣老一度在基层医院工作，他扎实的中医功底，接地气工作付出，赢得了群众的信任、百姓的口碑。他是勤奋的学者，进入浙江省中医院工作，又成了儿科的中医脊梁。他醉心于临床和临床研究，科研课题在他手中不断催生，"宣氏儿科"医名远播。侯春光在浙江省中医院进修学习之时，刚从一家中心卫生院调入市中医院工作，回眸自己刚入职时的中医感觉和中医路，感觉是荒凉与迷茫，卫生院中竟没有一个中药房，所谓的中医就是为病人开个方，只有挂号费和诊金共一角五分钱的收入，在刚刚改革开放时期的医院同事和管理者眼中中医的生存地位是可想而知的。那段时间，侯春光心中萌生对中医知识的渴望、对深造中医的渴望、对自己中医成长的渴望是何等的强烈。当他了解到宣老的经历，就看到了自己学习和努力的目标。也许，所有的经历真的就是一个人生的积累和宝库。

（3）宣老是一位治病的老师：在基层工作一段时间后，一度对中医很有些许迷蒙。常常看到一些医生是中西药混用，美其名曰"中西医结合"。"中西医结合"作为我们一代医生是普遍接受的理念和一种医学形式，但是我们学习的中医是能治病的。"中医能治病"一直是侯春光心中的想法。在跟从宣老抄方的日子里，侯春光见证了许许多多的病人，宣老就是单纯用中医的方法加以治疗，尤其是那些四处问医以后的难治性"抽动障碍""癫痫"等疑难杂症，宣老都是用中医的方法加以治疗。看到患儿在宣老的手中一天天地好转，侯春光心中的梦想再次点燃，宣老是一位会治病、能治病、能用中医方法治病的老师，侯春光也定要做一个会治病的中医师。

宣老近年年事渐高，他仍坚持为"宣氏儿科传承工作室"每月授课2次，为后辈们传授了为人处世的道理、学习中医的方法及许多宝贵的验方效方。宣老经常强调学习经典的重要性，告诫我们要常读经典、运用好经典理论，以经典理论指导好临床，临床实践要从经典中获得新知、取得意想外的疗效。宣老的谦和、励志、执着、善治的治学态度，大家风范，中医精神令人感慨、感动，且一直影响、激励着侯春光，给了他无穷的学习动力，让他受益匪浅。宣老是侯春光学习中医路上的标杆，也是他终身奋进、追赶的目标。

（三）传承与创新研究

一个医生要会看病，一个合格的医生必须从事临床工作，而所有的学术都依附于临床、服务于病家才会出彩。

1. 让病人亲近中医

时代在变迁、科技日益强大，中医文化在外来文化的影响中受到一定程度的稀释，亲中医、信中医人群弱化现象客观存在。学术的传承既要有技术，也要有受众。我们这一代中医儿科医师的成长，在学习中医药技术的同时，也要注重培育中医受众，只有这样，才能扩大中医文化和中医药技术的有效传播，才能使中医儿科在当前的中医学术环境中占有一席之地。在儿科受众中，无论是孩子和养育者，方便、有效、口感好是一个重要的话题。从浙江省中医院学习回来以来，刚处于医院的一个新的发展期，1996年才真正有了独立的儿科科室，作为科主任，一直思索着受众的需求、思考着中医儿

科的成长。看到外治法易让患者接受，我们在临床实践中积极加以应用，
"三伏贴""三九贴"逐步开展。尔后又开展了"开胃贴""退热贴""退
热浴剂"等外治疗法，并运用外敷脐贴剂在预防输液药物不良反应方面取得
了成效，赢得了病家信任。在临床实践中，侯春光发现《伤寒论》的桂枝类
方在儿科疾病诊治中适用性好、疗效好、口感好，激发了他对《伤寒论》的
进一步关注，加强了自身对经方的学习与应用，获得了良好的临床反响，门
诊病人从门可罗雀到门庭若市，至2018年，完成科室内师承2人次，专家门
诊量已过日均80人次，培育了一批亲中医、信中医的儿科受众，为中医儿科
在本地的发展做出了自己应有的努力、筑下良好基础。

2. 让病人理解中医

中医儿科的学术成长同样需要更多的人理解中医，理解中医的本源、疗
效、作用，才会有更多的人找中医，中医儿科才会得到成长。现在有许多
人将中医定位在"调理"位置，调理只是中医效用的一部分，中医是可以
治病的。

为了让更多的人理解中医，接受中医理念，侯春光花了许多精力投入
到中医科普活动，深入社区、学校、幼儿园开展中医健康讲座，在老年大学
开设《中医健康养生》课程，开设公众号"侯春光工作室"，制作健康讲座
PPT30多个，撰写中医科普文章200多篇在公众号上推送，并在平面媒体发
表，科普受众和公众号阅读量逐月增长。

以哮喘防复发和青春期早期女童为临床研究重点，先后开展《穴位贴敷
联合益气固本膏方治疗对普米克令舒疗效影响的临床研究》和《疏肝滋肾中
药治疗青春早期矮小女童的疗效观察》的临床科研，并获浙江省中医药科技
进步三等奖一项。在儿童反复呼吸道感染防治临床研究中提出了"益气固本
综合防治"的诊治理念；对儿童生长发育诊治提出了"疏肝以泄其有余以平
肝火、滋肾以补其不足以宁相火"的学术观点，并较好地指导了临床实践。
实践成效让家长在认可中医中理解中医、认知中医的作用，赢得了更多的病
人群体，中医儿科的学术思想得以更好地传播。

3. 让病人信服中医

让人们信服中医，关键在于中医能不能治病、有没有疗效，尤其是在
治疗急性病、急症方面。近几年国家从大众健康的高度，加强管理，出台了
一系列的政策措施，限制抗生素的应用、限制输液，从某种程度上支持了中

医药技术的应用，促进了中医的发展。在门急诊中，侯春光高频次地应用葛根汤、黄芩汤、葛根芩连汤、大青龙汤、麻黄汤、五苓散、大黄甘草汤、小半夏汤、小半夏加茯苓汤、茯苓泽泻汤、黄连汤、桂枝汤、桂枝加厚朴杏子汤、射干麻黄汤、小青龙汤、小柴胡汤、大柴胡汤等经典方剂，已经是一种常态，取得了良好疗效，赢得病家信任、依赖。尤其是医院有中药颗粒剂以后，在发热、腹痛、呕吐、咳喘等急性疾病中及时加以应用后，有时呕吐、腹痛在病人检查血常规取得报告后就得以缓解，发热、气喘病人在一二天内得以缓解，让更多的病人和家属信服中医，尽管小经方在经济上获利不多，但"中医能治病"渐入受众的心，常常有孩子在父母要求输液的情况下，自己挣脱前来门诊配服用中药，中医能治急性病所带来的后续效应不可估量，可以预期，总有一天中医儿科的"信用"必将突破儿科低收入的桎梏。

这几年，在宣老的中医精神鼓舞和指引下，开展了"咳喘抽动专科"门诊，专科门诊病人数达全院第三，在专科的带动下中医儿科的学科发展呈现良性成长态势。病人信服中医的工作状态和中医环境也积极地影响了年轻的中医们，尤其是实习、规培的中医生。在做好"宣氏儿科"传承的同时，投入一定的精力带教、培养懂得经方的年轻中医，积极撰写和指导学生完成《儿科少见病经方治验举隅》《经典方儿科急诊临床运用举隅》《经方治疗排尿异常临床应用体会》《麻杏甘石汤儿科临证新用》《经方治疗儿科热病验案》《经方在儿童哮喘临床中应用体会》《儿科脾胃病经方的应用》等近十篇临床学习心得，并在全国性和省学术年会上交流发表，增强和提升了年轻中医生学习中医的信心、应用中医的能力。

九、刘志勤

（一）个人简介

刘志勤，女，生于1960年，山东东营人。浙江省丽水市中心医院主任中医师。

1. 学习与工作经历

（1）教育经历：1983年毕业于浙江省统招五年制中医大专班，2008～2011年毕业于浙江省中医药大学本科。1989～1990年在浙江省中医院进修，跟随宣桂琪教授学习。2000～2001被丽水市中心医院选送到医者梦寐以求的圣殿——中国中医研究院北京广安门医院进修，跟随国医大师路志正教授、国家名医薛伯寿、林兰、冯兴华教授学习。在京一年，深受各家名医熏陶，受益匪浅。

（2）工作经历：1983～2000年在云和县中医院工作，1993～2000年先后任云和县中医院书记、院长。2000年10月调入丽水市中心医院工作，任中医科主任。2008年晋升主任中医师。2013年授全国中医学术流派"宣氏儿科"传承工作室丽水工作站负责人，杭州市"宣氏儿科"第四代传人。丽水市知名中医师，中医师承指导老师。

2. 学术兼职

浙江省中医儿科分会委员，全国中医促进研究会理事，全国中医儿科联盟理事，丽水市中医学会理事。

3. 专业方向

从事中医临床工作40余年，擅长中西医结合治疗内、儿疾病。传承和发扬"宣氏儿科"对小儿高热惊厥、多发性抽动症、多动症、高铅血症、性早熟等中医治疗优势，开展了小儿助长、哮喘缓解期、易感儿、厌食症膏方调理。对小儿顽固性哮喘，遵循明代中医学家提出"发时治肺，平时治肾"理论，设定中药分期治疗，有效地控制哮喘发作症状，缓解病情；对中医药治疗早期系统性红斑狼疮、类风湿关节炎、干燥综合征、强直性脊柱炎、糖尿病合并周围神经病变等具有独特的诊疗经验；在风湿病的治疗过程中，尤其是在西医撤减激素的过程中，配合中医治病优势，能够起到承上启下的作用，从而有效减轻西药的毒副作用，减少了疾病的反弹率，提高了治疗好转率。

开创小儿助长中药膏方的研究，推进中医分期治疗小儿顽固性哮喘的研究，深入中药对系统性红斑狼疮解期治疗的研究项目，参与浙江省学龄前儿童血清铅水平调查及降铅颗粒临床疗效研究。主持完成市级课题一项，参与省级重点课题两项，在国家、省级等杂志上发表论文数篇。参编《常见疑难病名验方集萃丛书》《糖尿病周围神经病变的防治》《中草药民间单方验方大全》。

（二）跟师经历和心得

1982～1983年毕业实习，跟随宣桂琪老师学习。1989～1990年在浙江省中医院进修，再次跟随宣桂琪老师学习。2013年荣幸成为全国中医学术流派"宣氏儿科"第四代传人，师承宣桂琪老师三年。古有刘备三顾诸葛亮茅庐，今有吾三次师从宣老，此乃人之大幸也。

1. 跟师心得之一

1982年毕业实习，跟随宣桂琪老师学习。聆听宣老师对中医理论与实践的解惑："中医理论博大精深，中医经典每一句话一辈子受益无穷，要熟读、深读经典"。待诊师旁，耳濡目染，谨记师言，整理归类，反复琢磨，受益终身。跟师实习一年，从一位对中医理论与临床懵懵懂懂，对经典只知死记硬背不知其理的学生，到慢慢逐渐了解、喜欢，并立下事志，将中医秉承为毕生从事的事业与追求。

2. 跟师心得之二

1990年临床7年，经医院推荐前往浙江省中医院儿科进修，机缘巧合，再次跟随宣桂琪老师学习。宣老师医术精湛，学验俱丰，疗效显著。每天求诊患儿络绎不绝，对慕名远道而来，又挂不上号的患儿，宣老师常常放弃休息时间，也要和颜悦色地为患儿诊治。至今还清晰地记得，当时病房收治了一名患儿，3岁，因"咳嗽5天伴发热3天"入院。入院时患儿高热持续不退，眼结膜充血，口腔黏膜干燥，肛周围皮肤脱皮，颈部淋巴结肿大，舌尖红绛苔薄，脉弦数。血小板$445×10^9$/L，血沉98mm/h，尿蛋白+，心电图提示：T波改变。结合实验室指标，西医诊断"川崎病"，中医当属"温病"范畴。辨证属"风温"。病机：邪热充斥气营，病位在于肺胃。治疗：初期清气凉营，透达外邪，首选银翘散合白虎汤加减。二诊：因邪毒炽盛，易伤血耗阴。即所谓"温病存有一份津液，尚有一分生机"是也。治疗佐拟凉血解毒，生津守阴，宣肺化痰。后期患儿热退，但因凝血、心肌、肾脏损害，宣老在治疗上再佐拟活血化瘀，祛风散结。后患儿病愈出院。至此，对"川崎病"的辨证治疗，记忆犹新，不忘三点：①不忘清透泄热；②不忘顾护阴津；③不忘活血化瘀。深悟中医天人合一之道，辨证施治之瑰。

跟师临诊一年，铭记宣老的教诲："要想成为一名中医人，必须遵循千年古训，苦读、从师、临诊，才能使自己进入中医博大精深的殿堂，继而传承和发扬中医事业。"即为医者，定当终身为学童。

3. 跟师心得之三

2013年，荣幸成为全国中医学术流派"宣氏儿科"第四代传人。宣桂琪教授为第五批全国老中医药专家学术经验继承工作指导老师，全国中医学术流派"宣氏儿科"第三代掌门人，浙江省名中医，主任中医师。从医40余年,一生致力于儿科疾病的研究与治疗。师徒相承三年,每月前往杭城聆听宣老师诠释"宣氏儿科"学术流派精髓。记得在一次授课时,宣老师突然出现头晕恶心等不适症状,学员们建议暂时休课,宣老师为了不影响授课时间,坚持授课。学员们担忧的心被这位大医精诚,大师风范的宣老深深地感动。在中医这个宝藏里,宣老师犹如一位探宝人,用他毕生经历挖掘出宝贵经验,毫无保留一一传授给了学员们。通过宣老的口传心授,精心指导,在步入不惑之年更悟出中医学博大精深,学无止境,拜名师,是其医学生涯中一次又一次的提升。

（三）传承与创新研究

宣老言曰:"从师是从医路上最大的捷径,师者,人生之宝。"铭记心中,师徒相承,才能让他在习医路上不断成长、成熟;感恩患者,才能让他不断认识疾病,提高疗效。

1. 小儿喉源性咳嗽

临诊治疗小儿喉源性咳嗽传承了宣老的立法方药,疗效显著。小儿喉源性咳嗽是诸多咳嗽中的一种特殊症状,病位在咽喉,病根在肺脏,病机为液不养津,津不濡咽,以"咽痒而干咳"为主症。西医治疗效果不明显,中医辨证分型,明确治疗原则,临证疗效独特。

（1）病因病机:喉源性咳嗽是诸多咳嗽中的一种特殊症状,咳嗽的起点均在喉咙口,以咽干发痒如蚁行,痒则咳,咳则呛而持续不断为主要症状,这是病位在肺或其他脏腑的一般咳嗽所不具备的特殊症状。现代医学没有"喉源性咳嗽"这个病名,此病名相当于西医的"慢性咽炎""变应性喉炎",且无明确的治疗方案。而中医病名是著名中医耳鼻喉科专家干祖望首创,提出"咽需液养,喉赖津濡"。属中医学"咽痒""风热喉痹"范畴。《医学三字经·咳嗽》谓:"肺为脏腑之华盖,呼之则虚,吸之则满,只受得本然之正气,受不得外来之客气,客气干之则呛咳矣,亦受得脏腑。"祖国医学认为本病多为外感风热,外邪滞留于肺卫,或失治误治,滥用甘润之品,或相火偏旺,浮越清窍所致。《丹溪心法·咳嗽》曰:"干咳嗽,难治;此系火郁之证,乃痰郁其中,邪在中。"本病病因不外乎"风"(外风入侵、风邪久恋),"火"(肝火、肾火、心火郁发),"虚"(阴虚、津虚为主,也有肺阴虚、肾阴虚、胃津不足、气阴两虚),"痰"(痰流注咽喉),"瘀"(肝气郁结,上行不畅)。另外湿热郁结中焦,胃失和降,上逆于膈，在临床上也很多见。根据其咳嗽的特点认为当属"久咳""干咳""喉痹"，病因当属"风咳""燥咳""郁咳"。病位在咽喉，病根在肺脏，病机为液不养津，津不濡咽，"干咳""郁咳"为主症。宣老指出本病辨证分型很重要，能够知道疾病特点，才能明确治疗原则，取得临证效果。

（2）辨证分型

1）外感风邪：小儿肺常不足，卫外不固，感受风邪，肺气失宣，郁闷于内故咳嗽剧而不畅。小儿肝肾阴虚，心肝火旺，肺热未清，复感风寒以致外寒内热，咳嗽更加剧烈，阵咳痰少，咽痒不舒。临床上多见过敏性咳嗽、支气管哮喘、慢性咽喉炎等。治疗外感重选三拗汤加减，内热重选麻杏石甘汤加减。

2）风邪留恋：是喉源性咳嗽最常见的一种类型，其特点是反复感受风邪，风邪日久不去以致干咳，咽痒，时轻时重，兼有鼻塞喷嚏，舌红苔薄，脉弦细。临床上多见过敏性咳嗽、支气管哮喘间歇期、多发性抽动症喉中有异声的患儿。首先要考虑到患儿的体质，初期可阴虚火旺，日久则气阴两虚，同时兼卫气不固。治疗前者疏风利咽散结，方选六味汤加减；后者滋阴降火，方选知柏地黄汤加减。

3）心肝火旺：是喉源性咳嗽的主要因素，此型大多出现于阴虚火旺之体，小儿阴虚多表现为肺肾阴虚，阴虚火旺尤以肝火偏旺，母病及子，以致心肝火旺，同时又因木火型金，累及于肺，厥阴之脉上绕于喉，以致咳嗽。其特点是阵咳，干咳，咽红而痒，口舌生疮，五心烦热，脾气急躁，大便干结，舌质红绛，脉细数。在临床上多见过敏性咳嗽、支气管哮喘（干咳为主）、慢性喉炎（急性期）、多发性抽动症喉中有异声（尖叫，干咳）。治宜清肝泻火，清心导赤，清肺利咽。前者用黛蛤散，后者用导赤散，再佐清肺利咽的泻白散。

4）肺肾阴虚：是喉源性咳嗽发病的重要基础。尤其是儿童多为阴虚火旺之体，阴虚液少，不能上濡咽喉，故以咽干而燥为主症，以干咳兼有清嗓之声，频频发作为特征。临床上多见过敏性咳嗽、慢性喉炎、多发性抽动症喉中有异常咳嗽者。治宜清肺利咽，方选养阴清肺汤加减。

5）湿热中阻：是湿热郁结中焦，胃失和降所致。本型咳嗽在临床上也能见到，其主要特点是咳嗽反复发作，日久不愈，难以根治。咳嗽以干咳为主，脘腹作痛，食后作恶，甚则呕吐，舌红苔黄腻，脉弦滑数。治宜清肺利咽，辛开苦降，清热化湿，消食和中。方选泻心汤加减。

疾病日久气郁血瘀，津不上承故咽喉干燥，咽痒而咳，舌质紫，苔薄，脉细数。在治疗上佐拟活血化瘀，方选桃红四物汤加减。对于禀质特异，异气刺激咽喉引动肺气上逆，咽喉作痒干咳者，治宜脱敏敛肺，方选脱敏汤加减。

（3）心得体会：治疗喉源性咳嗽在临床上要根据咳嗽特点、兼症进行综合辨证，喉源性咳嗽是在慢性咽喉炎的基础上，再有多种病机的作用下产生。在急性发作时多为外感风邪引起，但是又多在肺肾阴虚，心肝火旺的基础上形成。所以临床分型很重要，分型可在干咳的基础上辨出各型干咳的不同特点，外感风邪者以阵咳、干咳、咳而不畅为特征；心肝火旺者以干咳、阵咳、剧咳、咳甚而声激气昂、有种气不能上接的感觉为特征；肺肾阴虚者以干咳、阵咳、剧咳为特征，以夜咳为主。综上所述同时出现，是肺肾阴虚、心肝火旺、复感风邪所致，治疗时必须同时兼顾。临床以宣老"六味汤"作为治疗喉源性咳嗽的基础方，再拟"喉咳汤"运用于临床，同时结合中药膏外贴天突、大椎、肺俞等穴位，疗效显著。

2. 小儿用药心悟

小儿"稚阴稚阳"，为"纯阳之体"，且"肝常有余、脾常不足"，在儿科用药上，宣老一直注重辨证用药，宜轻、宜清、宜巧、宜简、宜活、宜廉、宜效。

1）儿科轻清之药蝉衣，又名蝉壳、古蝉、知了等。蝉衣体衣轻虚味甘、咸，性凉，归肺、脾经。擅疏风止痉、镇惊安神、透诊利咽、利水消肿，为温病初期之要药。清代温病学家称其"轻清灵透，为治血病圣药。"《本草疏证》说：以其疏泄，故"阴中之清阳既达，裹缠之秽浊自消"。《本草纲目》曾述蝉衣，主治一切风热之证。临诊治疗小儿过敏性咳嗽、哮喘、过敏性鼻炎、高热惊厥、夜啼、荨麻疹、小儿水疝之症，都能收到良好效果。

小儿外感风热，内挟痰食，热极生风，易出现抽搐痉挛之症，蝉衣配合僵蚕、钩藤、石菖蒲、金银花、连翘、天竺黄等药治之，使风热之邪得散，抽搐痉挛之症得止。蝉衣镇痉安神之功，治疗小儿夜啼、睡眠不安的患儿，可与灯心、僵蚕、钩藤、麦冬等药协同治之，效果良好。《医学衷中参西录》云："盖托隐珍外出，有皮以达皮之功，故为治疗隐疹之要药。"蝉衣多与荆芥、防风、僵蚕、地肤子配伍，疏风泄热、凉血止痒，均收获良效。

对反复发作者，可加益气健脾的黄芪、太子参、白术、茯苓治之。蝉衣对小儿过敏性鼻炎也有明显的疗效。小儿"肝常有余"常因哭闹、惊恐，致肝气逆乱，疏泄失常，气机郁滞，三焦气化失司，水湿停聚，循肝经积于阴部发为水疝（睾丸鞘膜积液），临床上用蝉衣30g，水煎外洗三天，可收效果。

2）儿科补虚之药太子参，名孩儿参、童参、四叶参，其味甘，性平，归脾、肺经，是补气药中的一味清补之品。其药性平和，不温不燥，不苦不寒，擅益气健脾、补肺生津之功，为儿科补虚之要药。《饮片新参》记载"它补脾肺之元气，止汗生津、定虚悸"。《本草再新》说太子参能"治气虚肺燥、补脾土、消水肿、化痰止咳"。小儿脏腑娇嫩，肺脾肾三脏常不足。《黄帝内经》曰："正气存内，邪不可干，邪之所凑，其气必虚。"太子参益气健脾、补肺生津，临床多用于反复上呼吸道感染、小儿厌食、脾虚体倦、食欲不振、自汗盗汗、夏季热等虚证，多因素体阴虚或是温热病后期出现气阴亏虚，常用《医学正传》六君子汤加味（人参改为太子参），用太子参、黄芪、茯苓、炒白术、炙甘草、陈皮、半夏、焦三仙、炙内金、炒稻芽等治之。太子参益气健脾、润肺生津，临诊应用常收到益气而不升提、生津而不助湿、扶正而不恋邪、补虚而不峻猛之效果。

3. 小儿一方多用

1）儿科调理方之六味地黄丸出自宋代太医"儿科之圣""幼科鼻祖"钱乙著《小儿药证直诀》一书，擅滋补肝肾，由地黄、山药、山茱萸、茯苓、泽泻、丹皮组成。方中重用熟地滋阴补肾，填精益髓为君药，山茱萸补养肝肾，涩精，取"肝肾同源"之意；山药补益脾阴，固肾同为君药，三药配合，共补肝肾之阴，是为"三补"，其中熟地用量是山药与山茱萸之和。泽泻泄肾利湿，以制熟地黄之滋腻，茯苓淡渗健脾以助山药之力，丹皮清泄虚热，以制山茱萸温涩，三药称"三泻"均为佐药，六味合用三补三泻。肝脾肾三阴并补，主治小儿肝肾精亏所致发育迟缓、头发稀少枯黄、囟门迟闭、筋骨痿软、手足心热、自汗盗汗、小儿多动、性早熟、易感儿等小儿疾病。临床治疗小儿注意力缺陷多动症，因肾为先天之本，主骨生髓，脑为髓之海，肾精不足，脑髓失充，故思想不集中，记忆力差；脾为后天之本，主运化统血；肝藏魂，肝阳上亢，魂失所藏就容易冲动、任性、多动不安，治宜补肾益智，平肝健脾，方选六味地黄丸加枸杞子、菊花、太子参、白术、制首乌、炙龟板、益智仁、炙远志、石菖蒲、生龙骨等。对小儿顽固性便秘，数日不大便"大便如粟"，治宜滋阴润燥，益气养血。六味地黄丸熟地改为生地，去泽泻，加太子参、白术等药治之，疗效良好。对小儿睡眠不安，如睡多动，甚至半夜坐起，六味地黄丸合甘麦大枣汤加龙齿治之。小儿遗尿，尿频（神经性尿频）用六味地黄丸合缩泉丸治疗，配合针灸、心理疏导，效果颇佳。

2）儿科常用方之升降散，又名太极丸、双解散。来源于《伤寒论瘟疫条辨》，擅升清降浊，散风清热。由全蝉蜕（去土）、白僵蚕（酒炒）、广姜黄（去皮）、川大黄（生）四味药组成。方中僵蚕辛苦气薄，轻浮而升，阳中之阳，能胜风祛湿，清热解郁，散逆浊结滞之痰，辟一切怫郁之邪气为君药；蝉蜕气寒无毒，味咸且甘，宣肺开窍以清郁热为臣药；姜黄气味辛苦，大寒无毒，祛邪伐恶，行气散郁为佐药；大黄味苦，大寒无毒，上下通行，盖亢盛之阳，非此莫抑亦为佐药；伍米酒性大热，辛苦而甘，驱逐邪气，无处不到；蜂蜜甘平无毒，性大寒，清热而润燥。"其名升降散，盖取僵蚕蝉蜕生阳之阳之清阳，姜黄、大黄降阴中之阴之浊阴，一升一降，内外通和，而杂气之流毒顿消矣"。升降散组方简单，应用广泛，疗效显著，充分体现中医"阴阳平衡，升降平和"的宗旨。根据小儿"肺常不足，脾常不足，肾常虚"三不足，"肝常有余，心常有余"二有余的生理特点，活用于多种小儿疾病，疗效较好。临床善治疗小儿扁桃体炎，《伤寒论瘟疫条辨》"咽喉肿痛，痰涎壅盛，滴水不能进者"取升降散升清降浊，疏散郁火，加连翘、大力子、玄参、射干、炒栀子、蒲公英等药治疗，效果良好。小儿秋季腹泻，《素问·阴阳应象大论》曰："清气在下，则生飧泄；浊气在上，则生膜胀"。脾宜升为健，胃宜降则和。中焦得畅，清阳得升，浊阴得降，水谷得化，精微得生。下焦如渎，传化糟粕，排泄二便，升降散和苏叶黄连汤加减治之，效果良好。现代药理研究证明，蝉蜕、僵蚕具有抗惊厥作用，能有效预防小儿高热惊厥，与石菖蒲、钩藤、天竹黄、薄荷、连翘等药互用。小儿肺炎喘嗽，辨证属痰热闭肺型，投入升降散合麻杏石甘汤加减治之，而收全功，可见升降散治疗温病疗效之显著。

4. 小儿膏方心得

膏方是中医一大瑰宝。小儿膏方针对小儿禀赋不足，"脏腑娇嫩，稚阳未充，稚阴未长"，"肺常不足，脾常不足，肾常虚，肝常有余，心常有余"三不足二有余的生理特点辨证治疗，在儿科应用广泛，疗效颇佳。同时，小儿膏方口感较好，适合小儿服药，又能避免长期口服苦汤药的弊端，特别适合哮喘缓解期、小儿多动症、生长发育迟缓、遗尿、易感儿等的治疗。

浙江中医临床名家·宣桂琪

中医药治疗小儿哮喘方面凸显出独特的优势。朱丹溪提出；"未发以扶正气为主，既发以攻邪气为急"。《素问·四气调神论》云："冬三月，此为闭藏""此冬气之应，养藏之道也"。《素问·金匮真言论》云："夫精者，身之本也，故藏于精者，春不病温。"哮喘缓解期在夏季给予冬病夏治，穴位敷贴；在冬季给予膏方调治预防哮喘发作。哮喘反复发作，多见肺脾气虚，卫外不固。哮喘缓解期多见气阴两虚，邪热留恋。故膏方治疗小儿正虚邪恋之疾，通过治虚之法调补"不及"、祛邪恋之法调治"太过"。临床传承宣桂琪教授"宣氏防哮方"膏方立法方药治之。组方：南沙参、北沙参、麦冬、太子参、黄芪、炒白术、茯苓、怀山药、炒米仁、炒扁豆、地黄、杭白芍、石决明、鹅不食草、防风、制半夏、乌梅、厚朴、甘草、陈皮等药。其中沙参麦门冬汤养阴清肺；玉屏风散、参苓白术散益气健脾，共奏益气养阴、补肺固表、平肝健脾功效。白芍配石决明柔肝泄热，以防木火刑金肺热难清；鹅不食草，咽鼻同治；乌梅配甘草，酸甘化阴，抗过敏，改善过敏体质，防止哮喘复发。小儿膏方的胶类一般不用滋腻之品阿胶等，多选用鳖甲胶、龟甲胶、鲜铁皮石斛、红枣、莲子、冰糖等收膏，临诊效果较好。

习医之路，不忘初衷，通过读经典、跟名师、做临床过程，不断提高自己的医疗水平，在临床研究与实践中，体会到中医治病的优势和疗效所在。钻研医理，参透岐黄，深刻体会：中医之生命在于临床，临床之水平取决于疗效，疗效在于辨证施治精准，正确的辨证施治来源于不断学习与临诊、反复的领悟与积累而获得。

十、陈银燕

（一）个人简介

陈银燕，女，副主任中医师，全国中医学术流派传承工作室（宣氏儿科流派）第四代传人。

1. 学习与工作经历

1978～1983年：浙江省统招五年制中医学徒班；

1983～1990年：平阳县人民医院中医科，住院医师；

1990～1996年：平阳县人民医院中医科，主治医师；

1996～1997年：浙江省中医学院儿科进修学习；

2002年至今，平阳县人民医院中医科，副主任医师。

2. 学术兼职

平阳县中医学会理事。

3. 专业方向

从医40余年，擅长中医内科、儿科常见病、多发病，特别在小儿抽动-秽语综合征治疗方面有丰富的经验。

（二）跟师经历和心得

1996年赴浙江中医学院附属第一医院（浙江省中医院）儿科进修学习后，跟随宣桂琪名中医开展中医药防治儿科常见病、疑难病的诊治工作及研究。2012年被确定为全国中医学术流派传承工作室（宣氏儿科流派）第四代传人。

宣老师长期从事儿科临床、教学、科研工作，在儿科领域造诣颇深，不但医术精湛，医德更为人称道，"先仁后术，才能成为好医生"是他对学生的教诲。老师对儿科常见病具有精准的分析和敏锐的洞察，对小儿四时感冒、哮喘、高热、厌食、疳积等具有其独到见解。十多年来，严谨和与时俱进的科研态度，孜孜不倦教诲，让其在良师的指导下获益良多，影响颇深。

跟师及自我心得之小儿抽动-秽语综合征

抽动-秽语综合征又称多发性抽动症，是一种儿童时期起病，且与遗传有关的神经精神疾病。临床表现多为肌肉迅速、反复的不规则运动、抽动，或发声性抽动，部分患儿可伴有多动、注意力不集中、强迫性动作等行为，以及情绪障碍。

（1）五脏同治：小儿脏腑娇嫩，形气未充。《小儿药证直诀·变蒸》云："五脏六腑成而未全……全而未壮。"其生理特点为"肝常有余，脾常不足，心常有余，肺常不足，肾常虚"。小儿素体"肝常有余"，肝属木而主风，风性善行而数变，故见眨眼、摇颈、耸肩等症。《黄帝内经》云："诸风掉眩，皆属于肝。"《育婴家秘·五脏证治》云："儿之初生曰芽儿者，谓如草本之芽，受气初生其气方盛，亦少阳之气方长而未已，故曰肝常有余，有余者乃自然有余也。"又因小儿"脾常不足"易被饮食所伤，脾胃受损，则运化失常，津液不能输布而水湿相聚成痰，脾虚则肝旺，肝木伐土，肝风内动，风痰鼓动则见抽动，痰浊扰及心神则秽语。加之小儿乃稚阴稚阳之体，肾常虚，《灵枢·本神》曰："肾藏精，精合志"，故肾虚则肝木无制，故情绪不稳，善惊胆小，任性冲动，无目的地不自主运动性、发生性抽动，自我控制能力差，缺乏克制等。"肺常不足"，肺位最高，为娇脏，不耐寒热，易外邪所侵或从皮毛而入或由口鼻上受，肺为邪侵易致传变。所以根据病因病机及脏腑传变的规律，本病病位涉及肝、脾、心、肺、肾，以肾、肝、心为主，故须五脏同治。

（2）突出外风，重视内风，勿忘伏风：《小儿药证直诀·肝甚风甚》云："凡病或新或久，皆引肝风，风动而上于头目，目属肝，肝风入目，上下左右如风吹，不轻不重，而不能任，故连扎也。"说明肝开窍于目，肝藏血而内寄相火，肝血不足则风火内生，故频眨抽动。本病除内风外，多数患儿有明显上呼吸道病史，故治疗外风为切断病邪入侵途，防止疾病传变，以安未受邪之地。伏风平时深潜体内，疏之不散，息之难平，乃由禀受父母之先天，故而成为内外风之凤根。故本病病机大多为虚实挟杂，而症状错综复杂，还有挟食、挟痰、挟瘀等症。

（3）辨证施治

1）风邪留恋：症状抽动以眨眼、翻眼、耸肩、摇头及喉间异常等局部肌肉痉挛为主，兼有局部肌肉不适，发病前有明显反复呼吸道感染病史，舌红，苔薄，脉弦细数，治疗以平肝祛风为主，予镇静安神方，以宣氏抽动方为主，药用生白芍、生龙齿、生石决明、茯苓、天麻、生甘草、广地龙、制胆星、郁金、石菖蒲、板蓝根、银花、葛根。

2）阴阳失调：肝肾阴虚者，除多种抽动症状之外伴有好动不安。症状为频繁眨眼、蹙眉，一侧或双侧面肌不自主抽动，耸肩、甩头、四肢肌肉不自主抖动，性情急躁，多动不安，盗汗，五心烦热，大便干，小便黄，舌质红，苔薄黄，脉弦。治以滋阴潜阳，柔肝滋肾，熄风安神。方用杞菊地黄丸加减，药用生地、菊花、杞子、丹皮、谷精草、生龙骨、生牡蛎、制龟板、天麻、生白芍、生甘草。

心脾不足者除各种抽动之外，伴有注意力不集中，症状为眨眼频频，抽鼻歪嘴、耸肩、扭头，抽动不宁，喉中咯咯作响，精神疲倦，面色不华，汗出较多，注意力不集中，记忆力差，舌质淡红，苔薄白，脉无力或沉细。治疗以归脾汤加减，药用党参、黄芪、茯苓、当归、生白芍、生白术、远志、酸枣仁、生龙骨、生牡蛎、地龙、全蝎、郁金、石菖蒲等。

肺肾阴亏，心肝火旺，症见局部肌肉抽动日久不愈，反复发作，往往兼有五心烦热，睡眠不安，脾气急躁，情绪失控。治以养阴平肝，熄风安神。方用三甲复脉汤加减，药用制龟板、生鳖甲、生白芍、生甘草、生龙牡、生地、益智仁、天麻、郁金、全蝎。

此外，本病除五脏各功能失调外，因内风、外风之外，勿忘伏风。伏风乃由禀赋父母之先天，潜伏体内，故伏风夙根难除，初予祛邪而控制病情，续后再扶正预防发病，长期调理。

祛风之药，如全蝎、僵蚕、白花蛇、蜈蚣等虫类药具有搜风祛邪之功，适用于抽动频繁实证，但此类药物有一定毒性，不宜久用，且久用伤阴，致阴虚风动，故虚风内动者慎用。而龙骨、牡蛎、龙齿、磁石等物有镇肝熄风，重镇安神之功，适用于实证，但易伤脾胃，故亦不宜久用，大量可碍脾胃，脾虚易肝亢致虚风内动，故虚风内动者慎用。天麻、钩藤、菊花、白芍等药具有平肝熄风之功，此类药物虚实均可用。蝉衣、钩藤等既可平肝熄风，又可疏散外风，防止外风引动内风。

小儿多发性抽动症除药物治疗外，起病多精神刺激史，还有环境因素、独生子女父母溺爱、家长期望过高、学习压力过重等，所以心理治疗极为重要，应多与患儿沟通，营造温暖和谐的家庭氛围，避免让患儿接触暴力、血腥等影视媒体。应注意妥善安排日常作息时间，避免过度紧张、疲劳，适当参加文体活动，多参加有益心身的健康运动，强身健体。所谓"正气内存，邪不可干"，减少玩电脑、手机时间及不看电视，不喝含有咖啡因的饮料，饮食清淡，不吃肥甘厚腻之品，尽量消除焦虑不安心理，使其精神放松和愉悦心情。

十一、王建敏

（一）个人简介

王建敏，男，生于1962年，浙江省乐清人。现任浙江省乐清市中医院业务副院长，儿科副主任中医师。

1. 学习与工作经历

1978年9月～1981年6月就读于浙江省温州卫生学校中医专业班，1994年通过浙江中医学院中医专业大专自学考试，2005年毕业于北京中医药大学远程中医药教育学院中医本科专业。1986年1月至今，一直在浙江省乐清市中医院儿科从事临床工作。获"乐清市名中医""温州好医生"称号。全国中医学术流派杭州宣氏儿科传承工作室乐清工作站负责人，杭州宣氏儿科第四代传人。为中医师承指导老师。温州市重点学科带头人。

2. 学术兼职

兼任中国中医药研究促进会综合儿科分会常务理事，全国中医儿科医生联盟（筹）常务理事，全国中医药高等教育学会儿科教育研究会理事，中国民族医药协会儿科分会理事，浙江省中医药学会儿科分会委员，温州市中医药学会理事，温州市中西医结合学会儿科分会副主任委员，乐清市中医药学会常务副会长兼秘书长。

（二）跟师经历和心得

1983年7月至1984年7月在浙江省中医院进修时，跟从宣桂琪老师。当时刚从学校毕业没有几年，缺乏临床经验，宣老师在诊疗时，能细心地讲解，从临床到理论，从临床经验到经典著作，融会贯通，让我们时有茅庐顿开的惊喜和收获。经过宣老师的悉心指导，为我们今后从事中医儿科工作树立了坚定的信心，也为今后的临床工作打下坚实基础。现在回忆起来，跟从宣老师学习，感受最深的有三点：一是，宣老师要求我们当医生首先要做正直勤奋的人。宣老师教育我们做人要讲原则，树正气，不要学歪门邪道。做人要正直刚正不阿，还要勤劳不怕吃苦。记得那时科室的卫生我们都会抢着做，上班不迟到不早退，下班后还自觉的"晚自修"。二是，中医理论和临床要相结合，缺一不可。宣老师认为刚刚走出校门的学生，缺乏临床实际知识，要求我们学习中医经典，巩固理论知识，再通过跟师学习，掌握临床操作技能，理论与临床相结合。三是，多向老师学习，博采众长。宣老师要求我们，在进修期间要珍惜时间，向各位老师学习，不管是中医还是西医，每位老师都有特长和优势，学习他们的长处，学以致用。虽然跟从宣老师只有短短的一年时间，但是在其的行医，乃至进入行政领导岗位，离不开宣老师的关心教育和耐心指导。

从事中医儿科基层临床工作35年余。对儿童疑难病、常见病和多发病的诊疗具有一定的经验，特别是小儿咳嗽、哮喘、腹泻、便秘、积滞、鹅口疮、抽动症、汗病、紫癜、新生儿黄疸、盘肠气等，运用中医药内服和外用结合治疗，取得不错的疗效。发表国家和省级专业论文近20篇。完成温州市卫生局、乐清市科技局科研课题五项。

（三）传承与创新研究

1. 善于运用经典古方

银翘散源于清代吴鞠通《温病条辨·上焦篇》，银翘散一方谨遵《黄帝内经》"风淫于内，治以辛凉，佐以苦甘；热淫于内，治以咸寒，佐以甘苦"之训。全方共奏辛凉透表、清热解毒之功。临床上使用本方的基本指征为发热，微恶风寒，无汗或有汗不畅，头痛、口渴，咳嗽咽痛，舌红，苔白或黄，脉数。笔者在临床上治疗感冒、咳嗽、乳蛾、婴儿急疹、婴儿湿疹、肺炎喘嗽、哮喘、手足口病等疾病随证加减，取得良效。温州乐清地处浙南丘陵地区沿海小平原，南方属火，火性炎上，以往多认为热盛体质者较多。而笔者在长期的临床实践中，应用温病大家吴鞠通所创银翘散方加减化裁，采用汤剂水煎内服，医治多种小儿常见疾病，获得比较满意的效果。清代叶天士《临证指南医案·幼科要略》记录："小儿感冒，热病最多者，以体属纯阳，六气着人，气血皆化为热也。"因而拟方用药多属寒凉，正合银翘散辛凉之旨。然其脏腑薄，藩篱疏，易于传变；肌肤嫩，神气怯，易于感触；其用药也，稍呆则滞，稍重则伤，稍不对证，则莫知其乡；唯较之成人，外不过六淫，内不过饮食胎毒而已。"稚阳未充"，故切不可用苦寒，正合银翘散之"纯然清肃上焦，不犯中下，无开门揖盗之弊"。银翘散通过加减化裁可分别具有祛除在卫、气、营、血之邪热的作用，凉而不寒，切中小儿的生理病理特点和发病的病因病机。

中医治病倡导辨证论治，治病求本，实质上也包括体质上的求本。故在了解小儿体质特点的基础上，研究分析小儿体质的个体差异，对做好儿童保育、防病治病、指导临床用药具有重要意义。

2. 善于运用经验名方

过敏煎组成精炼、立法严谨，可一方多用。据名老中医祝谌予所述，过敏煎来自上海某医院通过实验研究和临床实践证实具有抗过敏作用的经验方，由银柴胡、防风、乌梅、五味子各10g组成。该方组方简单，药味平淡，但立方确有巧思，非常严谨，方剂由具有抗过敏作用的药物组成，所以许多过敏性疾病均可以在过敏煎的基础上加减治疗，如过敏性哮喘、过敏性咳嗽、过敏性鼻炎、荨麻疹和接触性皮炎，临床验证无不良反应。只要灵活化裁、辨证施治，在儿科治疗过敏性疾病中能起到显著疗效。运用辨病与辨证结合，在灵活配伍的基础上，突出药物的主攻方向。同时临床运用过敏煎时，还要考虑到患者的体质因素，尤其是对小儿更应在顾护脾胃的基础上运用此方。

3. 自拟羌膏银翘汤治疗小儿感冒高热取得满意疗效

羌膏银翘汤组成：羌活、生石膏、银花、连翘、重楼、三叶青、僵蚕、桔梗、板蓝根、蒲公英、生甘草。以高热恶风伴流涕鼻塞、喷嚏咳嗽为主要症状。临床分风寒、风热、暑邪三型。本方用生石膏、羌活、银花、连翘为君药，生石膏辛凉解肺之力尤著，配合羌活辛温解表，发散祛风，增强石膏解热之功并抑其寒凉之偏。银花、连翘轻宣疏散以清热透邪。轻清解表和早期应用清热解毒之品，以折热势嚣张、传里伤阴，而具"截断"之意。蒲公英、板蓝根、重楼、三叶青清热解毒，以辅佐君药。僵蚕配桔梗、甘草祛风散热，化痰利咽，宣肺止咳，同为佐使之用。合之方中以清热解毒与辛散宣肺药相配伍，共奏疏风解表，清热宣肺之功。小儿感冒高热，多为病毒感染，其病来势急，容易转变而生他症，目前应用多种抗生素等西药，疗效不甚理想，反复大剂量应用抗生素易致药源性疾病，因此，采用自拟中药羌膏银翘汤对小儿感冒高热进行临床观察，不但取得了满意疗效，而且避免了应用西药的毒副作用，受到病家的欢迎，值得今后进一步扩大验证和研究。

4. 善于运用药对

"药对"又称"对药""对子"是指临床上常用且相对固定的中药配伍形式，是方剂最小的组方单位。东汉时期的张仲景《伤寒杂病论》中首开药对配伍使用之先河，书中记载了大量行之有效的药对，据统计达147对之多。《神农本草经·序例》对各种药物的配伍关系进行了归纳："有单行者，有相须者，有相使者，有相畏者，有相恶者，有相反者，有相杀者，凡此七情，合和视之"。明代李时珍在《本草纲目》一书中指出："独行者，单方不用辅也；相须者，同类不可离也；相使者，我之佐使也；相畏者，受彼之制也；相杀者，制彼之毒；相恶者，夺我之能也；相反者，两不相合也"。药对虽然组成简单，但作用方向一致，全面兼顾病情，避免了几味药简单相加或单一药性药物的堆砌，能最大限度地发挥治疗作用。对于难以治疗、病情较重的病证，通过药对配伍能增强药物作用，提高临床疗效；对于病情比较复杂的患者，两种药或者三种药物配伍，可以达到既分清主次，又全面兼顾的目的。①木瓜-伸筋草：小儿抽动症多由肝火上炎、肝风内动、脾虚痰聚所致，符合小儿病理特点之"肝常有余，脾常不足"，即所谓"肝旺脾虚"者。在平肝熄风止痉药生石决明、天麻、钩藤、全蝎等基础上加入宣木瓜、伸筋草，每获疗效。宣木瓜、伸筋草两药均入肝经，擅益筋和血，舒筋活络，合平肝熄风药，标本皆治。此外，木瓜除可舒筋活络、和胃化湿外，尚有消食之功效，临床见小儿抽动症皆见消化不良、纳差者尤宜。②糯稻根-稽豆衣-瘪桃干：此药对合之于牡蛎散治疗小儿自汗、盗汗。糯稻根既可止汗又可清虚热，但单用力薄，使以瘪桃干、稽豆衣加强作用。牡蛎散擅于固表止汗，而糯稻根、稽豆衣、瘪桃干合之于方中甘凉之品浮小麦，既固表又退虚热，使得汗证自除。③蛇床子-地肤子-白鲜皮：小儿湿疹、荨麻疹、皮疹发病多从风邪、湿邪角度入手。蛇床子、地肤子、白鲜皮既可祛风杀虫止痒又可燥湿清湿热，破坏风邪与体内湿毒之结合，标本皆治，全面皆顾。其中以蛇床子杀虫、祛风止痒、抗过敏功效尤佳，但性温有小毒，临床使用多有局限，使之以寒凉的、同样具有止痒抗过敏之功效的白鲜皮、地肤子，通过性味相反而效用相佐配对既可制约各自药性之偏，又起到相互补充和促进的作用。④木香-佛手-砂仁：婴幼儿，因脾胃虚弱，乳食不知自节，家长喂养不当而易于患病。饮食积滞，易阻碍气机，化湿生痰。伤食者初病多实，积久则虚实夹杂。而木香、砂仁、佛手，在伤食证中之治疗，无论新病久病皆适宜。

附录一

大 事 概 览

1943年1月	出生于浙江杭州
1955年9月～1958年6月	就读于杭州市第五中学（初中）
1958年9月～1961年6月	就读于杭州市第一中学（高中）
1961年9月～1968年9月	就读于浙江中医学院六年制中医专科（因"文化大革命"延迟一年分配）
1968年10月～1973年3月	浙江江山县石门卫生所
1973年4月～1980年5月	浙江江山县中医院（其中1976年6月～1977年5月浙江省中医院进修中医儿、内科一年，指导老师宣志泉、杨继荪、李学铭）
1980年6月至今	浙江省中医院儿科
2001年	浙江省省级名中医（浙江省人民政府）
2012年	授予第五批全国老中医药专家学术经验继承工作指导老师（国家中医药管理局）
2013年	国家中管局批准成立"宣氏儿科流派工作室"任负责人
2016年	"宣氏儿科流派工作室"以优异的成绩通过国家中医药管理局验收，并受到验收专家一致好评（国家中医药管理局）
2017年	获浙江省百姓喜爱的十大省级名中医（浙江省中医药管理局）

浙江中医临床名家·宣桂琪

学术传承脉络

浙江中医临床名家·宣桂琪

宣氏儿科传承脉络

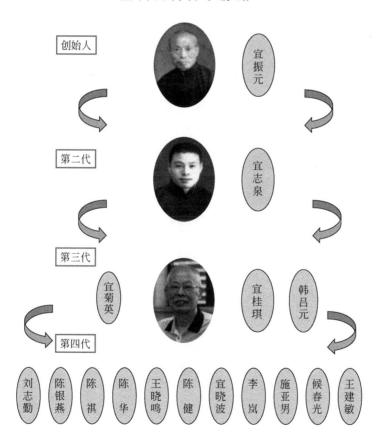

创始人　宣振元

第二代　宣志泉

第三代　宣菊英　宣桂琪　韩吕元

第四代

刘志勤　陈银燕　陈祺　陈华　王晓鸣　陈健　宣晓波　李岚　施亚男　候春光　王建敏